本书由温州大学全额资助出版

中国宪法解释学
以关键词为方法

韩秀义——著

当代中国出版社
Contemporary China Publishing House

图书在版编目(CIP)数据

中国宪法解释学：以关键词为方法/韩秀义著. --北京：当代中国出版社，2023.12
ISBN 978-7-5154-1311-2

Ⅰ.①中… Ⅱ.①韩… Ⅲ.①宪法—法律解释—中国 Ⅳ.①D921.05

中国国家版本馆 CIP 数据核字(2023)第 241002 号

出 版 人	王　茵
责任编辑	邓颖君
责任校对	贾云华
印刷监制	刘艳平
封面设计	鲁　娟
出版发行	当代中国出版社
地　　址	北京市地安门西大街旌勇里8号
网　　址	http://www.ddzg.net
邮政编码	100009
编 辑 部	(010)66572744
市 场 部	(010)66572281　66572157
印　　刷	中国电影出版社印刷厂
开　　本	710毫米×1000毫米　1/16
印　　张	13.75印张　3插页　190千字
版　　次	2023年12月第1版
印　　次	2023年12月第1次印刷
定　　价	78.00元

版权所有,翻版必究;如有印装质量问题,请拨打(010)66572159联系出版部调换。

目 录

导 论　对关键词方法的说明 / 001
　　一、为什么是关键词方法？ / 001
　　二、何为关键词方法？ / 005
　　三、关键词方法如何展开？ / 011

第一章　中国宪法研究"问题域"的区分与解释 / 014
　　一、问题的简要提出：中国宪法自主知识体系的建设该
　　　　如何起步？ / 014
　　二、基本与内生问题域：中国宪法研究学术逻辑链条的
　　　　首要环节及解释 / 016
　　三、扩展问题域：中国宪法研究学术逻辑链条的中间环
　　　　节及解释 / 023
　　四、实践问题域：中国宪法研究学术逻辑链条的应用与
　　　　反哺环节及解释 / 029
　　五、简要结语：中国宪法研究品质的保证 / 032

第二章　中国宪法文本中的三重秩序解释 / 034
　　一、革命与建设：中国宪法文本中的根本法秩序 / 036

二、政治与法律:中国宪法文本中的高级法秩序 / 040

三、集体(组织)与公民:中国宪法文本中的实效法秩序 / 048

四、递进、嵌入与分蘖:三种宪法秩序的动态关联 / 053

第三章 "社会主义"内涵的规范解释 / 059

一、问题的提出:宪法学者在关于"社会主义"学术研究中的"缺席" / 059

二、宪法文本中"社会主义"的典型用法及规范解释的对象选择 / 062

三、"社会主义"的规范内涵解释:以"宪法关系"为框架 / 068

四、"社会主义市场经济"的规范内涵解释:以"社会主义"为参照 / 076

五、简要结语:"社会主义"的规范性与"社会主义"的理想性 / 082

第四章 "集体"之宪法意涵的阐释与解释 / 087

一、问题的简要提出:"集体"为什么要"出场"? / 087

二、社会主义内涵的变迁:开掘"集体"意涵的背景与坐标 / 089

三、对"公有制"实现方式的探索:阐释"集体"内涵的知识与经验参照 / 094

四、产权结构及功能:定位"集体"宪法功能的依据与线索 / 101

五、实践样态的多样化:对"集体"形式的务实与实证理解 / 106

六、简要结语:宪法制度空间乃为"土地属于集体所有"之基本宪法要义 / 111

第五章 "农民"、"农民集体"和"农村集体经济组织"的宪法内涵解释 / 114

一、中国宪法文本的三重架构阐释 / 115

二、"农民"和"农民集体"的宪法内涵解释 / 120

三、"农村集体经济组织"的宪法内涵解释 / 127

四、农村集体经济组织法立法的宪法视角 / 133

第六章 文本和实践:中国宪法权利二重属性分析 / 137

一、问题的提出:中国宪法权利基本属性探求的缺失 / 137

二、宪法文本中的中国宪法权利二重性分析 / 139

三、宪法权利实践中的中国宪法权利二重性分析 / 143

四、简要结语:中国宪法权利实践的新素材与新动向 / 146

第七章 中国宪法权利"新"类型的划分、解释与应用 / 149

一、问题的提出:为什么重提中国宪法权利的类型划分? / 149

二、"单一与复合"和"基本与非基本":中国宪法权利"新"类型的划分与解释 / 155

三、"新"类型应用之一:对中国宪法权利本体及衍生问题的理论解释 / 167

四、"新"类型应用之二:对中国宪法权利护卫机制的展望及解释 / 182

第八章 作为国别宪法学的中国宪法学 / 194

一、问题的提出:中国宪法研究为什么需要国别宪法学视野? / 194

二、国家统合或国家构成的不同路径:根本法的必要性意蕴 / 198

三、维护"央"优于"地"的不同举措:高级法的功能意蕴 / 202

四、对基本权益的不同理解及不同的给付方式:高级法的价值意蕴 / 207

五、简要结语:国别意义的中国宪法学从何起步? / 211

后 记 / 214

导　论　对关键词方法的说明

一、为什么是关键词方法？

中国宪法文本及相应的宪法实践蕴含与表征着中国宪法的诸多殊异之处，这些特点就是中国宪法根基，中国宪法根基实际上就是中国宪法的本体问题。对中国宪法本体问题的回答在中国宪法学研究中具有前提性地位，因为它决定了对其他中国宪法问题讨论的基本方向及可能限度。那么，需要提问的是，中国宪法根基存于何处？从宪法解释学角度看，中国宪法根基存在于现行宪法文本之中，相应地，学者的重要任务即是依托特定的理论资源对现行宪法文本展开解释与阐释。简言之，中国宪法根基存在于通过特定分析框架对现行宪法文本的解释与阐释之中。确定了中国宪法根基的基本内涵和"居所"之后，一个关键问题就是采用何种方法或视角展开解释？笔者尝试通过关键词方法阐释与解释中国宪法的根基，主要有学术和实践两个层面的原因。

仅就中国学者的研究经验来说，对"关键词"方法的运用已有许多典型先例。如在政治学领域由景跃进、张小劲、余逊达主编的《理解中国政治：

关键词的方法》[1]、在观念史领域由金观涛、刘青峰所著的《观念史研究：中国现代重要政治术语的形成》[2]、在宪治史领域由王人博等所著的《中国近代宪政史上的关键词》[3]就是较为典型的代表。在这些研究中，学者之所以选择"关键词"的研究方法或研究视角，是因为"关键词"本身所蕴含与透露出丰富的信息进而具有的理解、矫正乃至建构的作用。在《理解中国政治：关键词的方法》一书的编者看来，之所以采用"关键词"这一特定角度，原因就是"关键词是人们借以思考的概念，是思维之网的纽结，是库恩所谓的'范式'之重要构成，它对人们的认识起到了定向和组合的作用"[4]。所以，运用"关键词"方法就能够"揭示出中国政治发展的内在规律和基本价值"[5]。在金观涛和刘青峰两位学者看来，"为了认识意识形态的形成，以及其解构后的中国当代思想状况，就有必要研究这些观念碎片"，而这些观念"是指人用某一个（或几个）关键词所表达的思想"[6]。依据关键词内涵的变化，两位学者建构了"所有中国当代政治观念的形成所经历的'三阶段'理解模式"[7]。在王人博等著者看来，"在思想的体系之外尚有思想得以产生的社会土壤，而语词是连接思想与社会、历史与现实的桥梁……无论是要理解过去，还是要塑造当代的宪治思想本体，都需剖析因旧语境而生的种种宪治概念"[8]，进而达到克服语词异化之弊。

---

[1] 景跃进、张小劲、余逊达主编：《理解中国政治：关键词的方法》，中国社会科学出版社2012年版。

[2] 金观涛、刘青峰：《观念史研究：中国现代重要政治术语的形成》，法律出版社2009年版。

[3] 王人博等：《中国近代宪政史上的关键词》，法律出版社2009年版。

[4] 景跃进、张小劲、余逊达主编：《理解中国政治：关键词的方法》，中国社会科学出版社2012年版，"编者说明"第2页。

[5] 这是俞可平教授对该书的评价，详见景跃进、张小劲、余逊达主编：《理解中国政治：关键词的方法》，中国社会科学出版社2012年版，"序言"第1页。

[6] 金观涛、刘青峰：《观念史研究：中国现代重要政治术语的形成》，法律出版社2009年版，第3页。

[7] 这三个阶段依次是："选择性吸收"→"学习"→"消化、整合和重构"。详见金观涛、刘青峰：《观念史研究：中国现代重要政治术语的形成》，法律出版社2009年版，第8页。

[8] 王人博等：《中国近代宪政史上的关键词》，法律出版社2009年版，第7页。

既然已有学者运用了"关键词"方法成功地解决了各自关注的问题,那么,若将"关键词"方法扩展适用到对中国宪法的理解之中,又会产生怎样的积极效果呢?在笔者看来,做出这种尝试,可能会产生如下两个效果:其一,因为中国宪法文本就是由众多的"关键词"所构成的规定和规范的集合体,诸如"中国共产党领导""社会主义""公有制""社会主义市场经济""民主集中制""国家所有",若将这些关键词的宪法内涵准确地揭示出来,相关宪法条款的内涵就可能获得完整准确的理解;其二,进一步说,若通过特定媒介把分散与静态的关键词连接起来,就可能会使中国宪法的众多规定和规范形成密切关联,从而形成一幅语义清晰、连接有序的动态宪法规范"地图"和规范之网。这便是使用关键词方法的基本学术初衷。

在学术原因之外,另一个重要原因就是中国宪法规范化实施的紧迫性需要。基于如"加强宪法实施和监督,推进合宪性审查工作,维护宪法权威"这样的主张一次次地出现在党的重要文献和国家领导人讲话之中的事实,[1]我们有理由相信宪法规范化实施就是中国宪法[2]的未来走向。若中国宪法规范化实施是中国宪法制度发展的重要目标之一,那么,通过关键词方法来阐释与解释中国宪法,就能够对宪法规范化实施目标的实现发挥极为重要的支撑作用。

为了更具体地论析实践层面的理由,这里拟以个案的方式做出说明。通说认为,中国《宪法》第 1 条是关于国体的规定。对国体内涵的解释通常是从阶级性角度做出的。尽管不能认为这种解释结论不重要不根本,但是从第 1 条第 1 款的表述看,核心意思是"中华人民共和国是社会主义国家",因而"工人阶级领导"、"以工农联盟为基础"和"人民民主

---

[1] 对国家领导人关于依法治国和依宪治国观点的梳理,详见张文显:《习近平法治思想研究(上)——习近平法治思想的鲜明特征》,载《法制与社会发展》2016 年第 2 期;张文显:《习近平法治思想研究(下)——习近平全面依法治国的核心观点》,载《法制与社会发展》2016 年第 4 期。

[2] 本书所使用的"中国宪法",如未做特殊限定,是指包含 2018 宪法修正案的现行宪法。特此说明。

专政"并不是对"中华人民共和国"的目的性规定,而应理解为是对"社会主义国家"实现手段所做的选择和安排。从目的与手段的关系看,如何解释相关手段的宪法内涵,完全取决于对目的的理解和解释。在这一意义上,"社会主义"就成为理解和解释《宪法》第1条的关键词。换言之,如果不能相对清晰地阐释与解释"社会主义"的宪法意涵,就会使得理解第1条宪法内涵的基础变得不清晰。

事实上,对"社会主义"宪法内涵的理解,不仅关系到《宪法》第1条的理解及规范化实现,而且还涉及"公有制"和"社会主义市场经济"、"国家所有"和"集体所有"等重要关键词的理解。因此,相对于"公有制"和"社会主义市场经济"、"国家所有"和"集体所有"等重要关键词,"社会主义"这一关键词就具有了全局性和宏观性的宪法意义。

如此看来,对宪法中关键词的释义至少具有三个层面的宪法意义和作用:其一,对关键词的释义是宪法规范化实施的知识基础。宪法规范化实施当然是一项专业化、职业化的政治与法律行为。专业化需要以专业性知识为基础,相应地,通过阐释和解释关键词而所获得的结论就是宪法规范化实施的知识基础之一。换言之,没有对关键词的释义,就不可能存在宪法的规范实施。其二,对关键词的释义是宪法规范化实施的规范基础。宪法规范化实施不是一个个语词的现实化,而是宪法规范的现实化。对关键词的释义虽然要对宪法中的语词做出解释,但最终目的是要通过对语词的解释而明确相关宪法规范的内涵,从而为宪法的规范化实施提供明晰的规范基础或标准。换言之,没有对宪法规范的解释,也不可能存在宪法的规范实施。其三,对关键词的释义是宪法规范化实施的价值基础。任何宪法都会包含价值性规范,如"社会主义""国家尊重和保障人权"。对这些价值性规范做出明确的宪法理解,既可为宪法的规范化实施提供宏观的价值导向,也可对具体的宪法实施行为做出相应的宪法价值评判,从而确保宪法规范实施在"国家统一"(整体秩序)和"平等与自由"(具体秩序)的轨道上展开。这便是使用关键词方法的实践考虑。

二、何为关键词方法?

所谓关键词方法,就是以中国宪法文本中的关键词为对象,以宪法学原理为指导,通过运用多种方法厘清关键词的规范与理论内涵,进而达到清晰准确地解释宪法规范内涵、阐释宪法宏观意义的方法。需要解释的是,关键词方法首先是阐释与解释现行宪法文本的宏观视角,表明切入宪法文本的方式。其次,关键词方法自身是由诸种具体的宪法解释方法构成的,针对不同的关键词,会灵活使用目的解释、历史解释等方法。最后,由于关键词性质与类型的不同,在展开解释时,不可避免地会应用政治哲学、政治学等学科资源。但在使用这些学科资源时,更多的是发挥"外部论证"的作用。

就关键词方法而言,核心的环节是"关键词的寻找"和"释义方法的选择"。就"关键词的寻找"而言,可以从两个方向展开:一个是"宪法原理"思路,另一个是"宪法文本"思路。

所谓"宪法原理"思路,就是指从宪法的基本规定性出发,寻找和选择相应的概念,并以这些概念的形式逻辑作为阐释与解释的框架。以宪法原理视之,宪法关系无疑是宪法学的核心内容之一。宪法关系包含"主体"、"内容"和"客体"三个要素也早已是学界通说。以宪法关系构成结构为指引,笔者曾寻找到了9个关键词或核心概念(见表0-1)。[1]

表0-1 核心概念

	第一序列	第二序列	第三序列
第一层次	主权 或称"制宪权"	宪法	国家
第二层次	治权 或称"宪法权力"	宪法形式及宪法渊源	政府(广义)

---

[1] 可参见韩秀义:《人民政协本体意涵的宪法学阐释:以"一体二元三维"为框架》,法律出版社2016年版,第48—49页。

续表

	第一序列	第二序列	第三序列
第三层次	民权 或称"宪法权利"	宪法形式及宪法渊源	社会(广义)

主要参考文献:[美]小查尔斯·爱德华·梅里亚姆:《卢梭以来的主权学说史》,毕洪海译,法律出版社 2006 年版;王人博等:《中国近代宪政史上的关键词》,法律出版社 2009 年版;陈端洪:《制宪权与根本法》,中国法制出版社 2010 年版。

在宪法关系理论框架之下,可以对这 9 个核心概念的特点及作用做出如下说明:

其一,这 9 个关键词或概念是"形式性"的。尽管学者可以在学理上阐述这些概念的内涵,如认为"人民是制宪权主体",但这种解释依然具有形式意义。或者说,若要在实体内容上使"人民"具体化,就必须结合特定国家的宪法甚至该国的立宪史和建国史方能实现。

其二,这 9 个关键词或概念是"规定性"的。所谓"规定性",是指在对具体的、实体性的关键词的理解上必须以这九个关键词为框架。这样才能保证对实体性关键词的释义是"宪法(学)"的。

其三,这 9 个关键词是有"层级性"的。若粗略地划分,可以认为"主权"、"宪法"和"国家"是一级关键词,其他的 6 个则属于二级关键词;在二级关键词之下还会有三级、四级关键词。不同等级的关键词担负着不同的宪法功能:"主权"、"宪法"和"国家"这三个概念是构成立宪理论或建国理论的基础材料或基石,其他 6 个关键词则是构成行宪或常规治理的基础材料或基石。

其四,各级关键词之间的逻辑关系具有"体系性"特点。从纵向上看,"第一序列"中的"主权"、"治权"和"民权"是构成宪法权能理论的基础材料或基石;"第二序列"中的"宪法"、"宪法形式"及"宪法渊源"是构成宪法规范理论的基础材料或基石;"第三序列"中的"国家"、"政府"和"社会"是构成宪法主体理论的基础材料或基石。从横向上看,不同序列的关键词会形成错综复杂的逻辑关联。如果不考虑宪法行为,那么,诸种体系就主要是静态的;反之,就是关系复杂的动态逻辑体系。

以宪法关系为依据所找到的关键词一定具有宪法性，但由于这些关键词仅仅具有形式性和规范性特征，尚缺乏实质内容，所以，就需要通过"宪法文本"思路赋予这些关键词以确切的实体内容。客观而论，中国宪法就是由"宪法事实"、"政治命令"和"宪法规范"所构成的制度体系。中国宪法文本意涵的阐释与解释之困难和实施之复杂皆源自中国宪法的复合性质。由如此复杂的"宪法"所形塑的"国家"也一定不同寻常。以"宪法事实"视之，这是一个高扬意识形态旗帜的"国家"；以"政治命令"视之，这是一个执政党长期执政且极具能动性的政党国家；以"宪法规范"视之，这是一个信奉宪法权威至上的宪治与法治国家。这些特征在关键词内涵的解释和阐释上具有极为重要的规定性作用。

就"释义方法的选择"而言，除了坚持常规性的解释方法外，笔者尤为重视"阐释"的方法。美国学者惠廷顿教授对"宪法解释"和"宪法阐释"作了如下区分：宪法解释是一种相当常见的发现宪法文本含义的过程，这个过程的结果就是可以由法院详述和适用的宪法性法则（constitutional law）。宪法阐释虽然仍然关注文本的含义，但它的作用并不只是对基本文件中业已存在含义的发现；宪法阐释采用的是政治学上的"虚构的幻影"（imaginative vision），而不是司法判断上的"有洞察力的智慧"（discerning wit）；阐释的本质是创造性的和政治性的，不能通过纯法律的形式来理解，因此它不能被化约为宪法性法则，它也在法院的管辖之外。[1] 尽管宪法解释和宪法阐释具有显明的差别，但两者可以共同发挥作用，即"这两种宪法阐述（constitutional elaboration）的机理，如果合在一起，便提供了一种对有法律约束力的宪法和'作为政治秩序的宪法'的'连接'机制"。[2] 笔者接受这种区分及关联解释。另外，由于中国宪法是包含了规定（诸如意识形态及相关制度）和规范的制度体系，所以，

---

[1] 参见[美]基思·E.惠廷顿：《宪法解释：文本含义，原初意图与司法审查》，杜强强、刘国、柳建龙译，中国人民大学出版社2006年版，第5页。

[2] [美]基思·E.惠廷顿：《宪法解释：文本含义，原初意图与司法审查》，杜强强、刘国、柳建龙译，中国人民大学出版社2006年版，第5页。

在理解和体认中国宪法的文本内涵时,首先需要对中国宪法的体系结构及内在意蕴做出宪法阐释,在此基础上方能准确地"解释"具体关键词的规范内涵。也因之,中国宪法教义学不得不"求助于"具有阐释学意义的社科法学,这乃是基于"文本现实"的无可选择之境况。当然,宪法阐释和宪法解释必须以现行有效的宪法文本为唯一依据及线索,这样才能保证是对"中国宪法"的阐释与解释。

与通常的宪法解释学方法或教义学方法相比较,关键词方法最为鲜明的特点是"阐释"和"解释"方法的综合运用。

关于宪法教义学方法,张翔教授认为"其基本工作是解释和体系化。所谓解释,就是通过对法律文本的理解来把握其规范性含义,而体系化则是将解释获得的概念与规则等进行整合而形成逻辑一致、内在和谐的整体"。[1] 张翔教授所理解与运用的释义方法是解释优先,并以解释所获得的结论作为体系化的基础。这种方法对于解释主要由宪法规范构成的宪法可能是有效的,但对中国宪法则未必适用。比如张翔教授在阐述"国家的给付义务之各国家机关之分担"这一重要宪法问题时,便认为行政机关、立法机关和司法机关是给付义务的承担者。[2] 这三个机关当然应承担给付义务,但如果进一步追问:执政党以及人民政协、工青妇等机构是否应当承担给付义务?如果答案是肯定的,[3] 那么,这些机构应该承担怎样的给付义务,同行政机关、立法机关和司法机关所应承担的给付义务有何不同,又有何关联?如果在学术上不能或不愿面对与回答(不论肯定与否)这些问题,那么,极可能是因为理解中国宪法的视角狭小与封闭所致。而克服理解视角上的弊病之法恐怕应是选择符合中国宪法特质要求的方法,在笔者看来,这种方法就是宪法阐释。

再如张翔教授在"基本权利体系建构"的学术努力中,尽管希望"对

---

[1] 张翔:《宪法释义学:原理·技术·实践》,法律出版社2013年版,第4—5页。
[2] 参见张翔:《基本权利的规范构建》(增订版),法律出版社2017年版,第211—216页。
[3] 既然这些机构的经费及人员的薪酬来源于税收,那么,就没有任何理由否认其应当甚至必须承担相应的给付义务。

《宪法》第 2 章以及宪法中与基本权利相关的条款进行整体性的把握与建构,设计一个初步的、整体上理解中国宪法文本中的基本权利的解释方案"[1],但在整合基点上却选择了《宪法》第 2 章中的第 33 条和第 51 条,并试图将"总纲"中诸如"外国人的基本权利"也整合到以第 33 条和第 51 条为基点的框架之中[2]。对于这种整合的理由,张翔教授论说道:"在国际化的大背景下,如果还恪守宪法文本的字面规定,而将宗教自由、人身自由、人格尊严等基本权利的主体仅限于'中华人民共和国公民'无疑是荒谬的解释。"[3] 在宪法学认知上,将在中国主权范围内居住的外国人排除在"权利主体"之外当然是荒唐的,但问题的焦点并不在于是否认可外国人的权利主体地位,而在于通过怎样的解释方法达到承认其权利主体地位的宪法目标。其实,相关解释方法就蕴含在中国宪法的整体秩序及意义脉络之中。首先,《宪法》第 2 章"公民的基本权利和义务"标题本身就已经表明了其规范和调整的主体对象,即"公民","国家尊重和保障人权"条款也坐落在"公民"的规范语境之中。在这种情形之下,若扩大"人权"之"人"的主体范围,就要突破"公民"的主体规范语境,那么,这种"突破"的规范理由何在?难道以"荒谬的解释"这一价值断言就可确证或证立这种突破?在笔者看来,无论以什么样的理由都难以突破《宪法》第 2 章的"公民"规范语境。但若在宪法学层面证立居住在中国主权范围内的外国人的宪法权利主体地位,就首先需要从整体性角度来阐释宪法,为论证目标的达致提供恰切的规范理由。

既然关于外国人的宪法规范坐落在"总纲"之中,那么就需要首先在"总纲"中寻求相应的规范依据。"总纲"第 32 条规定"中华人民共和国保护在中国境内的外国人的合法权利和利益,在中国境内的外国人必须遵守中华人民共和国的法律。中华人民共和国对于因为政治原因要求

---

[1] 张翔:《基本权利的规范构建》(增订版),法律出版社 2017 年版,第 99 页。

[2] 参见张翔:《基本权利的规范构建》(增订版),法律出版社 2017 年版,第 101—102 页。

[3] 张翔:《基本权利的规范构建》(增订版),法律出版社 2017 年版,第 101—102 页。

避难的外国人,可以给予受庇护的权利"。这条规范显然针对了两类外国人。

就居住在中国境内的外国人而言,需要追问的是,他(她)们因何理由而居住在中国境内?"总纲"第 18 条给出了明确直接的规范理由,即"中华人民共和国允许外国的企业和其他经济组织或个人依照中华人民共和国法律的规定在中国投资,同中国的企业或者其他经济组织进行各种形式的经济合作"。通俗地说,外国人之所以在中国境内享有权利主体地位,是因为中国实行了开放战略。从经济角度来看,就是因为"国家实行社会主义市场经济"。从更宽阔的视角来看,《宪法》"序言"第 12 自然段的相关部分给出了更为真确的回答,即"中国革命、建设、改革的成就是同世界人民的支持分不开的……中国坚持独立自主的对外政策,坚持互相尊重主权和领土完整、互不侵犯、互不干涉内政、平等互利、和平共处的五项原则,坚持和平发展道路,坚持互利共赢开放战略,发展同各国的外交关系和经济、文化交流,推动构建人类命运共同体"。可以说,《宪法》"序言"的这部分内容为在中国境内的外国人权利主体地位提供了更为宏大的宪法理由,尤其是"人类命运共同体"的提出,更是从空间上的"世界"和主体上的"人类"视野为外国人的宪法与法律地位提供了超越国际人权的世界人权论证。由此出发,似乎要比仅从《宪法》第 2 章"公民的基本权利和义务"中寻求规范依据更加切合中国宪法的规范逻辑和意义脉络。如果这种论证是合理的,那么其核心原因就是优先使用了"宪法阐释"方法,而后才是"宪法解释"的方法。

就欲到中国境内寻求政治避难的外国人而言,中国宪法的"态度"是"可以给予受庇护的权利"。这种宪法选择的直接规范依据是《宪法》"序言"第 12 自然段相关内容,即"坚持反对帝国主义、霸权主义、殖民主义,加强同世界各国人民的团结,支持被压迫民族和发展中国家争取和维护民族独立、发展民族经济的正义斗争,为维护世界和平和促进人类进步事业而努力"。事实上,这一内容蕴含了制宪权主体将"政府"和"人民"二分的思维:就"政府"而言,其可能奉行"帝国主义、霸权主义、殖民主义"的政治立场,因而是"反动的";就"人民"而言,会因为反抗"压迫"从事"正义斗争"而受到政治迫害,因而是需要"团结"和"支持"的。换言之,"政府"可能是"非正义"的,但"人民"可能始终是"正义"的,这就为中华人民共和国对寻求政治避难的外国人"可以给予受庇护的权利"提供了规范理由。

总之,"阐释"和"解释"方法的综合运用,首先意在通过"阐释"理解中国宪法的整体面貌及规范理据,其中,整体性与体系化思维甚为关键;其次,在"阐释"的基础上,通过"解释"方法来厘清具体规范的宪法内涵。而不论"阐释"还是"解释",其锚定的目标都是"关键词"。

三、关键词方法如何展开?

所谓"关键词方法的展开",主要是说明本书是如何应用关键词方法的。只要面对中国宪法文本,就会看到众多的关键词,比如"序言"中的"革命""建设""改革""宪法""根本法""高级法","总纲"中的"社会主义""公有制""社会主义市场经济""劳动""民主集中制""领导","公民的基本权利和义务"中的"平等""自由""权利""义务","国家机构"中的"宪法实施""宪法监督""宪法解释""人大代表""调查"。在有限的篇幅中,不可能对中国宪法中所有的关键词作出阐释与解释。但是,笔者还是怀抱着这样的学术"雄心":通过关键词方法,既能勾勒出中国宪法所蕴含或规制的整体性宪法秩序,也能以整体性宪法秩序为基础规范性地阐释和解释某几个重要关键词的规范内涵。为了尽可能地实现这种学术目标,笔者做出了相应的学术努力,这种努力本身即可视作"关键词方法的展开"。

"关键词方法的展开",首要的或许不应径行到宪法文本中去寻找关键词,而是应该先在学理层面为关键词确定存在的空间及选择的方法。

为关键词确定存在的空间,实际上是研究中国宪法的学术逻辑问题。符合规范要求的学术逻辑一方面事关研究者的主体性问题,这是自主知识体系建设的重要前提条件,另一方面关涉学术论证逻辑问题,这是自主知识体系积累及拓展的轨道。因此，笔者对中国宪法研究的学术链条区分为"基本与内生问题域"、"扩展问题域"和"实践问题域"。基本问题域涉及的是宪法研究的基本规定性，如宪法性质、主权和国家性质，内生问题域是通过对宪法文本及其背后的理论历史等资源的挖掘，为基本问题域中的关键词赋以实质内容，从而使概念或关键词的内涵立体化；另外，在基本与内生问题域中存在的关键词具有元初性特点，或者说，是其他类型关键词存在的基础。扩展问题域是以基本与内生问题域为依托，进而对具有元初性特点的关键词进行扩充，以展现更为细致丰富的概念及理论内涵；其中，扩展的成果之一是众多关键词的产生，比如国体、政体、宪法形式与宪法渊源，相对于元初性的关键词，这些关键词具有次生性特点；但次生性并不意味着不重要，相反，扩展问题域是积累真正具有自主性知识体系的场域，是学术交锋的真正"战场"。实践问题域本身并不产生关键词，但其是检验、丰富乃至矫正众多类型关键词内涵的"基地"。通过对中国宪法研究学术链条的解析与解释，就能够确定关键词可能坐落的"位置"，也能够明了位于不同位置的关键词的学术功能。本书第一章对此展开了较为详尽与充分论述。

学术逻辑问题得到澄清之后，就需要对选择关键词的选择方法加以解释。笔者认为主要有：

第一，以能够展现中国宪法整体面貌与意义脉络为方向来选择和确定关键词。一般地说，能够符合这种要求的关键词首先应该具有原初性特点，比如宪法性质（基本问题域）和根本法与高级法（内生问题域）。通过对这些关键词的解释，就会呈现出中国宪法及宪法秩序的整体特点。本书第二章对此展开了相应的论述。

第二，在中国宪法的文本结构中，"总纲"的功能可谓承上启下：所谓"承上"，是指将其《宪法》"序言"中的相关内容制度化，例如，可将"总纲"第 1 条理解为对《宪法》"序言"第 7 自然段内容的制度化；所谓"启下"，是指其发挥着引导和调控《宪法》第 2 章和第 3 章的宪法功能，例如，《宪法》第 3 章"国家机构"之所以做出如此安排，"总纲"第 3 条、第 4

条和第29条发挥了重要作用。比如,《宪法》第3章之所以将全国人民代表大会规定为"国家机构"的首位,就是因为"总纲"第3条确立了以全国人民代表大会和地方各级人民代表大会为核心的权力格局。[1]另外,"总纲"中重要内容之一是经济制度,经济制度中内含着较为丰富且各异的财产权内容。对经济制度的阐释与解释,不仅是理解"总纲"意涵不可缺少的重要组成部分,而且也是民商事立法极为重要的宪法凭据。比如,究竟在民法典及相应特别法中该如何规定土地权利,就涉及对"国家所有"和"集体所有"的阐释与解释。换言之,若不能依宪通透地理解两者的宪法内涵,就会在部门立法过程中发生诸多无谓的"争论",也可能会使相关立法成果违背宪法的规定。正是基于这种考虑,本书第三章对"社会主义"的内涵展开了规范讨论,第四章和第五章集中讨论了与农民、农民集体和农村集体经济组织有关的问题。在对与农民有关问题的选择上,有着著者的"偏好",这一点是需要坦诚说明的。

第三,无可否认的是,公民的宪法权利或基本权利乃为任何民主与法治国家宪法的重要内容。易言之,宪法权利或基本权利当然是重要的关键词。在本书第六章中,着重从文本角度阐释与解释了"中国宪法权利二重性"问题;在本书第七章中,着重从权利的理论基础出发讨论了"中国宪法权利类型的划分"问题。

第四,以对所选取的关键词的学术讨论为基础,在本书第八章简要讨论了"作为国别宪法学的中国宪法学"这一重要学术问题,因为这与中国宪法自主知识体系的建构密切相关,这一问题也是本书的重要关注点之一。

---

[1] 具体论证可参见林彦:《国家权力的横向配置结构》,载《法学家》2018年第5期;杜强强:《议行合一与我国国家权力配置的原则》,载《法学家》2019年第1期。

第一章　中国宪法研究"问题域"的区分与解释

一、问题的简要提出：中国宪法自主知识体系的建设该如何起步？

在中国宪法学界,相关学者一直在努力地探求自主知识体系建设的方式方法,童之伟教授的法权说是较为典型的代表。[1] 虽然法权说并非没有值得商榷之处,但由于作者紧紧围绕中国宪法问题展开,所以,这种知识积累模式实际上为反对观点的提出预设了标准和轨道。比如童之伟教授在讨论和分析"法院'依照法律'规定行使审判权"这一问题时,从中国宪法文本的内在逻辑出发,得出了"依照法律"中的"法律"不包含宪法的解释结论。[2] 对于这种解释结论当然可以反对,但反对者需要同童之伟教授一样,首先要"认真对待宪法文本"。在这样的学术讨论乃至争鸣中,中国宪法文本就是首要的论证依据,而不是"陪

---

〔1〕 童之伟：《法权说之应用》，中国社会科学出版社 2022 年版。

〔2〕 详尽论证可参见童之伟：《法权说之应用》，中国社会科学出版社 2022 年版，第 305—338 页。

衬"。只有此类的研究才能为中国宪法自主性知识体系的逐步建设提供直接的养料。

如果把法学（宪法）自主知识体系的建设视为整个中国人文社会科学的一部分，那么，就能够更清楚地发现自主知识体系建设的起点和关键。自1840年以来，政界和学界讨论的"体用关系"或"体用之争"率先开启了自主知识体系建设的先河。无论是"中体中用"还是"中体西用"，无论是"西体西用"还是"西体中用"，对于处于危机状态的中国都是一种应对方案。所不同的是，坚持"中体"，意味着中国传统所蕴含的知识是具有安身立命意义的，是不可替代的；与此相对照的"西用"则是工具性的，一旦目标实现，就可以舍弃掉。坚持"西体"，意味着源自西方的知识才具有真正的价值性，才成为国民的意义载体；与此相对照的"中用"则是工具性的。在面对危机时，各种"体用之辩"都蕴含着期盼走出危机步入独立自主的意念，都是值得后人珍视的遗产。但是，在经过了艰难困苦、流血牺牲之后，国家、社会和人民皆步入了现代化建设时期，还在原有的思维框架中讨论"体用关系"，恐怕有失针对性。

今天的中国，应该说已经具有了"我们"自己的"体"，即中国之体，社会主义核心价值观就是中国之体的表达。更进一步说，现行中国宪法文本就是中国之体的根本法和高级法表达。基于中国之体的维护和完善，对"用"倒是可以持一种开放性的态度。将两者结合起来，笔者称之为"中体多用"。如何在宪法研究上回应"中体多用"，可能是宪法自主知识体系建设的一个切入点。本章对中国宪法问题域的讨论就是一种尝试。

通过对中国宪法研究"问题域"的区分，既可以显露出中国宪法研究所应关注或努力的问题范围，也能够透过相应的问题域或问题范围的逻辑与实质关联，发现并概括出中国宪法研究所应遵循的学术逻辑链条。在本部分中，笔者将中国宪法研究的学术逻辑链条依次区分为"基本与内生问题域"、"扩展问题域"与"实践问题域"，并对每个问题域的内涵与相互关联做出了相应的解释。

二、基本与内生问题域:中国宪法研究学术逻辑链条的首要环节及解释

笔者将中国宪法研究学术逻辑链条的初始或首要环节称之为"基本与内生问题域"。

就"基本问题域"而言,主要包含两个方面的意思:其一,在抽象意义上,"基本问题域"是指中外宪法研究都要面对与处理的共同问题领域,所以,"基本问题域"也就体现了宪法的共性特质;其二,在具体内容上,"基本问题域"是指表征宪法共性特质的核心概念与范畴,对于宪法的核心范畴究竟是什么,学者虽然进行了广泛的讨论,但还没有取得基本的学术共识,可如下三个概念或范畴至少是宪法研究所必须要面对与处理的,即相对于某种政治体的主权概念、相对于某种政体与国家结构形式的宪法权力概念和相对于国民或公民(集团)的宪法权利概念。在"基本问题域"中,尽管这些概念或范畴是具体的,但这种"具体"实际上还停留在形式与抽象层面,比如,对于"主权"概念,当然可在其前面加上"人民"这一限定,但"人民"究竟是什么、怎样识别、如何代表,恐怕在不同类型的国家会有不同的解释与回答,这样就有必要进入"内生问题域"。

就"内生问题域"而言,其主要意涵是指由不同国家特定的文化传统、社会经济结构等因素,赋予"基本问题域"中核心概念或范畴不同的意义。在欧洲,尽管各个国家最终都实现了民族国家的发展目标,但由于社会经济结构等原因,使得欧洲各个国家也呈现出不同的国家面貌、政治结构与宪法体制。[1] 而对于中国来说,或许问题更为复杂,这就使得从"内生问题域"角度阐发诸如中国国家主权、中国宪法权力与中国宪法权利这些核心概念或范畴意涵的宪法学术作业更加繁难。

虽说本书的核心主旨并不是阐释这些核心概念或范畴的内生性意

---

[1] [美]查尔斯·蒂利:《强制、资本和欧洲国家(公元990—1992年)》,魏洪钟译,上海人民出版社2012年版。

涵,而是在建构中国宪法研究应该遵循的基本学术逻辑,但借鉴其他学者的相关研究成果以坦陈笔者的肤浅认知或许不会是画蛇添足之举。限于篇幅,这里只重点说明中国主权的内生性内涵,并将极为简略地涉及宪法权力与宪法权利的内涵阐释。

就中国国家主权的内生性意涵而言,可以从对主权的"解释"与"建设"两个方面入手。在中国政治社会结构转型的大背景下,或许没有人会否认我们所指涉的中国国家主权概念是由西方输入进来的。汪晖教授对此解释道:

> 当欧洲国家利用欧洲国际法来推销它们的主权概念时,确认主权的含义既不是指清代是否是一个合法的统治实体,也不是指它是否是一个获得西方国家承认的、具有签署条约能力和权威的主体。在鸦片战争之后的历史语境中,欧洲国际法的真正功能是以"承认关系"作为逼迫清朝臣服于欧洲主导的世界秩序的根据,并将传统东亚区域的规范体系——朝贡体系——贬低为落后的、不平等的体系。在这个意义上,形式平等的主权概念与军事征服和不平等贸易密切相关,最终以不平等条约的形式确定下来。换言之,中国作为主权国家的地位必须以一种扭曲的形式——不平等条约的形式——才能建立。[1]

由于欧洲国家是以国际法为形式载体、以强力为手段把主权概念输入中国的,所以,无论是中国学者还是政治家在解释主权概念的过程中,都至少会呈现如下两个特点:

其一,工具性与实用性解释。欧洲形式意义上的主权输入是导致中国儒法国家或朝贡体系崩解的原因之一。为了国家的重整,学者在解释主权概念时往往以"师夷长技以制夷"为导向,竭力挖掘支撑欧洲主权强大的技术与制度因素,而晚清官僚或政治家也往往对国际法及其中的主

---

[1] 汪晖:《现代中国思想的兴起》(上卷,第二部)(第2版),生活·读书·新知三联书店2008年版,第702页。

权概念持有一种实用主义态度,并不关心其是否为普遍真理。[1]

其二,整体性解释。从欧洲经验来看,主权有所谓的对内主权与对外主权之分,对内主权强调公民或相应社会阶层的多样化权利与多中心的利益博弈,而对外主权则关注在国际体系中国家的整体力量、地位及未来。而中国学者在解释主权等概念时更为注重国家主权的对外方面,如汪晖教授所指出的:

> 他(即魏源——引者加注)对美国和其他西方国家的民主制度的介绍适应着一个基本的目标,即强化国家的组织力量和动员力量,形成举国一致、令行禁止、能够进行有效的国际竞争的统一制度。从魏源开始,晚清士大夫对于民主政体和教育(大学)体制的介绍、倡导和建设不是源于理性、自由或者民主的理念,而是源于对军事动员、军事工业和军事能力的关注。[2]

在这个意义上,近代以来中国主权所具有的外迫性与被动性、工具性与实用性、整体性等特点就可以理解。如果把宪法理解为主权运行的规则,那么,基于中国主权的这些内生性品质,就可以清晰地发现中西宪法的不同之处:尽管在形式上中西宪法存在众多的共性,但在实质内涵上,中国宪法所具有的顽强政治基因与所肩负的生存使命确实是由中国政治与社会结构、中国所处的国际环境等因素所赋予和塑造的。

从西方输入的主权不仅需要做出解释,而且也需要建设。在朝贡体系已经崩溃的情况下,中国主权建设显然不能依托这一制度体系,所以,就需要"把中国作为一个总体置于新的世界关系或海洋关系之中,从而在国际关系的范畴内严格区分内外,将中国从一个无分内外的多元民族和文化的帝国转化为一个主权国家",[3]但在由帝国转向民族国家的过

---

[1] 刘禾:《帝国的话语政治:从近代中西冲突看现代世界秩序的形成》,杨立华等译,生活·读书·新知三联书店2009年版,第166—167页。

[2] 汪晖:《现代中国思想的兴起》(上卷·第二部)(第2版),生活·读书·新知三联书店2008年版,第642—643页。

[3] 汪晖:《现代中国思想的兴起》(上卷·第二部)(第2版),生活·读书·新知三联书店2008年版,第731页。

程中,并不意味着支撑已经崩塌的朝贡体系的统治与治理之道就不再发挥建设性的作用,恰如汪晖教授所说:

> 内外观的转变并不意味着传统朝贡体系及其礼仪系统丧失了意义。在寻找自己的主权源泉的过程中,清代士大夫恰恰是通过恢复朝贡体系的视野来重构"中国"的历史基础,这个基础不在"中国"本身,而在广阔的世界关系之中。[1]

支撑中国长达两千多年的统治与治理之道实际上就是赵鼎新教授概括的"儒法国家"[2]逻辑或金观涛与刘青峰两位教授所概括的"中国社会超稳定结构"[3]。即是说,在建设中国国家主权的过程中,虽说朝贡体系已经失去了作用,但是其所内含的儒法国家的基本逻辑或维持中国社会的一体化结构依然在规制着中国主权建设的走向,其中,最为关键的是意识形态的更替,而这种更替已经具有了世界的视野。

在这个意义上说,中国国家主权与西方国家主权尽管在形式上具有共同之处,即对国家的整合,但在实质内涵上却具有中国自身的意义,这种意义不仅体现在对主权概念的解释层面,也体现在对主权的建设层面,所以,"当代世界的'主权'范畴已经不能简单视为欧洲国际法规定的产物,它还包含了在反对殖民主义、寻求被压迫民族的民族自决过程中的历史经验和成果"[4]。

如同欧洲国家的建设道路及其政经结构影响甚或决定着该国的政体结构与宪法权利特质一样,中国国家主权建设的道路与政经结构也在

---

[1] 汪晖:《现代中国思想的兴起》(上卷·第二部)(第2版),生活·读书·新知三联书店2008年版,第731—732页。

[2] 在赵鼎新教授看来,所谓"儒法国家"就是在汉武帝在位期间定型的、奉儒家学说为合法性基础,同时采用工具主义的法家作为御民之术的、中央集权的科层制国家。(赵鼎新:《东周战争与儒法国家的诞生》,夏江旗译,华东师范大学出版社2006年版,第163页)在这种新型的政治体制中,最为根本的统治与治理逻辑就是政治权力与意识形态权力的合一。(参见赵鼎新:《东周战争与儒法国家的诞生》,夏江旗译,华东师范大学出版社2006年版,第7页)

[3] 关于"中国社会超稳定结构"的基本内涵,可参见金观涛、刘青峰:《开放中的变迁:再论中国社会超稳定结构》,法律出版社2011年版。

[4] 汪晖:《现代中国思想的兴起》(上卷·第二部)(第2版),生活·读书·新知三联书店2008年版,第698页。

影响甚或决定着中国的政体结构与宪法权利的特质,所以,在解释宪法权力与宪法权利的内涵时,至少需要考虑中国国家主权的内生性意涵这一重要因素。由于中国国家主权建设依赖整全性的意识形态权力,所以,对中国的政体结构与宪法权力构成的描述与解释就不能仅仅关注所谓的"正式国家机器",而应当将执政党的权力纳入其中,就如美国宾夕法尼亚州立大学法学教授巴克尔先生所指出的:

> 如果不考虑中国共产党在国家机器内外所发挥的制度作用,那么就不可能对中国的法治进行分析。这就需要认真对待中国共产党作为"执政党"地位的表现形式,也需要对中国共产党加以考察:它不是一个西方式的政党——像麦迪逊所分析的宗派一样,而是国家权力大厦的主要构成因素。[1]

对于中国宪法权利而言亦是如此。不仅需要考虑以公民为主体的各类宪法权利,同时,也要将以阶层为主体的宪法权利扩入其中。

关于中国的政体结构与宪法权力的构成以及宪法权利的内涵,笔者的总体看法是:

在中国宪法研究的"基本与内生问题域"中,中国国家主权、宪法权力与宪法权利问题居于一个较为宏观的层面。在这三个概念之下,事实上还存在众多的中观与微观领域,尽管在本部分中,不能对中观与微观问题域做出进一步的解释,但需要指出的是,中观与微观问题域分享着宏观问题域的基本指向与学术逻辑。

既然把中国宪法研究学术逻辑链条的首要环节定位在"基本与内生问题域",并且对之在宏观上做出了简要解释,那么,接续下来的问题便是:这种定位与解释的学术意义究竟是什么或在哪里?笔者欲图在三个方面做出简要回答:

第一,"基本与内生问题域"规定着中国宪法研究的范围与方向。中

---

[1] [美]拉里·卡塔·巴克尔:《中国的宪政、"三个代表"与法治》,吕增奎译,载吕增奎主编:《执政的转型:海外学者论中国共产党的建设》,中央编译出版社2011年版,第290页。

国宪法研究首先是宪法研究,所以,中国宪法研究在形式上当然要触及中西宪法研究所要共同面对的问题,而共性问题是由中国宪法研究的"基本问题域"所限定的。可若仅仅停留在基本问题域,这样的宪法研究还不是真正的中国宪法研究,因而需要将研究的视角延伸到内生问题域,从而在实体内容上去廓清、去添加相关概念的"中国"内涵。因此,基本问题域就发挥着判断某项研究是否为宪法研究的标准作用,而内生问题域则担负着判断某项宪法研究是否为中国宪法研究的标准功能。

比如张翔教授基于当前中国宪法权利研究所存在的"破碎"与"稗贩"之弊端,提出了"基于规范文本的体系化思考"的应对之法,由是观之,张翔教授所做的"基本权利的体系思维"[1]属于中国宪法(权利)研究当无疑义。以德国基本权利教义学为仿照对象似乎也无可厚非,但这里的关键是,研究中国宪法权利的体系化所参照的究竟是德国基本权利教义学的学术操作流程还是德国学者关于宪法权利内涵的实质性理解:若是前者,就是"无可厚非";若是前者加后者,恐怕就"可厚非"了。从张翔教授的研究来看,实质上属于"学术操作流程加德国学者关于宪法权利内涵的实质性理解",这样就在中国宪法权利体系化思维的过程中,把德国学者对宪法权利的理解简单地作为了对中国宪法权利内生性意涵的替代,虽说这种替代可以在一定程度上克服中国宪法权利研究所存在的"破碎"之弊,但"稗贩"之弊依然存在,造成这种情形的根本原因还是缺乏对中国宪法(权利)研究内生问题域的关注与阐析,比如中国宪法权利的理论基础、基本类型与功能。如此看来,张翔教授的研究在根本上并不是纯正的中国宪法权利研究,而只能是德国宪法权利教义学的再阐释,其对中国宪法权利的体系化思考也就只能是再阐释的注脚而已。

第二,"基本与内生问题域"限定着对中国宪法性质的理解与定位。在笔者关于中国宪法的研究中,始终强调对中国宪法属性的学理认知与性质定位具有基础性地位,因为这种学术认知与解释不仅涉及关于中国

---

[1] 详见张翔:《基本权利的体系思维》,载《清华法学》2012年第4期。

现行宪法文本的解读,还关涉中国社会总体情况的把握,更关涉中国国家建设进程与阶段的判定。从基本问题域来说,西方国家的宪法研究也并非从唯一的角度——比如法律——来看待宪法的性质,从政治、经济、社会、历史与文化等多元角度研究宪法的性质乃为西方的学术常规。如果对这种研究格局做出简单的延展,或可认为对中国宪法性质的理解也应该在多元层次上展开,所以,在中国宪法研究中,目前存在的三种主要研究取向——政治宪法学、宪法社会学与规范宪法学——都应该得到"形式上"的理解与肯定。这里之所以使用"形式上"这一限定,是因为如果不能从内生问题域出发给"形式"赋加中国的内生值,那么,这些研究依然有陷入"挂狗肉卖羊(洋)头"境地之虞。

第三,"基本与内生问题域"奠定了中国宪法的扩展性与实践性研究赖以展开的学术基石。中国宪法研究当然不只是限于"基本与内生问题域",扩展性与实践性问题域也是中国宪法研究的重要问题领域,但是,如果对"基本与内生问题域"相关概念的核心内涵不能进行内生性的研究与阐释,就极易导致如下后果:

一则,缺乏对"基本与内生问题域"中相关概念的研究,就会使扩展性研究失去根基与方向,而缺少根基与方向的扩展性研究必将是无根的梦呓与自语自话。

二则,缺乏对"基本与内生问题域"中相关概念的研究,就不能为扩展性与实践性问题域的相关研究提供学术养料。关于中国宪法问题的扩展性与实践性研究所需要的养料当然是多元的,也可以从多种渠道汲取,但不可否认的是,对中国宪法核心概念的共性开掘与内生阐释乃是不可替代的学术资源与学术养料。若缺乏这一重要的学术养料,既会使扩展性研究由于没有坚实的骨骼依托而虚胖进而趋于无形,也会使实践性的对策研究因缺乏骨骼的有力支撑而任性进而趋于胡言乱语或"汉话胡说"。

三、扩展问题域：中国宪法研究学术逻辑链条的中间环节及解释

对应"基本与内生问题域"，"扩展问题域"的内涵可从两个层面做出形式化的归纳，即"基本问题域的扩展"（以下称"基本问题扩展域"）与"内生问题域的扩展"（以下称"内生问题扩展域"）。这种形式化的归纳只是解决了阐释中国宪法研究"扩展问题域"的形式逻辑问题，而要对扩展问题域在实体内涵上做出解释，则需要对"扩展"一词的内涵做出明晰的提炼与限定。

从笔者对中国宪法研究所应遵循的学术逻辑链条的认识来看，"扩展"一词主要包含着两个方面的内容：

其一，"扩展"的本体内涵，其主要包括两个方面的内容：

一是基本与内生问题域中核心概念内涵的扩展。这种扩展依然可以分为两种路向，即价值性的哲学路向与实证性的分类学路向。所谓哲学路向，就是指对诸如主权、宪法权利、宪法权力这些核心概念的义理进行哲学意义的追问，或者说对其做出哲学思辨和拷问，进而获得形而上学性质的结论。哲学路向事实上是对基本或核心概念内涵在纵向上的开掘，对于中国宪法研究来说，其可归为宪法哲学的范围。所谓分类学路向，就是指依照相应的标准，对中国宪法研究所涉及的核心概念做出类型划分，从而使相关概念在内涵上更加丰富。分类学路向事实上是对基本或核心概念在横向上的拓展，对于中国宪法研究来说，其可归为宪法社会学、宪法历史学等学科范围。

二是概念间关系认知的扩展。这种扩展依然可以分为两种情形，即"核心概念内部次一级概念间关系的认知扩展"与"不同核心概念及其次一级概念间关系的认知扩展"。

所谓"核心概念内部次一级概念间关系的认知扩展"，就是指在对某一核心概念做出类型划分的基础上，对划分所得的次一级概念之间的关系做出相应的学理认知与关系判断，以丰富或加深对该核心概念内涵的解释，这里仅以主权概念为例略加说明。按照梅里亚姆教授的历史梳理，主权概念至少会在三个层面上运用，即国际法意义上的主权概念、国

家整体权力意义上的主权概念与国家政体意义上的主权概念。[1] 如果要对主权的本体内涵做出扩展性阐释，那么就需要对这三种主权概念之间的关系做出相应的扩展性解析，进而言之，这三种主权概念之间究竟是一种怎样的关系，彼此之间究竟存在怎样的影响？[2]

所谓"不同核心概念及其次一级概念间关系的认知扩展"，就是指立足于两个或三个核心概念，就这些概念及其次一级概念间的关系做出相应的学理认知与关系判断，以丰富或加深对核心概念及其次一级概念之间关系的理解与解释。这种类型的扩展由于会牵涉众多的概念，因而学术操作会极为繁复。为了减缓这种学术操作的繁复，通过选择相应的具体议题并在对该议题的阐释中具象化概念之间的关系，或许是一条可行的扩展途径。

其二，"扩展"的工具内涵，主要包括三个方面的内容：

一是扩展的手段。为了丰富宪法学基本与内生概念的意涵，扩展的手段也应多样化。在多样化的扩展手段中，这里以"比较"这一手段或方法为例略加说明。笔者曾指出：比较宪法学研究应该是在国别或特定区域宪法学研究的基础上，以寻找共性或厘清差异为基本目标，通过恰当的标准对两个以上政治实体的宪法理论、宪法制度与宪法实践所做的比较研究。就"共性寻找"而言，其主要目的是要总结规律，这种规律或许就是共有的，从而成为各国宪法应该恪守的标准或制度设计底线；就"差异厘清"而言，其主要目的是在阐释各国宪法的特性与个性，这种特性与个性或许就是民族性的、地方性的。[3] 通过比较寻找共性，其实质就是

---

[1] [美]小查尔斯·爱德华·梅里亚姆：《卢梭以来的主权学说史》，毕洪海译，法律出版社2006年版，第100—101页。

[2] 从梅里亚姆教授的历史梳理与解释思路来看，其似乎是围绕着主权的绝对与相对、主权的最高性与从属性、主权的整体性与构成性来梳理与解释了不同流派理论家的相关观点以及历史承继。而由于本部分的核心任务是在区分与解释中国宪法研究的"问题域"，进而概括出一种中国宪法研究所应遵循的学术逻辑链条，所以，这里只能做出形式化的提示，因而不能就主权概念之间的关系做出更进一步的解释，故特此做出说明。

[3] 详尽内容可参见韩秀义：《中国的宪法学"体"之确立与"用"之选择》，载《东吴法学》2012年春季卷，中国法制出版社2012年版。

对宪法学"基本"(与"内生"相对)概念内涵的扩展,扩展的成果就是通常所说的"宪法学原理";通过比较厘清差异,其实质就是对"内生"(与"基本"相对)概念内涵的扩展,扩展的成果就是通常所说的"国别宪法学"。对于这两者之间的关系,笔者依然以主权为例加以说明。若通过比较研究发现,各国的主权在实际的政治生活中需要附着在某个"人"或机构上,这事实上就是关于主权的一项基本原理。在这个意义上,所谓宪法学原理就是共性与常识的汇集。

二是扩展的框架。这里继续以"比较"这一手段或方法为例证来做出解释。笔者曾指出:目前在中国的宪法学研究中,没有一部真正的比较宪法学著作,核心依据是既有的比较研究是罗列而不是比较,导致这种比较研究缺失的学术原因是缺乏比较框架。在比较框架的建构上,这里只能做出简略提示:马克斯·韦伯理想类型的启发意义甚大;在应用上,达玛什卡的《司法和国家权力的多种面孔:比较视野中的法律程序》堪称典范。实际上,中国宪法研究不仅缺少比较的框架,也缺乏关于中国宪法问题研究的理论分析框架。理论分析框架的真正建立,就成为扩展问题域的研究重点与紧迫的学术任务。

三是扩展的资源。既然扩展问题域中的"扩展"是要丰富宪法学基本与内生概念的内涵,那么,在对扩展的手段与框架问题做出解释之后,就必须要面对"拿什么来扩展"这一问题,而此问题的核心就是扩展资源的选取与利用。对于中国宪法研究者来说,由于个人的学术偏好与学术积累不同,所以,学术资源的量与质和学术资源的利用方式也一定会有所不同,但在这种种不同之中有一点是"共同"的:中国宪法学者必须走出学科壁垒,必须走出规范宪法学的"狭小学术天地"或对中国宪法规范化实施的"自语自话"。这不仅要求规范宪法学向政治宪法学、宪法社会学开放,[1]而

---

[1] 关于规范宪法学、政治宪法学与宪法社会学形成学术合力以开辟中国宪法研究新气象的论述,可参见韩秀义:《中国宪法实施的三个面相——在政治宪法学、宪法社会学与规范宪法学之间》,第四部分"政治、社会与法律组合式并举:中国宪法实施整合性研究的简要设想",载《开放时代》2012年第4期。

且还要求中国宪法学向政治学、社会学、历史学、经济学、哲学等其他学科领域开放,进而从其他学科汲取丰富的、多样化的学术资源。在这一意义上说,中国宪法学者要比西方国家的宪法研究同行更为"辛苦"。

在对"扩展问题域"之核心即"扩展"内涵做出解释之后,为了使解释更为全面,本应对"基本问题的扩展域"或"内生问题的扩展域"进行实体意义的学术演练,以便使作为中国宪法研究学术逻辑链条中间环节的"扩展问题域"更加有血有肉。但由于笔者已经对中国宪法研究本身所应涉及的中国主权、宪法权力、宪法权利、宪法渊源与宪法形式、宪法实施方式等问题做出了相应解释,故在此不予赘述,从而直接论及"扩展问题域"的学术意义。关于"扩展问题域"的学术意义,当然可以认为"扩展问题域"是对"基本与内生问题域"的深化与丰富,"扩展问题域"为"实践问题域"的展开提供了分析框架、学理资源,如此等等。这里,笔者打算只对这些学术意义做出上述提示,而欲图围绕"'扩展问题域'乃为中国宪法研究的重镇"这一判断所蕴含的内容来展开讨论。

第一,"扩展问题域"是培育中国宪法研究问题意识的"学术工厂"。"扩展问题域"所包含的内容极为丰富,但作为具体的中国宪法研究者来说,以怎样的扩展工具去丰富与深化需要扩展的本体,则有赖于研究者问题意识的驱策。在这一意义上,研究者的问题意识就居于前提性地位,或者说,特定的问题意识决定了研究目标与研究路向。由于"扩展问题域"是中国宪法研究学术逻辑链条的中间环节,就使得"扩展问题域"成为培育问题意识的最佳演练场。按照问题类型(基本与内生问题)与研究路向(解释与建构路向),笔者将"问题意识"划分为四种理想类型(见表1-1)。

表1-1 中国宪法研究问题意识类型

	基本	内生
解释	基本问题解释	内生问题解释
建构	基本问题建构	内生问题建构

如果持有解释型的问题意识,那么这种研究的性质就是描述与阐释性的,所获得的研究结论则属知识属性而非思想属性,这种知识性结论可以成为某种思想赖以形成的资源却不能成为思想本身,因此,这种知识性结论便具有了一定的"客观性"与"地方性",进而也就限制了该种类型研究结论的使用方向与方式。另外,问题的类型既规定了解释的方向,也限定了解释资源的选择与利用。

如果持有建构型的问题意识,那么这种研究的性质固然包含解释性成分,但其核心则是某种思想的表达,而思想本身既具有价值属性,也具有改变或塑造现实的逻辑与力量,因此,这种思想性结论便具有了一定的"主观性"与"抽象性",进而也就会扩展思想性研究结论发挥作用的空间。另外,问题的类型既规定了建构的方向,也限定了建构资源的选择与利用。

"理想类型"的本质在于"类型的理想",而在实际的学术研究中不同类型之间必定会有所交叉与重叠,但笔者之所以如此强调不同理想类型的区分,基本用意在于说明如果研究者不能明晰自身的问题意识及研究结论的应用边界,就会导致问题意识的游移与研究结论的滥用,而这恰是"假问题"得以产生的逻辑原因。

第二,"扩展问题域"是中国宪法研究各种流派得以产生与交锋的"学术舞台"。

首先,中国宪法研究流派只能在"建构型问题意识"所驱策的问题域中形成。因为判断某种流派是否形成的根本标志就是在研究中是否建构了特定的理论分析框架或理论模型或理论体系,所以,在"解释型问题意识"所驱策的问题域中绝无形成流派的可能性,同时,在问题意识游移与解释结论滥用的"学术研究"中,连正常的学术研究逻辑都无法保证,就更遑论流派形成问题。

其次,中国宪法研究流派的竞争只能发生或存在于思想之间而非在知识之间或在知识与思想之间。知识之间的竞争往往是"是与非"之争,在很大程度上,谁是谁非泾渭分明;而思想之间的竞争往往是合理与否之争，由于每种思想都可能都会具有相对合理性，所以思想之争的结果往往是对特定思想的修正与相关思想的融合。在知识与思想关系之间，知识往往是某种思想运用的结果，所以知识与思想的关系可比附为目的与手段的关系，这样，两者之间就不是彼此竞争关系，而是知识能够证成或证伪某种思想的妥当性与解释力，即思想被证成或证伪；但知识不能被思想所证成或证伪，而只能为另一种或另一类知识所证成或证伪。也正因为思想可被证伪，它才具有了开放性；也正因为知识可被证伪，它才具有了科学性。

第三，对"扩展问题域"相关问题的建构型研究是衡量中国宪法研究成熟程度的"学术标尺"。如在对"基本与内生问题域"的学术意义解释中所指出的，"基本与内生问题域"规定着中国宪法研究的范围与方向，但范围与方向的明确并不等于研究成果的厚重，而要使中国宪法研究达到相当的成熟程度，最为重要的是对"扩展问题域"相关主题的建构型研究。笔者曾强调指出：政治宪法学、宪法社会学与规范宪法学实际上并不存在不可调和的矛盾，反而能够形成学术合力，从而为开创中国宪法研究的新景观、新气象奠定基础。[1] 但形成学术合力的前提是要将研究的重心置于"建构问题域"之中。在此问题域中，不同学者可以依据自身的学术偏好与学术积累在"基本问题建构域"与"内生问题建构域"中展开宪法研究，"创作"而非"编写"出中国宪法学者"自己"[2]的《宪法学原理》《中国宪法学》与其他国别的《宪法学》。若能达此目标，则意味着中国宪法研究的成熟，意味着已经开创了中国宪法研究的新气象，意味着可以为中国宪法研究学术逻辑链条中"实践问题域"的扎实展开与推进提供成熟的理论与思想支持。

---

[1] 详见韩秀义：《中国宪法实施的三个面相——在政治宪法学、宪法社会学与规范宪法学之间》，载《开放时代》2012年第4期。

[2] 所谓"自己"的，就是形成中国宪法学者自己的理论分析框架，否则，就是"别人"的。

四、实践问题域：中国宪法研究学术逻辑链条的应用与反哺环节及解释

笔者将"实践问题域"定位为中国宪法研究学术逻辑链条的应用与反哺环节，其基本内涵是指：以宪法的基本与内生概念的提炼与扩展研究为基础，以"理论分析框架"为核心的各种扩展工具为手段，以中国宪法的"现实制度"与"制度现实"[1]为对象，以"解释"→"问题"→"对策"为学术逻辑顺序的研究领域。这一领域的研究主要有两个作用：一是对"基本与内生问题域"和"扩展问题域"相关研究结论的"应用"；二是在应用过程中对"基本与内生问题域"和"扩展问题域"相关研究手段与研究结论的修正，即"反哺"。在对"实践问题域"的具体解释时，笔者在逻辑上依然以"解释"→"问题"→"对策"为顺序展开，但在内容上则以对中国宪法的"现实制度"与"制度现实"的解释为主，因为所谓的"问题"与"对策"已经隐含在"解释"之中，故不再对"问题"与"对策"做出解释与分析。

对中国宪法的"现实制度"的解释，笔者主要围绕中国现行宪法的性质展开。之所以反复强调中国宪法性质定位的重要性，是因为中国宪法性质的定位事关对中国宪法文本结构的解读，事关对中国宪法实施样态的描述，事关对中国宪法制度所存在问题的挖掘方向与对策设计的质量。那么，中国宪法性质究竟是法律还是政治，甚或其他？这首先就需要找准解释的切入点。

中国宪法"制度现实"的表现形式可谓极为丰富。这里，笔者仅对两个宏观问题做出简要解释：

第一，以政策为主导的中国宪法运行机制。史卫民教授在解释改革开放以来中国政治发展道路时，提出了"政策主导型的渐进式改革"这一

---

[1] 所谓"现实制度"，是指中国现行的宪法制度，核心是现行宪法文本；所谓"制度现实"，是指"现实制度"的运行实态或制度生活。另外，笔者在阐释"解释"、"问题"与"对策"的过程中，不可能涉及"现实制度"与"制度现实"的全部内容，而只能依据笔者的"偏好"为标准选择相关内容，从而展开"个案式"的学术操作。

解释性概念,主要有四个方面的含义,这里照录如下:

第一个层面是"政策",强调公共政策因素在中国政治发展中具有最重要的地位,其他因素的重要性都不能与之相比。

第二个层面是"主导性",包含两方面的内容:一是在影响中国政治发展的各因素中,是政策因素主导其他因素,而不是其他因素主导政策因素;二是中国共产党对中国的公共政策具有绝对主导权,并通过主导公共政策引领中国的政治发展。

第三个层面是"渐进性",说明中国的发展是一个渐进过程,而不是一个"激进"过程;无论是中国公共政策的发展,还是中国政治的发展,尤其是中国现代化的进程,都呈现出了渐变的特征。

第四个层面是"改革",表明中国走的是"改革"之路,而不是"革命"之路,更不是因循守旧的"回头"之路。[1]

从中国政治发展的角度描述与解释中国宪法运行机制,具有学理与经验上的双重合理性,因为中国宪法在性质上是"政治法",这是学理合理性的基础,由此,通过中国政治发展或政治生活来提炼中国宪法运行的样态,就具有了生活的、经验的根基,这是经验合理性的保证。而如果把政治学术语转化为宪法学术语,就可将"政策主导型的渐进式改革"表述为"以宪法渊源为主导的政治化运行",从而与"以宪法形式为主导的规范化实施"形成相应对照。

第二,以"内核"稳定与"边层"变动为逻辑的政策释放机理。如果史卫民教授所提出的"政策主导型的渐进式改革"具有实证经验的支持,那么,接续下来的问题便是,以执政党为主导的政策释放机理是否可以在相应的分析框架里获得解释?陈明明教授在解释"政治话语的转换"时,提出了解释主流意识形态的三维框架,这里简述如下:

(1)价值—信仰部分,即关于生存意义和终极价值的关怀和主张;

---

[1] 史卫民:《政策主导型改革》,载景跃进、张小劲、余逊达主编:《理解中国政治:关键词的方法》,中国社会科学出版社2012年版,第145页。

（2）认知—阐释部分，表现为世界观和方法论，以及在此基础上形成的关于"必然规律"的理论学说；

（3）行动—策略部分，指意识形态经由对历史与现实进行认知—阐释的方法来形成动员、指导、组织和证明一定行为模式的过程。[1]

陈明明教授以实证描述为基础解释了主流意识形态在三个维度上的变化，并分析了主流意识形态变化的机理：主流意识形态的变化总的说来主要发生在边层，在内核方面相对稳定，尽管边层的变化一直在影响着内核的变化。

对中国宪法"现实制度"的解释，在学术逻辑意义上是要表明某种理论分析框架的重要性与不可或缺，这既是对中国宪法学者应在"扩展问题域"中有意识地展开相应理论分析框架建构努力的学术呼唤，也是对建构相应理论分析框架方向的学术提示；对中国宪法"制度现实"的解释，在学术逻辑意义上是要表明某种或某些理论分析框架所具有的学术功效，从而展现在"理论分析框架—现实制度—制度现实"之间所包含的良性互动关系，这种关系就是笔者所说的"应用"与"反哺"。这或许就是对"实践问题域"学术意义的简要概括。

"实践问题域"当然是对"基本与内生问题域"和"扩展问题域"中相关概念、理论分析框架与方法等的应用，因为若没有相应的"基本与内生"概念、"扩展性"工具作为基础，就不可能结构化地解释中国宪法的"现实制度"与"制度现实"，所以，"实践问题域"所具有的应用意义恐怕无须多言。这里，只简要地以列举的方式来解释"实践问题域"的反哺意义：

第一，"实践问题域"对问题意识与学术主张的检验与矫正作用。

第二，"实践问题域"对形成理论范式的涵养作用。

"实践问题域"对形成理论范式的涵养作用，不仅体现在为理论范式

---

[1] 陈明明：《政治话语的转换：改革开放以来主流意识形态的调适性变迁》，载景跃进、张小劲、余逊达主编：《理解中国政治：关键词的方法》，中国社会科学出版社 2012 年版，第 10 页。

的形成提供问题、规律等资源上,也体现在对理论范式建构顺序的限定上。如果将中国宪法研究的理论范式简单地分为"经验—描述性理论范式"和"价值—规范性理论范式"两种,那么,从学术操作的逻辑顺序看,应该坚持"经验—描述性理论范式"建构的优先性,因为只有在"现实制度"与"制度现实"乃至中国人的行为模式特点得以精透把握的基础上,才能为"价值—规范性理论范式"的建构提供相应的素材。同时,这种建构理论范式的次序也是中国问题意识的"内生逻辑"使然。

第三,"实践问题域"对中国宪法研究方法的指引与锤炼作用。

决定中国宪法研究方法的因素当然众多,但如果中国宪法学者怀有完善中国宪法"现实制度"与"制度现实"的抱负,那么就应该以"实践问题域"所呈现的"事实""问题"为指引,从而去锤炼与选择相应的可操作的方法,否则就可能陷入"文人政治"之泥淖。

对中国宪法研究的方法选择,笔者的基本看法是:

相对于中国宪法的政治化"制度现实",研究方法包括政治学、政治哲学、政治宪法学、社会学、法社会学、历史学等学科方法,其间,各种方法没有高下之分与优先之别,端赖学者的立场与偏好来加以取舍。

相对于中国宪法"现实制度"的政治法属性,研究方法包括政治宪法学方法与宪法解释学方法。如果解释的对象是中国宪法整个文本,就要坚持宪法解释学方法的优先性;如果要对中国宪法文本进行局部解释,那么若解释对象是《宪法》"序言"与《宪法》"总纲",就要坚持政治宪法学方法的优先性,若解释对象是"公民基本权利与义务"与"国家机构",就要坚持宪法解释学方法与规范宪法学方法的优先性,同时辅之以政治宪法学方法。

相对于"理论范式"的建构次序,就要坚持实证分析方法的优先性,从而为价值或规范分析方法的运用奠定前提和培育土壤。

五、简要结语:中国宪法研究品质的保证

为了保证中国宪法研究具有优良的学术品质,非要遵循相应的学术

逻辑不可。也就是说，如果在中国宪法研究中，存在学术逻辑的断裂或学术逻辑的跨越，就会对相关学术研究的品质产生不利影响。在最为一般的意义上，中国宪法研究的学术逻辑应该由若干环节所构成。笔者以对中国宪法研究"问题域"的区分为切入点，初步建构了"基本与内生问题域"、"扩展问题域"与"实践问题域"。每个"问题域"既分别担负着不同的功能，也发挥着不同的学术作用，同时，在三个"问题域"之间也存在着多样化的有机联系。

尽管中国宪法学者的研究重心会有所不同，对这三个"问题域"也会各有侧重，但如果要追求学术研究品质的卓越，不仅需要全面涉及这三个"问题域"，还要在三个"问题域"之间形成良性的动态循环，从而才可能保证"研究主题"之真、"研究方法与理论分析框架"之当和"研究结论"之确。更有可能的是，在三个"问题域"良性循环与互动之中，可以开掘出众多的学术问题，建构多样化的理论分析框架，采用多元的研究方法，从而为中国宪法学的整体繁荣做出努力与铺垫，为真正的学术交锋提供养料与搭建舞台。

当然，对于"问题域"的区分与解释，笔者甚为"大胆"，也因此而惴惴不安。这种"不安"的原因在于：对中国宪法研究所应遵循的学术逻辑的讨论，不仅关涉中国宪法研究的逻辑与方法问题，更关涉中国宪法研究所应内含的"思想创生"问题。所以，这是一个繁难与艰深的问题。对这一问题的进入，笔者就不仅是"大胆"的，也可能是"鲁莽"的，由而对这一举动的"不安"和"担心"就不是笔者的"矫情"，而是真实心态的表露。

尽管如此，笔者还是坚持认为这种区分与解释具有相当的合理性，如果其他学者提出了确当的质疑或反驳，笔者将毫不犹豫地对其做出相应的修正甚至将其抛弃，此时"我不信了"，因为笔者也服膺于确当质疑或反驳中所蕴含的缜密逻辑与高屋建瓴的思想性智慧。在学者没有提出确当的批驳之前，"我还是信"，但也会时刻保持着对中国宪法"现实制度"与"制度现实"的敏感与开放，也会时刻保持着对相关学科重大进展的关注与追踪，进而也随时准备对相关内容进行"自我调适"。

第二章　中国宪法文本中的三重秩序解释

中国宪法文本的动态展开是全面实施宪法的应有之义。因此,以现行宪法文本为对象,依循其本身的建构与规制逻辑,挖掘和展现出宪法文本所包含的秩序样态,不仅能够客观透视中国宪法的属性与特点,也能够在学术上为全面实施宪法提供完备性的文本信息。

已有学者对中国宪法文本展开了整体性讨论,归结起来,主要有三种研究取向:

一是根本法解释。陈端洪教授基于中国《宪法》"序言"最后一段关于"根本法"的陈述并结合宪法文本的其他内容,按照优先顺序提炼出中国宪法内含的五个根本法,即中国人民在中国共产党的领导下、社会主义、民主集中制、现代化建设、基本权利保障。[1] 尽管这种解释充分地显露出中国宪法的宏观特征,也解释了五个根本法之间可能存在的张力,但是,每一个根本法内部是否存

---

[1] 陈端洪:《论宪法作为国家的根本法与高级法》,载《中外法学》2008年第4期。

在着张力？比如，对"社会主义"的理解是否可能存在着政治性的社会主义和规范性的社会主义的可能性？如果存在这种可能，那么，是以怎样的前提性理解才能保证这种理解的合宪性？所以，一方面根本法取向具有相当的认识论意义，另一方面也需要更进一步的挖掘。

二是有机体解释。强世功教授认为，《宪法》"序言"是人民共和国的灵魂，《宪法》"总纲"是连接"公民的基本权利和义务"和"国家机构"的神经系统，"公民的基本权利和义务"是肌肉，"国家机构"是骨骼，《宪法》最后一章的"国旗、国歌、国徽、首都"是人民共和国的形象化符号。灵魂、神经系统、肌肉、骨骼和形象化符号共同构成了"中华人民共和国"。[1] 相对于传统社会而言，以有机体视角进行刻画有着充分的理由，但对于现代社会来说，已经分蘖出原子化的个体，中国社会亦是如此。那么，仍然以有机体作为解释中国宪法的方法，是否足以涵盖宪法文本之全部？对此，恐怕有继续展开讨论的必要。

三是层次化解释。翟志勇教授对1982年宪法做出了三层次解释：第一层是法国大革命所开启的激进主义的大众民主，体现为《宪法》"序言"中对于人民当家作主的申说；第二层是马克思列宁主义传统中的无产阶级专政，表现为"序言"中所确立的党的领导，人民当家作主与党的领导经常是结合在一起的；第三层是宪治传统，表现为依法治国、私有产权和人权保护。[2] 虽然论者欲图追求结构化的解释结论，但由于没有在各个层次之间建立相应的联系，导致了结论的碎片化。

从既有研究成果的状况看，有必要继续推进对中国宪法文本的整体解释。在本书中，继续坚持围绕现行宪法文本展开解释的立场，这是与既有研究的一致之处。有所不同的是，本书对中国宪法文本的解释主要锚定在秩序类型的挖掘，并充分分析每种秩序类型的内部张力。以张力

---

[1] 参见强世功：《立法者的法理学》，生活·读书·新知三联书店2007年版，第104—109页。

[2] 翟志勇：《八二宪法修正案与新的宪治设计》，载《战略与管理》2012年（内部版）第3/4期。

作为秩序类型之间互嵌为着力点,进而揭示出不同类型之间的关联,从而为理解中国宪法的全面实施提供体制与机制上的完备信息。具体的展开思路是:以《宪法》"序言"最后一段为纲,对宪法文本整体内容进行归整;《宪法》"序言"最后一段包含着三个概念,即根本法、高级法与具有实效的法,依托这三个概念,就可以将中国宪法文本包含的秩序表述为根本法秩序、高级法秩序和实效法秩序;对三种法秩序的关联做出解释,以凸显"重"的意蕴,并对中国宪法实施的样态做出简要阐明。

一、革命与建设:中国宪法文本中的根本法秩序

理解中国宪法文本中的秩序类型及样态,《宪法》"序言"最后一段殊为关键,因为它是中国宪法文本的"纲"。之所以称其为纲,是因为只有这一段表述得到了明确阐析,宪法文本的其他部分、其他内容才能被"撑开"与合理归并,宪法文本才能得以立体化乃至体系化呈现,即"纲举目张"是也。《宪法》"序言"最后一段的第一个概念是根本法。

何为根本法?"本宪法以法律的形式确认了中国各族人民奋斗的成果,规定了国家的根本制度和根本任务,是国家的根本法。"对这一宪法表述,可做如下的基本语义解读,包括:其一,根本法的内容是"中国各族人民奋斗的成果"和"国家的根本制度和根本任务";其二,根本法的形式是"法律";其三,根本法的形成方式是"确认"和"规定";其四,连接内容与定性的语词为"是"。显然,对这四项语义的理解和解释关系到对整个根本法秩序的把握。

对根本法内容的理解,首先要对"中国各族人民奋斗的成果"做出解释。依据《宪法》"序言","中国各族人民奋斗的成果"是指"中国新民主主义革命的胜利和社会主义事业的成就"。对奋斗成果的叙述是为了显现出其背后的革命逻辑和深刻机理。[1] 对此,《宪法》"序言"的表述是

---

[1] 据学者考证,中国传统的知识系统按时间、人物、事件等诸"事实"逐一排列,在"讲故事"之具体、生动的过程中,显出"道理"(价值),带出"问题"(规则),以启于世,铭鉴后人。萧延中:《中国思维的根系:研究笔记》,中央编译出版社2020年版,第5页。

"中国新民主主义革命的胜利和社会主义事业的成就,是中国共产党领导中国各族人民,在马克思列宁主义、毛泽东思想的指引下,坚持真理,修正错误,战胜许多艰难险阻而取得的"。更加简明的表述是"实事求是,群众路线,独立自主"。[1] 如果从宪法学角度揭示支撑革命成果的逻辑和机理,则可做出四个层面的表述:"中国共产党领导中国各族人民"的复合主体结构,其中,中国共产党是领导和团结的核心;主体行动的依据是"马克思列宁主义、毛泽东思想";主体行动的伟大成果是"新民主主义革命的胜利和社会主义事业的成就";将复合主体、行动依据、伟大成果动态贯通起来的是"坚持真理,修正错误,战胜许多艰难险阻"的革命行动。

对根本法内容的理解,还需要对"国家的根本制度和根本任务"做出解释。作为"国家的根本制度"的社会主义制度已规定在《宪法》第1条,而"国家的根本任务"则在《宪法》"序言"中得到了明确表述,即国家的根本任务是,沿着中国特色社会主义道路,集中力量进行社会主义现代化建设……把我国建设成为富强民主文明和谐美丽的社会主义现代化强国,实现中华民族伟大复兴。"国家的根本任务"蕴含的是建设逻辑,而不是革命逻辑。可以认为,建设逻辑是中国共产党基于"实事求是"的立场而对以往革命逻辑加以反思与拨乱反正的结果。也因此,才能更为清晰地理解实现国家根本任务的手段所具有的新意,如"不断完善社会主义的各项制度""发展社会主义市场经济""发展社会主义民主""健全社会主义法治""贯彻新发展理念"。治理国家的手段之所以会发生转折性变化,或者说,之所以会与"以阶级斗争为纲"诀别,最为根本的原因是中国共产党理念的转变,即从革命党向执政党的转变,从以政策为主向以法治为主的转变。[2]

---

[1]《关于若干历史问题的决议》《关于建国以来党的若干历史问题的决议》,中国共产党中央委员会通过,中共党史出版社2010年版,第105页。

[2] 这些转变皆需要直面各种观念和制度上的障碍与困难。在破除障碍的进程中,优秀共产党人发挥了极为重要的作用。具体个案,可参见蔡定剑:《论彭真对民主法制建设的十大贡献》,载《法学》2010年第2期。

经由解释可以发现,"根本法"包含着"革命"与"建设"双重内涵,并且在两种内涵之间存在着一定的矛盾与张力。同时,也可以看到,根本法的核心功能就是中华人民共和国的国家整合,所以,根本法的宪法制度形态即是国体制度。换言之,国体制度的核心功能就是国家统合。[1]实际上,对根本法双重内涵张力的化解,习近平法治思想已经做出了庄严回答。习近平总书记指出:"坚持依法治国首先要坚持依宪治国,坚持依法执政首先要坚持依宪执政。我国现行宪法是在党的领导下,在深刻总结我国社会主义革命、建设、改革实践经验基础上制定和不断完善的,实现了党的主张和人民意志的高度统一,具有强大生命力,为改革开放和社会主义现代化建设提供了根本法治保障。党领导人民制定和完善宪法,就是要发挥宪法在治国理政中的重要作用。要用科学有效、系统完备的制度体系保证宪法实施,加强宪法监督,维护宪法尊严,把实施宪法提高到新水平。"[2]因此,解释中国国体制度内涵就需要从中国特色社会主义最本质特征出发,从依宪治国和依宪执政的要求入手。习近平总书记指出:"党领导人民制定宪法法律,领导人民实施宪法法律,党自身要在宪法法律范围内活动。……坚持依宪治国、依宪执政,就包括坚持宪法确定的中国共产党领导地位不动摇,坚持宪法确定的人民民主专政的国体和人民代表大会制度的政体不动摇。"[3]习近平总书记还指出:"要贯彻好党的群众路线,坚持社会治理为了人民,善于把党的优良传统和新技术新手段结合起来,创新组织群众、发动群众的机制,创新为民谋利、为民办事、为民解忧的机制,让群众的聪明才智成为社会治理创新的不竭源泉。……要善于把党的领导和我国社会主义制度优势转化为社会治理效能,完善党委领导、政府负责、社会协同、公众参与、法治保障的社会治理机制,打造共建共治共享的社会治理格局。"[4]以习近平

---

[1] 参见林来梵:《宪法学的脉络:四个基础性概念研究》,商务印书馆2022年版,第69—70页。

[2] 习近平:《论坚持全面依法治国》,中央文献出版社2020年版,第127—128页。

[3] 习近平:《论坚持全面依法治国》,中央文献出版社2020年版,第3页。

[4] 习近平:《论坚持全面依法治国》,中央文献出版社2020年版,第247页。

总书记的重要论述为指引,以宪法文本为依据,以"革命"、"建设"和"改革"为基点,可以认为作为国体的人民民主专政包含着如下内容:第一,在依宪治国和依宪执政的要求之下,国体是法治型国体,或者说,无论是民主还是专政,都需要在法治轨道上运行;第二,以"革命"、"建设"和"改革"为基点,国体是革命逻辑、建设逻辑和改革逻辑的统一体,其中,革命逻辑的主要任务是整体国家的维系,建设逻辑的主要任务是保证国家治理和社会建设的日常运行,改革逻辑的主要任务是完善国家治理体系和提高国家治理能力;第三,国体的最终目标是维护人民的利益。

当然,不论是革命逻辑的根本法还是建设逻辑的根本法,其间有一个不变或恒在的主轴,那就是中国共产党的领导。在革命逻辑中,由于时刻要面对"敌人"的镇压,所以,党的工作依据主要是政策;在建设逻辑中,由于需要面对的是常规治理问题,所以,就需要以稳定、可预期的法律作为开展工作的依据。党与政权机关在组织上保有距离,这是法权原理的基本要求,但党需要时刻同"人民"在一起。正如习近平总书记所指出的:"我们党的最大的政治优势是密切联系群众,党执政后的最大危险是脱离群众。毛泽东同志说:'我们共产党人好比种子,人民好比土地,我们到了一个地方,就要同那里的人民结合起来,在人民中间生根,开花。'要把群众观点、群众路线深深扎根于全党同志思想中,真正落实到每个党员行动上,下最大力气解决党内存在的问题特别是人民群众不满意的问题,使我们党永远赢得人民群众信任和拥护。"[1]同"人民"在一起,核心目的是组织人民、服务人民、保护人民的权利和利益。

以根本法二重内涵为基础,就能够更为全面透彻地厘清根本法中的"法"之意,也能够理解"以法律的形式"的特殊含义。究其实质,根本法之"法"是国家整合和国家建设的"大道"及方略。其中,"法"意既有中国传统"法"的成分,也含有现代社会发展基本趋势的因子。学者认为:"'大概古人用法字起初多含模范之意',这点也是有些道理。一是合乎

───────

[1] 习近平:《论中国共产党历史》,中央文献出版社2021年版,第63页。

历史发展的进化定例。在远古的人类，他们只顾到目前的关于社会的各种现象，没有普遍的认识。所以，现今所认为很明白的'法律'在最古之时，却还是莫名其妙。那时所谓法，大约是一种天道，后来社会进步，才能了解'模范'的意义。"[1]后来就形成了"天下为公"、"以德配天"和"敬天保民"的祖训。[2] 在19世纪上半叶，中国历史发展遭遇了中西之变，尤其是马克思主义中国化之后，就给根本法的"法"意增添了现代的元素。学者将这种现代元素定位为不同于西方传统自然法的"本质性自然法"。[3] 如此，作为国家整合和国家建设的根本法之"法"，就呈现出中西古今交错的复杂样貌。而这种情况必然影响对"以法律的形式"一语的理解。对于以革命逻辑为核心的根本法来说，"以法律的形式"更多的是强调法律的实体内容，并且体现为应对危机的政治动员和武装斗争的政策性命令；对于以建设逻辑为核心的根本法来说，"以法律的形式"除了强调实体性的"任务"之外，法的安定性、规范性和个体权利得到了关注和强调，从而为法治治理和宪法的高级法属性奠定了基础。另外，连接"宪法"和"根本法"的系词为"是"，从词性分析，这是一种较为典型的事实判断，其蕴含着鲜明的"力"的逻辑，"确认"一词就是"力"的逻辑的充分体现。

二、政治与法律：中国宪法文本中的高级法秩序

《宪法》"序言"对高级法属性的表述是，因为宪法是根本法，所以宪法具有最高的法律效力。显然，高级法属性来源于宪法的根本法属性。易言之，基于根本法的高级法是对国家蓝图的条文式勾画，也是对根本法内容及实现方式的具体化。这种高级法秩序的突出特点是政治决断。

---

[1] 邱汉平：《法律之语源》，载张永和编：《"灋"问》，清华大学出版社2010年版，第6—7页。

[2] 更详尽的论证，可参见夏勇：《中国民权哲学》，生活·读书·新知三联书店2004年版，第7—22页。

[3] 参见[奥]凯尔森：《共产主义的法律理论》，王名扬译，中国法制出版社2004年版，第26—30页。

基于根本法的高级法集中于"总纲"之中。

如果全面解释宪法文本,还会发现另一种意义上的高级法,主要依据是《宪法》第5条。依据第5条,这种意义的高级法得以存在的根源在于:第一,法治是高级法存在的基础(第1款);第二,维护法制(法律体系)的统一和尊严是宪法的首要功能(第2款);第三,宪法成为最高标准(不抵触宪法)是宪法功能发挥的重要方式(第3款);第四,维系宪法高级法地位的手段是宪法遵守和对违宪行为的责任追究(第4款);第五,"人"在法下与没有法外特权是对法治实质的申明,是对高级法地位的再加固(第5款)。相对于基于根本法的高级法,可将其称为基于法治的高级法。基于法治的高级法,除"总纲"相关条款外,主要集中在"公民的基本权利和义务"和"国家机构"之中。

基于根本法的高级法和基于法治的高级法在静态上固然可以单独解释,但是,两种高级法之间的纠结既是解析高级法秩序的难点,也是中国宪法文本中高级法秩序的特点。这种纠结的典型表现就是"总纲"中的经济制度。为此,笔者试图通过解释经济制度来展现中国宪法文本中高级法秩序的复杂性。

若要相对精准地理解经济制度,首先需要对"总纲"做一整体与宏观透视,以为解释经济制度奠定可靠的文本基础。

理解"总纲"的内在逻辑及宪法功能,有两个需要遵循的线索:一是"序言"最后一个自然段中的"确认"和"规定";二是"总纲"中的第1条和第2条。如果将"确认"理解为反映已存在的,将"规定"理解为创设以前未存在的,那么,就可以将"确认"和"规定"理解为"总纲"设定具体宪法秩序的两种方式。由此,以"确认"方式形成的条款即是"调整性规范",以"规定"方式形成的条款即是"构成性规范"。尽管在宏观上明确了"确认"和"规定"的内涵,但具体所指仍然不够清楚,而"总纲"的第1条和第2条则回答了这一问题。第1条主要包括"国体"和"根本制度"两项内容,就这两项内容来说,不需要宪法创设,而只需反映和记载,所以,第1条就是调整性规范;第2条的内容主要规定了人民代表大会制度即通常所说的"政体"和"人民参与国家事务和社会事务的方式",这两项内容需要通过宪法创设,所以,第 2 条就是构成性规范。既然是调整性规范,那么这种规范的功能就是对整体性政治秩序的维护,并且具有鲜明的意识形态特征,所以,依然可以认为"总纲"中调整性规范的宪法功能也是如此,只不过在调整方式上有了极大的改变与扩展。既然构成性规范意在创设未有的事务,那么,最为关键的问题是依据什么理念及原则来创设未有之事务。按照蔡定剑先生的解释,第 2 条中所包含的"人民主权"是以自由的契约为观念原型的,[1]因此,相对于第 1 条的真理性代表,第 2 条所蕴含的则是自由公民的委托。正是基于对自由公民及契约关系的肯定,所以,在现行宪法的文本结构中,才将"公民的基本权利和义务"置于"国家机构"之前。[2]

"总纲"的第 6 条至第 18 条是关于经济制度的规定。对经济制度宪法内涵的理解,不仅事关宪法解释方法,而且关涉诸如民法对土地、国有企业等重大问题的规定。按照调整性规范与构成性规范的划分,可以认为第 15 条尤其是第 15 条第 1 款"国家实行社会主义市场经济"是理解经济制度的分水岭。很显然,"国家实行社会主义市场经济"这一条款乃为构成性规范。在逻辑上,如果没有关于市场经济的宪法规定,相应的民商法规范就不能合宪地存在。由此,即使在实际生活中存在着民商事交易行为,也时刻存在着遭受法律制裁的可能。正是因为"国家实行社会主义市场经济"是构成性规范,所以,"总纲"所设定的经济制度就可以被分为两个部分:第 6 条至第 14 条是以调整性规范为要素的经济制度(以下简称"经济制度Ⅰ"),第 15 条至第 18 条是以构成性规范为要素的经济制度(以下简称"经济制度Ⅱ")。

就经济制度Ⅰ而言,其核心内容是对中国共产党所奉行的社会主义经济纲领或意识形态的"确认"。若理解究竟确认了什么,解读第 6 条的

---

[1] 参见蔡定剑:《宪法精解》,法律出版社 2004 年版,第 142—143 页。
[2] 参见许崇德:《中华人民共和国宪法史》(下卷),福建人民出版社 2005 年版,第 355 页。

内容就是十分必要的,因为这一条款可谓经济制度Ⅰ的"天眼"。第6条规定:

> 中华人民共和国的社会主义经济制度的基础是生产资料的社会主义公有制,即全民所有制和劳动群众集体所有制。社会主义公有制消灭人剥削人的制度,实行各尽所能、按劳分配的原则。(以下简称"经济制度Ⅰ第1款")

> 国家在社会主义初级阶段,坚持公有制为主体、多种所有制经济共同发展的基本经济制度,坚持按劳分配为主体、多种分配方式并存的分配制度。(以下简称"经济制度Ⅰ第2款")

仅从文义角度看,经济制度Ⅰ第1款确认的是马克思式的社会理想,而不是苏联式的社会主义。因为按照马克思的理论关怀,虽然其反对"占有性个人主义"和"自由个人主义",但并不反对"个人"这一概念,而是持有财产既是社会的也是个人的理论主张,综合起来就是"共生性个人主义"和"共生性个人所有制"。换言之,马克思强调的是个人与社会不可分离的共生关系。[1] 苏联模式的主要之点在经济制度上就是"国家所有制"或"政府所有制"。[2] 在苏联模式之后,又经历了"追寻赶超"和"文化革命"式的社会主义。[3]

经济危局促使领导人调整了对社会主义的实际认识,其最重要的成果是党的十三大做出了社会主义初级阶段的重要论断。因此,经济制度Ⅰ第2款实际上就是对这种现实的确认。随着对中国经济问题认识的深化,面向经济问题的政治空间日益开放,并且这些成果在前四次宪法修改中都得到了体现。需要指出的是,在1988年、1993年、1999年和2004年宪法修改中,1988年宪法修改共有两条,全部涉及经济制度的内

---

[1] 参见张小军:《白水社区发展基金启示:共有基础上的个人所有制——兼论破解"经济学的哥德巴赫猜想"》,载《开放时代》2016年第6期。

[2] 参见李炳辉:《从财产神圣性看宪法中的"神圣"修辞》,载《法学评论》2020年第2期。

[3] 参见萧冬连:《国步艰难:中国社会主义路径的五次选择》,社会科学文献出版社2013年版,第二章"追寻赶超之路"和第四章"发动继续革命",第76—179页。

容,且都集中在经济制度Ⅰ中;1993年宪法修改共有9条,涉及经济制度内容的有5条,其中涉及经济制度Ⅰ的有2条,涉及经济制度Ⅱ的有3条;1999年宪法修改共6条,涉及经济制度内容的有3条,且都涉及经济制度Ⅰ;2004年宪法修改共有14条,涉及经济制度内容的有3条,且都涉及经济制度Ⅰ。2018年宪法修改没有涉及经济制度的内容,故不做统计。在四次宪法修改中,涉及经济制度的共有13条,其中涉及经济制度Ⅰ的有10条,涉及经济制度Ⅱ的有3条。宪法修改情况表明"确认"逻辑支配了对经济制度的调整。具体而言,中国经济制度的变革,首先是在基本理念上打破意识形态方面"姓资姓社"的禁锢,对"社会主义""经济制度""计划经济""商品经济""市场经济"之间的关系定位进行发展和重新诠释,发展"中国特色社会主义政治经济学",进而进行制度变革。[1] 对于这种制度变革,与其说是基于法治的高级法逻辑,不如说是基于建设逻辑根本法的高级法逻辑;与其说是以构成性规范为导向的规制逻辑,不如说是以调整性规范为导向的控制逻辑;与其说是以保障权利为目的的治理逻辑,不如说是国家整合逻辑。

正是因为主导经济制度Ⅰ的是政治逻辑,所以,从经济制度Ⅰ的功能角度才可以解释这样一些问题:一是为什么将财产问题规定在经济制度中,而不是规定在"公民的基本权利和义务"中?二是为什么对社会主义公共财产使用了"神圣不可侵犯"这样的表述,而对私有财产却没有使用相应表述?三是既然社会主义市场经济已经明确地规定在宪法中,那么,党和政府为什么还要经常性地出台保护市场经济运行及公民合法财产的政策文件?对于这三个问题实际上可以共同运用高级法的双重逻辑来加以解释及理解。

既然以"确认"方式形成的调整性规范即经济制度Ⅰ是"序言"宪法功能的具体展开,那么经济制度Ⅰ就继续发挥国家统合的作用。从国家学的角度看,"国家是一种控制特定人口占有一定领土的组织,因而:

---

[1] 翟国强:《经济权利保障的宪法逻辑》,载《中国社会科学》2019年第12期。

(1)它不同于在同一领土上的活动的其他组织;(2)它是自主的;(3)它是集权的;(4)它的各个部分相互间存在着正式的协作关系"[1]。把国家学的实证性认识转换为宪法学术语,就是要为自主性的权力设定宪法主体,就是要为"集权"确定范围,就是要为"正式的协作关系"安排宪法机制。从中国宪法的设置来看,在自主性权力主体的设定上,执政党和人大都为宪法主体;在权力范围的确定上,奉行中央主导;在整体与部分之间关系的宪法机制选择上,坚持"单一制"。经由这些基础性制度安排,最高权力主体便能完成国家整合的宪法目标,其中,政治制度和经济制度发挥着关键性的整合作用。就经济制度的整合作用而言,经济制度 I 殊为重要。与政治制度紧密相连的经济制度 I 主要通过将社会主义公有制渗入全国性或区域性的经济网络之中,以实现经济统合的目标。为了保证对经济领域事务的主导权,宪法并未把财产(权)问题规定在公民的基本权利中,因为既然是公民的基本权利,那么,行为的主动权就在逻辑上被公民个体所掌控。而以"确认"逻辑规定在经济制度 I 之中,就使主导权为执政党或政府所掌控,从而减少甚至消除统合或建设进程中的诸种障碍。这种意图在1982年宪法产生过程中体现得颇为显著。比如在关于土地所有权问题的讨论中,方毅说道:

> 这两种所有制(指的是国家所有制和集体所有制——引者注)的矛盾日益尖锐和严重。国家企业、事业要发展,要用地,而土地有限,郊区和农村土地归集体所有,变成了他们向国家敲竹杠、发洋财的手段。一亩地索要上万元,靠卖地生产队可以安排社员一辈子、二辈子过好日子,不需劳动了。草案虽然规定"任何单位和个人不得买卖",但他可以变相卖地,提出交换条件,如给他办工厂,招收农民当工人,包养到死,矛盾发展到武斗,你盖他就拆。科学院盖房用地,付了三次钱,国家财政

---

[1] Gianfranco Poggi, The State: Its Nature, Development and Prospects. 转引自王海明:《国家学》(上卷),中国社会科学出版社2012年版,第34页。

开支成了无底洞。现在国家征地比登天还难。而农民自己盖房,却大量占用好地。郊区农民自盖旅馆的很多,有的大队不种地,单靠出租旅馆,赚大钱。这样下去,富了农民,穷了全民,矛盾越来越尖锐。我国矿藏发现较少,发现了要开采就与农民发生矛盾,要花很大的代价,限制了国家的发展。因此,建议土地一律归国家所有,集体只有使用权。[1]

尽管"国家所有"和"集体所有"同属于公有制,但当时的意见还是要对其做出重与轻、优与劣的区分。因而,在经济制度Ⅰ中,使用"社会主义公共财产神圣不可侵犯"这一表述,就是一种基于"确认"逻辑的必然。只不过,其中的原因不能从"权利"的角度进行挖掘,而应从经济整合的功能角度做出理解。甚至可以这样认为,尽管在经济制度Ⅰ中存在着"权利"字眼,但这里的"权利"并不具有平等规范的意味,而只可能具有功能区分与体现利益差别的作用。

然而,随着1993年"国家实行社会主义市场经济"这一条款的入宪,就在一定程度上改变了经济制度的存在形态和功能指向。因为市场经济必然强调主体地位平等、营业自由、权利保障及自主责任。这些要求也必然改变国家或政府的行为逻辑,其中一个重要体现就是从"计划经济"向"加强经济立法和完善宏观调控"转变。如学者所指出的:

> 我国自1988年9月起才正式使用"宏观调控"一词,因而它在此前的宪法中从未出现,只是在1993年宪法确立"市场经济条款"时,才对其一并做出规定。当时的重要理论共识是:现代市场经济就是"有宏观调控的市场经济",因而在《宪法》第15条第1款规定"国家实行社会主义市场经济"的基础上,必须加上"完善宏观调控"作为第2款,从而体现市场经济与宏观调控的有机结合,使市场经济的运行与国家的调控目标形成紧密关联。与此同时,"完善宏观调控"的重要前提是"加强经济

---

[1] 许崇德:《中华人民共和国宪法史》(下卷),福建人民出版社2005年版,第404页。

立法",需要通过经济立法来不断完善宏观调控,实现宏观调控的法治化。因此,对宏观调控方面的各类经济职权,需要加强法律约束,并将其置于法治框架下。[1]

易言之,因为"国家实行社会主义市场经济"这一条款所具有的构成性特征,所以,才需要以其为规范基础而实行法治框架下的宏观调控。但是,为什么在强调法治化调控的同时,党和政府会经常性地针对"市场经济"的维系联合发文呢?解释这一现象的关键点在于如何理解"社会主义市场经济"中的"社会主义"。只要从"确认"逻辑出发,将"社会主义"作为调整性规范来看待或定位,就意味着"事实"或"强力"支配着规范,就意味着经济制度Ⅰ主导着经济制度Ⅱ。换言之,只要立足点不是基于法治化的职权划分,而是基于宏观性的经济统合乃至国家整合的立场,就为党和政府以政策文件形式介入经济制度Ⅱ提供了政治理由。

如果对经济制度的解释是合理的,那么,就可以更真切地体会到基于根本法的高级法和基于法治的高级法存在的关联,就可以更清楚地发现中国宪法文本中高级法秩序的高度复杂性。或者说,这两种高级法之间也存在着一定的紧张。但无论如何,高级法已经成为塑造宪法秩序的标准。就基于根本法的高级法来说,其高级法属性主要体现在两个方面:一是为国家行为提供了制度空间,比如《宪法》第19条第1款"国家发展社会主义的教育事业,提高全国人民的科学文化水平"就为国家教育职权的行使提供了制度空间;二是为评价国家行为的绩效提供了宏观性标准,依据前述条款,可以对国家运用教育职权的行为提供"发展"和"提高"两项标准。但基于根本法的高级法缺少可操作的否定评价功能,或者说,并没有为狭义的合宪性审查提供机制和标准。与此不同,基于法治的高级法既为国家行为提供了宪法依据,又为评价国家行为是否合宪提供了可操作性的标准,诸如国家机关职权条款、公民基本权利条款都具有"依据"和"否定"功能,这是通常认为的高级法应具有的核心规

---

[1] 张守文:《宪法问题:经济法视角的观察与解析》,载《中国法律评论》2020年第2期。

范功能与法意义。[1]

三、集体(组织)与公民:中国宪法文本中的实效法秩序

研读宪法文本,可能会有这样的印象:制宪者或宪法修改者对中国宪法的实效充满着强烈与炽热的承诺与期许,以至于诸如"必须""不得""不可""不受""应当""都有""经常保持""反对"等包含义务要求的情态语词几乎条条可见、段段可寻。从典型性角度看,以下宪法表述与规定需要得到格外的重视:

《宪法》"序言"最后一段最后一句话是:全国各族人民、一切国家机关和武装力量、各政党和各社会团体、各企业事业单位,都必须以宪法为根本的活动准则,并且负有维护宪法尊严、保证宪法实施的职责。

《宪法》第5条第4款和第5款规定:一切国家机关和武装力量、各政党和各社会团体、各企业事业组织都必须遵守宪法和法律。一切违反宪法和法律的行为,必须予以追究。任何组织或者个人都不得有超越宪法和法律的特权。

《宪法》第33条第4款规定:任何公民享有宪法和法律规定的权利,同时必须履行宪法和法律规定的义务。

《宪法》第51条规定:中华人民共和国公民在行使自由和权利的时候,不得损害国家的、社会的、集体的利益和其他公民的合法的自由和权利。

《宪法》第51条至第56条对公民的基本义务的规定。

首先可以明显地发现,支撑中国宪法实效的主体主要有集体(组织)和公民两类。从主体所应遵守的宪法属性看,集体(组织)与根本法和高级法相对应,公民则主要与高级法相对应。如果对中国宪法文本中的实效法秩序做出更具体的解释,还需要将对应关系细化。(见表2-1)

---

[1] 参见王锴:《法律位阶判断标准的反思与运用》,载《中国法学》2022年第2期。

表 2-1 各主体与宪法属性对应关系

宪法属性		集体(组织)	公民
根本法	基于革命逻辑的根本法	全国各族人民、各政党、武装力量	
	基于建设逻辑的根本法	全国各族人民、各政党、武装力量、国家机关、社会团体、企事业单位	
高级法	基于建设逻辑根本法的高级法	武装力量、各政党、国家机关、社会团体、企事业单位	公民
	基于法治的高级法	武装力量、各政党、国家机关、社会团体、企事业组织	公民

《宪法》"序言"最后一段明确了中国宪法的根本法、高级法和实效法的三个属性。其中,根本法包括基于革命逻辑的根本法和基于建设逻辑的根本法两种类型;高级法包括基于建设逻辑根本法的高级法和基于法治的高级法两种类型。在对基于根本法的高级法的内涵解释中,笔者根据党的反思及拨乱反正所形成的执政新理念,将"序言"中的高级法解释为基于建设逻辑的根本法的因果延展,同时,也将基于革命逻辑的根本法中"中国共产党领导中国人民"移入其中。以此为框架,就可以对宪法文本所列明的宪法实施主体同宪法属性(类型)更具体地对应起来。以下对"集体(组织)"和"公民"维护宪法尊严、保障宪法的职责与义务分别进行讨论。

全国各族人民是"序言"列明的首要宪法实施主体。从基于革命逻辑的根本法角度看,其既是由革命逻辑所锻造与凝聚而成的主体,也是支撑革命逻辑得以展开的主体。在基于建设逻辑的根本法中,全国各族人民则与"统一的多民族国家"关联在一起,而处理民族关系的宪法原则是"平等团结互助和谐"。不论从哪一种根本法角度理解全国各族人民的宪法职责,其核心都是确保国家统一和民族关系和谐,可以认为"全国各族人民"乃为国体之本之根,体现的是国家整合与国家维系的团结之道,蕴含着习近平总书记指出的"促进各民族像石榴籽一样紧紧抱在一起"的多元一体的建设逻辑。

各政党尤其是中国共产党是肩负宪法实施职责的核心主体。从基于革命逻辑的根本法角度来看,中国共产党经由对布尔什维克理念、组织、纪律等全方位的学习和借鉴,成为信仰力和组织力顽强的政党,担负起了成立新中国的大任。[1] 新中国成立之后,中国共产党的理念与策略在革命与建设间有过摇摆,但在十一届三中全会上革命指向得到了反思和纠正,逐步进入依法执政与依宪执政的建设轨道,以共产党为核心的各政党步入了基于建设逻辑的根本法式的治国理政轨道。在基于建设逻辑根本法的高级法层面,各政党需要严格依据宪法、法律乃至党规党法履行领导及政治协商职能,而宪法关系则是最为基本的行为框架和评判标准。武装力量担负的宪法实施职责在逻辑上决定于中国共产党统领政权方式的转变,所以不再详述。

国家机关、社会团体和企事业组织是负担宪法实施职责的体制性和机制性主体。蔡定剑教授认为,"序言"中表述的"维护宪法尊严、保证宪法实施的职责"是一种从政治的角度保障宪法的思想,不是法律性保障。[2] 从基于建设逻辑的根本法内涵看,蔡定剑教授认为的"政治角度"之核心在于三点:一是对中国共产党执政地位的认同,二是对社会主义制度的遵守,三是对国家根本任务的体制化落实。这三点在《宪法》"序言"第9自然段虽有总括性表达,但还需要结合具体任务并以法治方式加以机制化实施,这就需要从高级法角度展开论说。基于建设逻辑根本法的高级法存于"总纲"中。蔡定剑教授认为宪法起草者对待"总纲"与"序言"的思路是不一样的,"总纲"是规范性的表现方式,说明是有法律效力的。[3] 问题是这种类型的高级法的法律效力究竟是如何体现的?

---

[1] 许纪霖:《五四知识分子通向列宁主义之路(1919—1921)》,载《清华大学学报》(哲学社会科学版)2020年第5期。亦可参见尹钛:《投身革命即为家》,载许纪霖、刘擎主编:《知识分子论丛》(第16辑),江苏人民出版社2021年版,第441—442页。

[2] 参见蔡定剑:《宪法精解》,法律出版社2004年版,第132页。

[3] 参见蔡定剑:《宪法精解》,法律出版社2004年版,第161页。

如前文所揭示的,基于建设逻辑根本法的高级法的主要属性是宪法制度空间。宪法制度空间一定是主体行动的规范性框架,框架的"四至"是"对中国共产党执政地位的认同"和"对社会主义制度的遵守",这是底线性质的宪法原则。在"四至"之中则是各种类型的国家任务,一方面,宪法制度空间内的国家任务来自根本法;另一方面,国家任务又基于高级法而得以具体化,但这种具体化还没有达到可操作的程度。比如"总纲"第 14 条第 4 款规定"国家建立健全同经济发展水平相适应的社会保障制度",建立健全社会保障制度作为一项任务显然来自国家的根本任务,同时,这一任务需要国家机关尤其是人大和国务院加以具体落实。在这一意义上说,宪法制度空间既是一种根本法性质的命令,又是高级法意义上的行动指南。若将宪法制度空间动态化与实效化,就需要国家机关等主体积极主动地实施宪法与法律,才能完成宪法实施的职责。在此过程中,领导干部的作用极为关键和重要。习近平总书记指出:"各级领导干部作为具体行使党的执政权和国家立法权、行政权、司法权的人,在很大程度上决定着全面依法治国的方向、道路、进度。党领导立法、保证执法、支持司法、带头守法,主要是通过各级领导干部的具体行动和工作来体现、来实现。因此,高级干部做尊法学法守法用法的模范,是实现全面推进依法治国目标和任务的关键所在。"[1]既然宪法制度空间更多的是一种规范指引,那么,就需要进一步将其现实化,这就需要基于法治的高级法视角。基于法治的高级法主要体现在"国家机构"和"公民的基本权利和义务"层面,这里只简要地涉及国家机构。国家机构是国家的体制化,国家机关是国家机构的机制化。所以,在基于法治的高级法层面,核心是国家机关的职权行为。而国家机关行使职权行为的关键就在于严格遵守宪法和法律,并且对违宪和违法行为可追究法律责任。社会团体和企事业组织除了严格遵循设立宗旨外,其他的要求同对国家机关的要求在规范逻辑上具有同构性。

---

[1] 习近平:《论坚持全面依法治国》,中央文献出版社 2020 年版,第 135 页。

相对于集体(组织)来说,学界通常认为公民是最为活跃、最具有主动性的宪法关系主体,因此,制宪者或修宪者对公民的宪法形象抱有很高的期待。"公民"一词本身具有多面和立体的意涵。按照西方自由主义理论,公民是由自然人及国民而来,但以此来解释中国宪法文本中的公民来源,显然是不恰当的。从中国宪法属性看,公民来源于基于革命逻辑的根本法所塑造的"人民",而且,这里的"人民"还是"觉悟了的人民"。"觉悟了的人民"从何而来? 显然是在革命和建设过程中,接受了中国共产党系列主张的"中国人民"。相对于个体公民来说,中国人民的构成性特征和主导性地位至为明显。具体地说,一旦选择了马克思列宁主义,对"人民"的理解便从以欧洲近代启蒙思想为基础转变到以马克思主义为基础,由此,道德、权利等要素主要作为隐含的因素而存在,即只有获得了人民的身份之后,才能拥有作为人民的权利。这种权利包括平等、选举等要素,但主要体现为对敌人专政的权利。[1] 人民强调其成员的同质性,由人民所型构的个人也必须要分享同质性要求。由于在事实上必然要面对"只知有家不知有国"的百姓,所以,将百姓集聚凝结为共同体,就需要高举"公"的思想旗帜,采用各种"扬公抑私"的动员和整合手段,方能达到构造"人民"的目的。[2] 由人民所塑造的公民应以主人翁的身份认识权利和义务,以社会主义和集体主义原则处理同国家、社会、集体和他人的关系,在存在所谓的利益冲突与权利不兼容的情况下,作为国家主人的公民应当以国家、社会、集体利益为重。如此规格的公民就是确保宪法实施的能动性力量,也因此,宪法实效也便具有了坚实的民意和社会基础。当然,基于法治的高级法毕竟为公民自身的权利与利益开放了宪法空间,这样就会出现所谓"公与私"的纠缠、集体(组织)与公民的张力,而如何在集体(组织)与公民之间寻求一种平衡,也是宪

---

[1] 参见郭忠华:《20 世纪上半期的"人民"语义与国家建构》,载《政治学研究》2016 年第 6 期。

[2] 参见梁治平:《为政:古代中国的致治理念》,生活·读书·新知三联书店 2020 年版,第 136 页。

法实施需要面对的政治与法律问题。

无论现实状况如何,仅从宪法文本来看,制宪者或修宪者对中国宪法的实效都在规范和指导思想层面做出了筹划。从主体来看,肩负宪法实施的主体类型众多,既有集体(组织),也有公民;从宪法实施指向看,核心目标还是维系国家的整体性;从保证宪法实施的资源看,基于建设逻辑的根本法是核心,基于法治的高级法是重要辅助,基于建设逻辑根本法的高级法是重要的连接媒介,基于革命逻辑的根本法则镶嵌在整个宪法秩序之中。如果将中国宪法文本的三种秩序在"重"的意义上展开进一步的解释,就能够对这种情形看得更加清楚。

四、递进、嵌入与分蘖:三种宪法秩序的动态关联

如果对中国宪法文本所包含的三种秩序解释可能为中国宪法的全面实施提供静态的文本信息,那么,将三种宪法秩序在动态上做出关联解释,从而凸显出"三重宪法秩序"的"重"之意,就会为全面实施宪法提供更丰富、立体化的综合性信息。

为理解三种宪法秩序的关联,还需要确定一个前提,即究竟如何解读宪法文本。学界通常有两种解读视角:政治宪法学者倾向于"正着读",规范宪法学者倾向于"反着读"。所谓"正着读",在文本上就是以基于革命逻辑的根本法为起点,依次是基于建设逻辑的根本法、基于建设逻辑根本法的高级法、基于法治的高级法;所谓"反着读",在文本上就是以基于法治的高级法为起点,依次是基于建设逻辑根本法的高级法、基于建设逻辑的根本法、基于革命逻辑的根本法。无论是"正着读"还是"反着读",都是一种递进式的逻辑。在递进式逻辑中,显现了各自的偏好和关注点。具体地说,"正着读"是一种国家整合的政治视角,这种解读视角的优势在于强调了根本法的统摄性和一体中国的优先性,可能的缺陷在于,如果对根本法的政治性不能做出合理的规制,就会压制高级法的效力和实效,或者说,就可能使"政治宪法"压制乃至替代"规范宪法"。"反着读"是一种国家整合的政治视角,这种解读视角的优势在于强调了高级法的优先性,强调了宪法的规范性,可能的缺陷在于,其内涵由于缺少了中国共产党的元素,这会与"依宪治国"方略有所出入,同时,也不能在规范上务实地对待中国共产党对宪法实施的重要性。

尽管递进式逻辑存在一定的缺陷,但这种解读方式会显现出不同宪法秩序或宪法类型之间的嵌入关系。从"正着读"视角看,基于革命逻辑的根本法为基于建设逻辑的根本法提供了核心元素,即"中国共产党领导中国人民"的双主体结构,换言之,只要中国人民"在",中国共产党就"在",反之亦然;基于建设逻辑的根本法为高级法的存在提供了体制性条件和理由,换言之,没有基于建设逻辑的根本法,就没有高级法存在的可能性;与基于建设逻辑的根本法紧密相连的,不是基于法治的高级法,而是基于建设逻辑根本法的高级法,这种类型的高级法发挥着媒介根本法和高级法的重要制度功能,基于法治的高级法是以基于建设逻辑根本法的高级法为存在条件的。在这种嵌入关系中,基于建设逻辑的高级法经由中国共产党的反思和拨乱反正,以一种弥散的方式渗透到总体性的宪法秩序中。从"反着读"视角看,其根本意图是将基于法治的高级法嵌入基于建设逻辑根本法的高级法、基于建设逻辑的根本法之中,并试图驯化基于革命逻辑的根本法,从而形成基于法治的高级法的纯粹规范宪法秩序。

在不同方向的嵌入关联中,基于建设逻辑的根本法和基于建设逻辑根本法的高级法都是极为重要的逻辑中项。或者说,这两种宪法类型是嵌入的中轴。既然如此,就应该调整解读中国宪法文本的视角。在整体对待中国宪法文本的前提下,笔者主张"中间突破"的解读视角,即以"总纲"为基础规范,向"左"即是基于革命逻辑的根本法,向"右"即是基于法治的高级法。[1] 这就是所谓的"分蘖",支持这种分蘖的深厚土壤就是基于革命逻辑的根本法的弥散性、渗透性和政治保障性。那么,"总

---

[1] 这里的"左"和"右"指的不是意识形态的左与右,而是指宪法文本的结构及具体所指。

纲"因何成为基础规范就是需要回答的问题。在笔者看来,主要有如下理由可以支持这种选择。

第一,基础规范应具有"基础性"和"开放性"特质。所谓"基础性",是指基础规范应该包含国家的基本问题,比如国体与政体、央地关系、行政区划;所谓"开放性",是指基础规范具有广阔的解释空间。检视中国宪法文本结构,"总纲"部分最为恰切,主要理由是:一则,"总纲"包含了中国共产党和人大两个极为根本的宪法主体;二则,"总纲"确立了国家的根本制度、基本制度和重要制度,这些制度内容实际上就是对"一体中国"的宪法安排;三则,"总纲"蕴含了以"民族"、"阶层"和"家庭"为核心的诸种"小共同体"和以"个体公民"为核心的现代性法权主体,这样在关联解释上就具有广阔的制度空间。因此,"总纲"所包含内容的基础性和开放性,既能为统一宪法秩序提供不可突破的底线原则,又能为动态化宪法秩序提供多样的规范可能性。

第二,基础规范应该切中中国宪法问题的要害。在中国宪法解释上,恐怕时刻要面对文本中的张力,比如如何处理"共同体"(集体)和公民之间的关系?如何在中国共产党和人大之间形成符合依宪治国要求的宪法连接?如何在符合宪法要求的前提下解释党规党法和国家法律之间的关系?这些张力之所以存在,是因为中国宪法文本对"根本法"和"高级法"的界定存在着二分逻辑,其中的关键就是如何解释"基于建设逻辑的根本法"和"基于建设逻辑根本法的高级法"之间的关系,而"总纲"则含有解决这种张力的逻辑。更具体地说,"总纲"第5条规定的"社会主义法治国家"就是化解张力的命脉。

第三,基础规范应该蕴含指引中国宪法秩序动态化的规范逻辑。客观地看,"总纲"内含中国宪法秩序动态化的两条路径。一条路径就是以"总纲"中的调整性规范为依据、以中国共产党为核心的根本法路径,另一条路径就是以"总纲"中的构成性规范为依据、以人大为核心的高级法路径。在宏观上可以认为,根本法路径关系到如何安排各种"小共同体"与中华人民共和国这一"大共同体"之间的关系,其间,中国共产党是核心领导和整合机体;高级法路径关系到如何规制公民与国家机构的关系,其间,全国人大肩负提供规范体系的宪法职责。

第四,基础规范应该包含整合多样性治理的"统一逻辑"。在根本法层面,统一逻辑就是"中国共产党领导是中国特色社会主义最本质的特征";在高级法层面,民主集中制和"任何组织或者个人都不得有超越宪法和法律的特权"是最为重要的统一逻辑。这两个方面的统一逻辑都在"总纲"中得到了明确表达。

将"总纲"定位为基础规范,对中国宪法的全面实施有重要的学理意义。如果试图从宪法解释角度为宪法的全面实施提供充分的文本信息,那么,宪法解释的重心可能既不在《宪法》"序言",也不在公民的基本权利和国家机构,而应在"总纲"。蔡定剑教授认为:"总纲的规定与宪法序言比,从形式上,总纲的规定更具有规范性,总纲常以条文的方式表现,而序言则鲜有条文的形式出现。从内容看,总纲规定的是原则,而序言规定的是思想和理念。"[1]而"总纲"与其他《宪法》正文的规定比,又有原则性、概括性和纲领性特点。[2] 因此,无论是基于学理判断还是修宪者的解释,都应该将"总纲"作为解释的重心。换句话说,只有关于"总纲"的解释结论既坚实又丰富,才能为其他宪法规定的解释奠定基础;从宪法实施的角度看,"总纲"的实施才是中国宪法全面实施的关键和要津。

晚近,宪法学者对中国宪法实施的方式提出了不同于以往的解释。翟国强研究员认为中国宪法更像一个政治纲领式的宣言,更多依靠政治化方式实施。伴随着法治化进程,中国的宪法实施逐渐由单一依靠政治化实施,过渡到政治化实施与法律化实施同步推进、相互影响的双轨制格局。宪法的政治化实施体现为执政党主导的政治动员模式,而宪法的法律化实施则是以积极性实施为主、消极性实施为辅的多元实施机制。

---

[1] 蔡定剑:《宪法精解》,法律出版社2004年版,第134页。
[2] 参见蔡定剑:《宪法精解》,法律出版社2004年版,第134页。

在比较法的意义上,政治化实施和法律化实施的双轨制,可以为描述中国宪法实施提供一个理论框架。[1] 刘连泰教授从合宪性审查的宪法文本实现主题出发,认为中国宪法文本包含消极规范和积极规范,具有行动纲领的性质。国家和公民都是宪法关系的主体,消极规范蕴含"遵守"义务,积极规范蕴含"执行"义务。全国人民代表大会及其常务委员会根据消极规范判断立法是否与宪法抵触,多元主体根据积极规范判断立法是否适当。中国共产党领导是中国特色社会主义最本质的特征,中国共产党享有概括的合宪性审查权,该权力应由中共中央行使,可以由中央全面依法治国委员会承担具体工作。[2] 相对于以往学界对中国宪法实施方式的单一化(法律化实施)理解,对中国宪法实施方式的二元理解是一个明显的深化和发展,原因之一可能是能够客观地面对中国宪法文本的复杂性,而将中国共产党纳入宪法实施之中更是体现出一种务实的学术态度。但目前的二元思维还是静态的,尽管学者强调了二元实施方式之间的相互影响,可这种相互影响乃是以二元区隔作为前提的。

如果从三重宪法秩序的动态化以及以"总纲"为基础规范的嵌入与分蘖出发,可能对中国宪法实施的方式提供更丰富的解释。从根本法出发设想宪法实施方式,就意味着以中国共产党为核心,这样就会存在两种类型的宪法实施方式:一是在中国共产党系统自身的宪法实施方式,这种方式的核心目标在于通过建设逻辑实现国家的持续整合,[3]确保"人民共同体"持续存在;二是中国共产党同高级法秩序中相关主体的宪法关联,共同去实现某种事关公民福祉的宪法事务。如果前一种方式依然是单一思维,那么,后一种方式则是二元关联思维。从高级法出发去设想宪法实施方式,就意味着以全国人大为核心,也会存在两种类型的

---

[1] 翟国强:《中国宪法实施的双轨制》,载《法学研究》2014年第3期。
[2] 刘连泰:《中国合宪性审查的宪法文本实现》,载《中国社会科学》2019年第5期。
[3] 德国学者认为,宪法是国家的法秩序,更确切地说,是国家生活的法秩序,国家在此生活中才能获得其生活现实性,也即在国家整合进程中。这一进程的意义在于国家生活整体持续地重新构建,而宪法是关于这一进程各个方面的规定。[德]鲁道夫·斯门德:《宪法与实在宪法》,曾韬译,商务印书馆2019年版,第98页。

宪法实施方式:一是在全国人大系统内的宪法实施方式,规范标准是国家机关的职权和公民基本权利的保障,这种方式就是法律化实施;二是全国人大同根本法秩序中相关主体的宪法关联,一方面为实现法律化实施目标借助根本法秩序中主体来清除障碍,另一方面通过高级法手段而为根本法目标的实现提供规范化支持。所以,中国宪法实施方式在宪法秩序层面就存在四种类型。在四种类型中,尽管根本法和高级法依然是二元,但更重要的是根本法与高级法的动态关联,在宪法解释上,虽说困难但具有关键地位的还是对"总纲"第1条和第2条的理解和解释,两者之间的关系可谓"总纲"的命脉。当然,无论如何设想中国宪法实施方式,最终还需要用宪法关系模式表达宪法实施方式,因为宪法关系才是宪法实施的正轨。

第三章 "社会主义"内涵的规范解释

一、问题的提出：宪法学者在关于"社会主义"学术研究中的"缺席"

晚近,政治学界对"社会主义"的内涵展开了较为密集的讨论,所提出的相应观点颇有振聋发聩之感。

潘维教授指出："'人民大众的福祉'指的是什么？生老病死而已。普通人短暂的一生分为四个阶段:被养、养小、送老、被送。头尾两个阶段是被动的,中间两个阶段是主动的。被养的现实展示了自己养小的前景,送老的现实展示了自己被送的前景。**古今中外,普通人辛勤工作,追求事业有成,其根本目的就是改善养小和送老的条件。**(原文加粗——引者注)用今天的话说,就是改善教育、医疗条件,在教育、医疗领域争得更多的公正。"[1]"公正的养小和送老条件,随国家财富的增加而普遍改善,是劳动者们获得更多自由的根

---

[1] 潘维:《信仰人民:中国共产党与中国政治传统》,中国人民大学出版社2017年版,第98页。

本标志,也是社会进步的最明显标志。(原文加粗——引者注)"[1]

鄢一龙等五位青年学者指出:"在长期执政条件下,党本身可能蜕变,**党的领导作为核心制度安排面临两大危机:官僚化带来的代表性危机与主体性销蚀带来的正当性危机。**(原文加粗——引者注)"[2]邓小平对此种情形曾经指出:"对我们来说,要整好我们的党,实现我们的战略目标,不惩治腐败,特别是党内的高层的腐败现象,确实有失败的危险。新的领导要首先抓这个问题,这也是整党的一个重要内容。你这里艰苦创业,他那里贪污腐败,怎么行?""还有一点,常委会的同志要聚精会神地抓党的建设,这个党该抓了,不抓不行了。"[3]

鄢一龙等六位青年学者在另一本书中对"社会主义"的内涵做出了发展性解释,并使用了"共同体社会主义"一词。其内涵包括:共同体社会主义的生产力体系是共生经济体;共同体社会主义的生产关系是财产共有制;共同体社会主义的分配机制是共享分配机制;共同体社会主义的资源配置方式是与社会化大生产相适应的协同机制;共同体社会主义的政治体制是"共治政治";共同体社会主义在意识形态上是劳动阶级法权;共同体社会主义的核心价值观是自在、平等与觉悟;从全球范围看,共同体社会主义就是习近平主席倡导的人类命运共同体。[4]

由于是中国共产党领导中国人民选择了"社会主义",所以,讨论"社会主义"的内涵必然要与中国共产党关联在一起。从这些关于"社会主义"的学术观点来看,无论是对现实状况的揭示(如"两个危机"),还是对社会主义制度核心关注的强调(如"养小"和"送老"的公正条件)乃至对社会主义内涵的发展性解释(如"共同体社会主义"),都已经蕴含了

---

[1] 潘维:《信仰人民:中国共产党与中国政治传统》,中国人民大学出版社2017年版,第99页。

[2] 鄢一龙等:《大道之行:中国共产党与中国社会主义》,中国人民大学出版社2015年版,第9页。

[3] 邓小平:《第三代领导集体的当务之急》,载《邓小平文选》(第三卷),人民出版社1993年版,第313、314页。

[4] 鄢一龙等:《天下为公:中国社会主义与漫长的21世纪》,中国人民大学出版社2018年版,第10—19页。

相当意义的宪法规范特性。

相对于作为政治与社会现实的"社会主义","社会主义"在中国早就是一种宪法性存在,也是一条极为重要的宪法表达。尽管相关法学学者已经对"社会主义"有所讨论,但大多还处于诸如"立场言说"和"根本法解释"等宏观层面,或者说,相关研究还处于宪法理想解释层面。陈端洪教授虽然认为"中国人民在中国共产党的领导下是第一根本法""社会主义是第二根本法",但对这两个根本法的规范意涵却没有做出细微的解释。[1] 姜涛教授在"法治中国建设"主题之下强调了"社会主义"立场,即"由主体层面涉及的政党与群众的关系模型,回答了'法治中国建设的主体是谁';由客体层面涉及的权力与权利的结构模型,回答了'法治中国建设的制度安排是借助于什么完成的';而由目标层面涉及的经济发展与社会正义的动态模型,则回答了'法治中国建设的终极目标是什么'"。[2] 对"社会主义"立场的讨论尽管已经包含了从宪法关系来解释"社会主义"内涵的内在倾向性,但对"社会主义"的解释依然处于较为宏观状态。

既然"社会主义"是无可置疑的宪法存在,是事关国家性质和国民福利的"根本制度",那么,就需要对"社会主义"的意涵展开具体细致的规范分析。从法学学者的既有研究来看,具体细腻的规范分析恰恰是缺乏的。也正是在这一意义上,笔者才认为宪法学者在"社会主义"的学术研究中是"缺席"的。易言之,这里的"缺席"并非指不参与对"社会主义"的解释,而是指未对"社会主义"规范内涵展开细致的解释。至于"缺席"的原因,笔者认为可能与宪法学者乃至法学学者对中国宪法体制的理解"偏差"有关,即可能认为"社会主义"不是"标准"的宪法规范,因而无须乃至不能对"社会主义"做出规范解释。如果时代问题非学者所能抵抗或抗拒,但对"社会主义"的规范解释则是学者所应为与能为的。

---

[1] 参见陈端洪:《论宪法作为国家的根本法与高级法》,载《中外法学》2008年第4期。
[2] 姜涛:《法治中国建设的社会主义立场》,载《法律科学》2017年第1期。

基于"缺席"之学术现实,笔者欲以对"社会主义"内涵的规范解释为主题,加入对"社会主义"的学术研究之中。在本章的后续论证中,笔者拟做如下逻辑与内容安排:

首先,以宪法文本为依据,归纳"社会主义"的典型用法,以确定规范解释的对象;其次,以"宪法关系结构"为解释框架,从"主体"、"内容"和"客体"三个层面解释"社会主义"的宪法规范内涵;再次,在"社会主义"宪法规范内涵得以澄清的基础上,对"社会主义市场经济"的宪法内涵做出解释;最后,以"'社会主义'的规范性和'社会主义'的理想性"作为本章的结语。

二、宪法文本中"社会主义"的典型用法及规范解释的对象选择

在宪法文本中,"社会主义"在"序言"中出现了23次,在"总纲"中出现了26次,在第2章"公民的基本权利和义务"中出现了1次,在第3章"国家机构"中没有出现。"社会主义"一词出现在宪法文本结构中的位置,难道"预设"了"社会主义"的三种典型用法?若要规范合理地归纳"社会主义"的典型用法,当然不能停留在这种文本表象上,而是应该首先通过对中国宪法文本结构及意义脉络的体系化阐释,以为归纳"社会主义"的典型用法及确定规范化解释的对象奠定规范基础。

中国宪法文本之首是"序言"。通读"序言"前12个自然段,可以发现其以三种方式塑造了"国家":

一是确认或宣示了国家理想。国家理想分为"内"与"外"两种。国家的内部理想就是"把我国建设成为富强民主文明和谐美丽的社会主义现代化强国,实现中华民族伟大复兴";国家的外部或世界理想就是"推动构建人类命运共同体"。

二是客观地确认了国家现实。国家现实也分为"内"与"外"两种。国家的内部现实是"我国将长期处于社会主义初级阶段";国家的外部现实是在世界范围内还存在着"帝国主义、霸权主义、殖民主义"。

三是以"必为性"的语气和修辞确认或塑造了改变"国家现实"进而

实现"国家理想"的"行动国家"形象。制宪主体通过《宪法》"序言"以两种方式分别塑造了"理想国家"和"现实国家"两种形象。"国家理想"是需要实现的,而实现的起点必然是对"现实国家"的改变。在现实起点和理想目标也已确定的基础上,制宪权主体以不容置疑的政治态度在"序言"中构造了"行动国家"形象,并对"国家行动"的主体力量及手段做出了宏观安排:

就对国内现实的改变而言,《宪法》"序言"从第7至第11自然段做出了宏观安排,其中,第7自然段殊为重要。仅就第7自然段而言,主要内容包括:中国共产党及其领导下的中国各族人民是国家行动的主体力量;"马克思列宁主义、毛泽东思想、邓小平理论、'三个代表'重要思想、科学发展观、习近平新时代中国特色社会主义思想"是国家行动的指导思想;"坚持人民民主专政,坚持社会主义道路,坚持改革开放,不断完善社会主义的各项制度,发展社会主义市场经济,发展社会主义民主,健全社会主义法治,贯彻新发展理念,自力更生,艰苦奋斗,逐步实现工业、农业、国防和科学技术的现代化,推动物质文明、政治文明、精神文明、社会文明、生态文明协调发展"是国家行动的具体方式及手段。

就对国际或世界现实的改变而言,《宪法》"序言"第12自然段做出了宏观安排:主体力量是中国、世界各国人民及被压迫民族和发展中国家;具体方式及手段是"和平共处五项原则"和"坚持反对帝国主义、霸权主义、殖民主义,加强同世界各国人民的团结,支持被压迫民族和发展中国家争取和维护民族独立、发展民族经济的正义斗争"。

总之,《宪法》"序言"塑造了三种"国家形象",即"理想国家"、"现实国家"和"行动国家",其中,"现实国家"是发展的起点和现实基础,"理想国家"是"现实国家"发展的方向和境界,"行动国家"是实现"理想国家"的方式。事实上,这三种国家形象已经构成了中国政治与宪法秩序的宏观图景。进而言之,中国《宪法》"序言"本身在逻辑上是自足的:既有现实根基,也有理想目标,更有实现理想目标的主体及具体手段。而从规范角度着眼,如果仅靠《宪法》"序言"规制"国家",那么,这个国家一定是高度政治化、意识形态化的"非正常"国家,或者说,这个国家恐怕会始终处于一种"紧急状态"。因此,就需要对由《宪法》"序言"所塑造的"国家"进一步加以制度化乃至规范化。可问题是,在三个国家形象中,对哪一个国家形象加以制度化及规范化呢?"理想国家"形象不容做其他选择,"现实国家"是客观实存因而不可主观性地人为超越,所以,"行动国家"是唯一可加以制度化及规范化展开的对象。同时,由于"行动国家"既受到"现实国家"的制约,也被"理想国家"所牵引,所以,对"行动国家"的制度化及规范化既不能突破现实基础而"大跃进",也不应抛弃"国家理想"而走上发展歧路。[1]

在中国宪法文本脉络上,对"行动国家"的制度化及规范化是通过两个步骤和逻辑实现的:《宪法》"总纲"是针对"政府(广义)"和"社会(广义)"而展开的,规定的是政府体制和社会制度;《宪法》第2章和第3章是针对"民权"和"治权"而展开的,规范的是公民的宪法权利义务和以全国人民代表大会为核心的政府、中央军事委员会、监察委员会、法院和检察院等权力机构。

《宪法》"总纲"是对"行动国家"在中观层次上的体制化。最需要强调的是如下两个方面的内容:

其一,政府(广义)体制的二元性。这一特点集中地体现在《宪法》"总纲"第1条和第2条的规定之中。如果说第1条之规定是以"中国共产党"为根基的,那么,第2条之规定就是以"人民代表大会"为根基的。这就是中国宪法体制最显著的"二元性"特征,也是中国宪法体制不同于西方国家宪法体制的殊异之处,更是阐释中国宪法体系结构的难点之所在。更需进一步指出的是,如果说在《宪法》"序言"中中国共产党主要

---

[1] 对《宪法》"序言"的内在逻辑分析至此,实际上已经为从学理上解释"序言"的效力奠定了可靠的基础:在宏观上,"序言"因构造了中国宏观性的法权秩序,所以,其便具有了政治上的约束力,核心体现在"国家理想"不可改变、"国家现实"不可逾越;在微观上,"序言"中所塑造的"行动国家"及"国家行动"的主体力量及具体方式和手段具有了法律上的效力,但这种效力针对的并非"国民",而是"全国各族人民、一切国家机关和武装力量、各政党和各社会团体、各企业事业组织"。

是"国家理想"的设计者和承载者,那么,在《宪法》"总纲"中中国共产党则主要是"社会主义"这一国家理想的行动者和实现主体。

其二,"二元性"宪法体制逻辑的扩展。源于"总纲"第 1 条和第 2 条所蕴含的"二元性"逻辑具有极强的支配性和扩展性,这在央地关系上有着最为突出和充分的体现。

关于央地关系,最明显直接的规定是"总纲"第 3 条第 4 款,即"中央和地方的国家机构职权的划分,遵循在中央的统一领导下,充分发挥地方的主动性、积极性的原则"。从这一条款所坐落的规范语境看,第 3 条的主轴是"全国人民代表大会和地方各级人民代表大会",在内容上是第 2 条的延伸。也就是说,第 3 条第 4 款规定的是以人大为核心的央地关系,是一种由下而上通过选举所型构的央地关系。其中,"中央的统一领导"中的"中央"是主体概念,具体是指"全国人大";"中央和地方的国家机构职权的划分"中的"中央"("地方")并不是主体概念,而是对"国家机构"在层次上的限定;"充分发挥地方的主动性、积极性的原则"是对地方各级国家机构(尤其是地方各级人民代表大会)的宪法授权,权力特征是"主动和积极",限度是服从全国人大的权力指令和立法安排。由此可见,这种央地关系是"单一制"的,但似乎也有"联邦制"的制度因子。

如此看来,中国的央地关系至少是法制型的。那么,为什么会有学者从实证角度认为央地关系具有极大的制度弹性,或者说,中国的央地关系制度安排是否还"隐藏"着另一条线索呢?

央地关系的实态所透露出的信息是"不同于联邦制国家,中国在政治方面是集权的,地方官员主要是自上而下地任命产生,其升迁去职主要由上级决定,中央政府可以通过人事管理来实现对地方政府行为的引导与控制。同时,在国家治理尤其是经济方面又是分权的,地方政府被中央政府授权负责本辖区的经济发展、公共物品供给等,在这类事务中具有相当的自主性"。[1]央地关系中"政治集权"的宪法依据其实就是"总纲"第1条。换言之,这一条款蕴含着以中国共产党为核心的另一种央地关系的制度逻辑。按照中国共产党的"党员个人服从党的组织,少数服从多数,下级组织服从上级组织,全党各个组织和全体党员服从党的全国代表大会和中央委员会"的组织原则,这是一种最为典型的自上而下的"单一制"体制。这两种类型的央地关系交织在一起,给理解"总纲"中的各种制度带来了十分重要的提示和提醒。

《宪法》第2章和第3章是对"行动国家"在微观层次上的制度化表达。较之于"总纲",这两部分内容具有如下显著特征:

其一,内容的规范化。至为明显的是,支撑这两部分内容的基本元素是宪法规范,或者说,这两部分内容几乎都可以直接依据宪法关系的构成要素来加以改写。如《宪法》第33条第3款"国家尊重和保障人权"之规定,虽然从表面上看似乎很笼统抽象,但若将这一条款同其他条款关联起来,就可以获得完整理解:在主体层面,负有"尊重和保障人权"的义务主体就是《宪法》第3章所规定的国家机构及其他公法主体,享有人权的主体就是中华人民共和国公民;在内容方面,就是国家机构及其他公法主体所必须履行的宪法职权和公民依宪享有的以"平等"和"自由"为核心的各种宪法权利;在客体层面,就是各国家机构及其他公法主体严格履行职责的宪法权力行为和公民依宪依法行使和享有宪法权利的行为。

其二,规范作用的独立性。由于规范内涵具有自足性,所以,这两部分内容就可以独立地发挥宪法规范的规制作用。就整个宪法文本来说,"序言"具有独立性,但这种独立性是一种政治化的独立性,如前所述,若"序言"独立发挥作用,就表明了国家的非常态化;《宪法》第2章和第3章具有独立性,这是一种非常纯粹的规范意义的独立性,若这些宪法规

---

[1]鲁建坤、李永友:《超越财税问题:从国家治理的角度看中国财政体制垂直不平衡》,载《社会学研究》2018年第2期。

范能够具有实效,那么国家就是一个法治与宪治国家。

其三,与"总纲"的隐秘关联。虽然《宪法》第2章和第3章具有独立性,但是其与"总纲"还存在着较为隐秘的联系。除了党的军事委员会与第3章中的"中央军事委员会"的实质联系外,所谓隐秘联系典型地体现在"公民的基本权利和义务"与"总纲"某些内容的关联上。学界通常以"平等权"和"自由权"来界定宪法权利的内涵,对此,笔者有不同的看法:任何宪法权利都具有"平等"和"自由"的特质与内涵,或者说,"平等"和"自由"是任何一个宪法权利的"一体两面",所以,以"平等权"和"自由权"来理解宪法权利,实际是割裂了宪法权利的特质。笔者认为,应将"平等"和"自由"视为规定宪法权利的原则:就"平等"而言,其是一项规定宪法权利的外部原则,实质内涵是"平等分配",其天敌是"歧视";就"自由"而言,其是一项规定宪法权利的内部原则,实质内涵是"行为的可选择性",其天敌是"奴役"。第2章的"公民的基本权利和义务"内容与"总纲"的关联主要体现在"平等"上。作为分配原则的"平等"有两种含义:一是资格或机会平等,二是实质平等。资格平等由第2章规定,而实质平等则隐含在"总纲"中,更明确地说是体现在"社会主义"这一根本制度中。具有"实质平等"和"自由"内涵的宪法权利是具有"资格平等"和"自由"内涵宪法权利的基础保障,这也是中国宪法制度之"中国特色"的一种体现。

以中国宪法文本结构及意义关联为依据,对"社会主义"的典型用法便可归结如下:相对于"理想国家"而言,"社会主义"是一种"国家理想",在经济上即是生产的社会化及生产资料的社会占有,进而消灭剥削以实现共同富裕;相对于"现实国家"而言,"社会主义"是一种"国家现实",在经济上即是处于"社会主义初级阶段",国家的经济发展目标仍然是需要发展生产力;相对于"行动国家"而言,"社会主义"是一种规制"国家行动"的规范,在经济上即是要通过市场经济而不断积累和扩展以逐步靠近"社会主义"这一国家理想(或称为"社会主义性"),诸如实质平等。

正如对国家的"三种形象"所分析的那样,作为国家理想的"社会主义"是一种终极理想,虽具引领作用,但不宜作为规范解释的对象;作为国家现实的"社会主义"是一种客观实存,对国家经济政策的制定虽具有事实上的约束力,但也不宜作为规范解释的对象;唯有处于"国家理想"和"国家现实"之间的、作为国家行动的"社会主义"鲜明、直接地指向了国家行为,因而作为国家行动的"社会主义"才是规范解释的对象。

回到宪法文本,可以发现在《宪法》"序言"中,三种类型的"社会主义"都有出现,并且勾勒了宏观的"社会主义"经济图景。在《宪法》"总纲"中出现的"社会主义"则是对作为国家行动的"社会主义"的制度化,主要内容是国家的经济制度及财产权利制度。在"公民的基本权利和义务"中"社会主义"只出现1次,具体内容是:"劳动是一切有劳动能力的公民的光荣职责。国有企业和城乡集体经济组织的劳动者都应当以国家主人翁的态度对待自己的劳动。国家提倡社会主义劳动竞赛,奖励劳动模范和先进工作者。国家提倡公民从事义务劳动。"虽然只出现1次,但对这里的"社会主义"的宪法内涵也许"最难"解释。

总之,通过对"社会主义"三种典型用法的归纳,可以认为:唯有作为国家行动的"社会主义"能够作为规范国家行为的宪法规范,进而能够成为规范解释的对象。又由于《宪法》"序言"和"总纲"都有对这种意义的"社会主义"的规定,所以,在解释"社会主义"的规范内涵时,就应该以这些内容作为解释的文本依据。

三、"社会主义"的规范内涵解释:以"宪法关系"为框架

所谓对"社会主义"的规范解释,至少需要具体地回答三个问题:其一,"社会主义"涉及了哪些权利与权力主体?其二,这些权利与权力主体分别享有与承担哪些权利(权力)与义务?其三,这些权利(权力)主体需要实施哪些宪法行为才能规范地实现宪法目标?若不能具体回答这三个问题,那么,"社会主义"就不可能发挥相应的规范作用。若"社会主义"只能停留在理想状态,就会与十八大尤其是十八届四中全会和十

九大以来,所强调与宣示的"宪法的生命在于实施,宪法的权威也在于实施"的"新命题、新论断"[1]背道而驰。在宪法学的理论贮藏中,"宪法关系"就是关于"宪法关系的主体"、"宪法关系的内容"和"宪法关系的客体"的基本理论和制度模式。因此,以"宪法关系"为框架就能够具体解释"社会主义"的宪法意涵。如果将解释的目的紧紧地锚定在宪法实施,那么,宪法关系的客体便居于枢纽性地位。正如相关学者所指出的,宪法关系的客体就是宪法行为,而在宪法关系中,主体之间发生联系、互相作用,只能通过一定的行为来进行,主体与宪法之间的关系也只能是行为与规范的关系。根据宪法规范做出一定的宪法行为是使公民权利和国家权力现实化,以作用于对方主体并影响政治关系的唯一途径,也是个别和具体的宪法关系得以建立和运作的唯一方式。[2] 另需解释的是,2018宪法修正案在《宪法》第1条第2款"社会主义制度是中华人民共和国的根本制度"之后增加了"中国共产党领导是中国特色社会主义最本质的特征"这一内容。对新增加的内容或许有不同的解释,但若依据宪法关系理论,或可认为,"中国共产党领导是中国特色社会主义最本质的特征"这一表述是对"社会主义"宪法关系主体内涵更为具体化的宪法表达。

在宪法关系的主体层面,首先可以明确的是,中国共产党是极为重要的宪法关系主体。中国共产党自身是一个颇为复杂的制度系统:在纵向上,越是位于顶端,权力性和科层性就越明显,如中央委员会、政治局;越是位于底部,权利性和社会性特征就越明显,如社区、企业中的党组织。不同的主体特征意味着不同的权力(权利)内容及相应的宪法行为方式。

依据《宪法》"序言"第10自然段,与中国共产党相对应的主体包括"在长期的革命、建设、改革过程中,已经结成由中国共产党领导的,有各

---

[1] 参见张文显:《习近平法治思想研究(上):习近平法治思想的鲜明特征》,载《法制与社会发展》2016年第2期。

[2] 参见周叶中主编:《宪法》(第三版),高等教育出版社2011年版,第144页。

民主党派和各人民团体参加的,包括全体社会主义劳动者、社会主义事业的建设者、拥护社会主义的爱国者、拥护祖国统一和致力于中华民族伟大复兴的爱国者"。从语义来看,"劳动者""建设者""爱国者"都需要做出相应的积极行为,同时,这些积极行为都有宏观性和整体性的指向与目标,即"社会主义事业"、"祖国统一"和"中华民族伟大复兴"。很显然,致力于宏大伟业的"人"都是具有相应理性能力的成年人,但在实际生活中,还有众多的未成年人、老年人和有某种生存障碍的成年人。这些人要么生活在家庭中,要么孤零零地存在于社会中。对于追求实质平等的"社会主义"制度来说,相应的家庭和孑然一身的"国民"同样也是与中国共产党"对应"的主体。就"社会主义"而言,在宪法关系主体层面,中国共产党是最为重要的宪法权力主体;"劳动者""建设者""爱国者"是深具类型化特点的阶层性宪法权利主体,未成年人、老年人和有某种生存障碍的成年人乃至家庭是微观化的宪法权利主体,这两类宪法权利主体的最大不同在于前者具有积极能动性的宪法权力主体地位,后者则居于享有相关主体所担负的给付义务之宪法权利主体地位。

在宪法关系的内容层面,就中国共产党整个制度系统而言,其宪法权力内容是执政权。若分而述之,主要有两种情形:其一,在高阶政治上,包括全国代表大会、中央委员会、中央政治局、中央政治局常务委员会和中央委员会总书记掌握着"统揽全局、协调各方"的领导权;其二,在低阶政治和微观社会领域,各级党组织及领导人担负着落实高阶政治中"领导权"旨意的执行权及同相关社会组织合作、协力的权利。与此相对应,"劳动者""建设者""爱国者"享有积极参与"社会主义事业"、"祖国统一"和"中华民族伟大复兴"的政治、经济、社会、文化乃至生态环境建设的权利,这一系列权利是具有中国特色的人民主权的具体体现。这一系列权利同中国共产党所掌握的执政权的关系并不是"对抗性"的而是

"协商性"的,其间的一个重要连接机制就是中国人民政治协商会议。[1]未成年人、老年人和有某种生存障碍的成年人乃至家庭享有受到特定照顾的宪法权利,这种权利享有的唯一依据就是不利的现实生活状态。究其实质,这种权利就是平等的社会保障权。基于"社会主义初级阶段"这一"国家现实",社会保障权的内容应以生存保障为限度。

在宪法关系的客体层面,需要讨论的问题较多且比较复杂。既然特定主体掌握或享有了相应的权力或权利,就需要通过相应的宪法行为实现相应权力或权利的内涵及目标,这是宪法规范化实施的关键所在。但掌握权力或享有权利是以相应的宪法规范为根据的,并且具有鲜明的宪法目的与价值指向,若无宪法依据,或超越权限范围,或违背宪法目的与价值,那么就是"违宪行为"。笔者在此不讨论"违宪行为"。

就中国共产党所应实施的宪法行为而言,依然需从两个层面展开解析。在高阶政治领域,就是"领导行为"。何为"领导"及"领导行为"?吴冠军教授指出:

> 共产党必须在国家行政系统之外开辟空间,而其方向便是——"服务党":以"为人民服务"的政治—伦理姿态,保持其先进性与纯洁性。邓小平尝言:"领导就是服务。"共产党的领导力,就在于它的服务力;领导就是服务,是因为领导就是公仆。在这个意义上,关于"群众路线"的教育实践,便正是重新强化党的政治领导能力,故此它以为民、务实、清廉为核心内容:此二者,皆系服务力(领导力)的基本要素。"超级政党"的代表性危机,就只可能出在对"为人民服务"的偏离乃至背道而驰上,而形式主义、官僚主义、享乐主义、奢靡之风,正是对"为人民服务"之偏离的四种当代形态。是故习近平把"群众路线"称之为党的"生命线":于党内领导干部,必须以教育实践来使

---

[1] 对"人民政协"宪法意涵的详尽解释,可参见韩秀义:《人民政协本体意涵的宪法学阐释:以"一体二元三维"为框架》,法律出版社2016年版。

之拒斥"四风",重新确立"为人民服务"的政治—伦理姿态。习近平特别强调,"党员干部与人民群众的关系就是公仆与主人的关系。离开了人民,我们将一无所有、一事无成;背离了人民的利益,我们这些公仆就会被历史所淘汰"。[1]

尽管此乃立足于政治哲学的论述,但对解释"社会主义"宪法关系框架下中国共产党的"领导"及"领导行为"的具体规范内容具有十分深刻的启发作用。源于市场经济已经具有了决定性作用,所以,"社会主义"在传统社会主义[2]中所具有的生产性功能已经转移,但其分配功能则依然存续;由于初次分配的功能已由以人大为核心的国家机构通过税法等工具所承担,所以,"社会主义"所应具有的应是二次分配功能。这种分配功能的宪法目标就是实现社会主义的实质平等原则,在宪法权利上就是保障每一位国民的平等社会保障权,在宪法价值上就是缔造一个以实质平等原则为核心的"人民共同体"或"团结统一的国家"。因此,在"社会主义"经济内涵的实现过程中,中国共产党首先需要实施的宪法行为就是"分配"。

是"实质平等",但应是怎样限度或水准的"实质平等"?换言之,通过什么办法确定"实质平等"的限度?据说,协商民主已经成为中国民主制度中最具特色的内容之一。就协商民主的内涵而言,其第一种类型是以中国共产党为核心的政党协商。事实上,政党协商的核心是阶层协商,目标是阶层平等。相对于"社会主义"的经济内涵,阶层平等的核心是社会保障权的平等享有。通过阶层协商所获得的平等还是一种需要资源填充的宪法框架。如果暂且将资源理解为财政收入,那么,政治协商的第二种类型就是在中国共产党与全国人大之间展开的宪法协商,协商的内容就是应将多大份额的财政收入用来进行社会保障建设。中国

---

[1] 吴冠军:《重新激活"群众路线"的两个关键问题:为什么与如何》,载《政治学研究》2016年第6期。

[2] 对"传统社会主义"类型及特点的解释,可参见萧冬连:《国步艰难:中国社会主义路径的五次选择》,社会科学文献出版社2013年版,第5—179页。

共产党之所以要同全国人大展开宪法协商,主要有两个原因:一是在"社会主义"经济内容的实现上,中国共产党与全国人大应有功能上的分工,即中国共产党主导"社会主义"经济平等原则的实现,全国人大主导市场经济的有序运行;二是支撑社会保障的财富主要来自市场经济的贡献,这样就需要在保障和发展之间确定合理的分配比例,在中国宪法制度中,唯有中国共产党和全国人大才具有展开此种协商的主体资格及宪法权威。需要特别强调的是,唯有通过特定的宪法机制才能真正实现"党的领导、人民当家作主和依法治国"的有机统一,笔者所提出的中国共产党与全国人大的宪法协商可能就是这样一种宪法机制。

阶层平等是一种宪法目标,政治协商为此宪法目标的实现提供了财政资源。但平等原则需要具体落实,财政资源需要合理分配。如何落实,怎样分配?这实际上涉及分配领域和分配对象的选择问题。

依潘维教授前述之论,分配的领域主要是教育和医疗,分配的对象是"被养者"和"被送者"。换言之,需要通过"社会主义"的分配功能而获得"照顾"的是"弱者的世界"。这一目标的实现,其实是"弱者"和"强者"的合作,是"计划"和"市场"的合作,是"保障"和"发展"的合作。这就是"社会主义"经济内涵的宪法意义和宪法价值之所在。易言之,"以平等来维持社会团结就是社会主义"。[1]

"弱者的世界"不仅在高阶政治领域存在,在基层或底层社会更是普遍性存在,并且还会更加具体。在基层社会,省(自治区、直辖市)、市、县、乡的各级党委所应实施的宪法行为与高层政治中党的组织机构的运行逻辑相同,故在此不加赘述。与权力的科层体制相对的另一个重要场域就是城乡社区。对现实的城乡社区状况,每个人都会有自己的体验与观察。潘维教授认为:

> 作为执政党,共产党当然有自己的科层机构,但不能丧失

---

[1] 潘维:《信仰人民:中国共产党与中国政治传统》,中国人民大学出版社2017年版,第100页。

扁平组织这一党的基本性质。丧失了扁平性就没有党、只有科层体系了。扁平的党组织才是党的科层体系有执政权的缘由。"处众人之所恶"的基层党组织,而非庙堂上的领导机构,才是党的最大活力和权力所在。基层党支部不应因上级搞"党建检查"而被迫伪造数年支部活动记录,不应是上级"压迫"的对象。基层党组织是为人民服务的主体,也是监督上级、督促上级,拒绝腐败的主体,是党生命力的全部基础。[1]

相对于党的科层体系,潘维教授务实地指出了基层党组织所(应)具有的重要作用及宪法使命。从宪法学角度来看,基层党组织最应该实施的宪法行为就是动员与组织"群众",从而解决孤立化个体所不能或无力应对的各种"小事"。同时,将"群众"的各种诉求及期待上达于党的科层体系,为党的高层决策提供充分确实的信息。这就是"群众路线"。从中可以清晰地发现"群众路线"所具有的宪法意义。正如吴冠军教授所指出的:"群众路线之政治实践,具有如下规范性力量:持续不断地弥合现代性状况下政治世界与生活世界之间的结构性断裂,从而弥补现代民主政治的正当性亏空。"[2]

总之,"分配"、"政党协商"和"宪法协商"、"动员与组织群众"是中国共产党这一制度系统所应实施的宪法行为。通过这一系列宪法行为,中国共产党既服务了民众,进而建设和巩固了充满着平等和谐色彩的"社会主义国家",也为长期执政自我生产了诸多正当性理由及条件。如果中国共产党具体地实施了上述宪法行为,那么,中国共产党的相对方即"劳动者""建设者""爱国者"应该实施哪些宪法行为呢?根据《宪法》

---

[1] 潘维:《信仰人民:中国共产党与中国政治传统》,中国人民大学出版社2017年版,"序　上善若水",第15页。

[2] 吴冠军:《重新激活"群众路线"的两个关键问题:为什么与如何》,载《政治学研究》2016年第6期。相似观点,也可参见鄢一龙等:《大道之行:中国共产党与中国社会主义》,中国人民大学出版社2015年版,"卷三　组织起来,再造人民"。另外,需要指出的是,通过政党系统重建基层社会,以为巩固执政权夯实基础,并非学者们的"臆想",因为这早已是新加坡人民行动党的实际行动。更加详尽的内容,可参见欧树军、王绍光:《小邦大治:新加坡的国家基本制度建设》,社会科学文献出版社2017年版,第八章"双轨吸纳"。

"总纲"的相关规定,可将宪法行为分为两种:一是"不实施相关行为",具体是指不实施"叛国和其他危害国家安全的犯罪活动,危害社会治安、破坏社会主义经济和其他犯罪的活动";二是"应当实施相关行为",具体是指认同并践行"社会主义核心价值观、爱祖国、爱人民、爱科学、爱社会主义的公德"。根据《宪法》第 2 章的规定,作为个体的公民必须履行从第 51 条至第 56 条所规定的一般性和具体化的宪法义务。相对于中国共产党所应实施的宪法行为,其相对方所应实施的宪法行为必须体现为对国家整体秩序的宪法忠诚和对具体法律的严格遵守。

从宪法关系角度解释了"社会主义"的规范内涵,这些规范内容就是"社会主义"得以实现的宪法轨道:中国共产党与相关主体间的唇齿相依是"社会主义"规范化实现的主体条件及机制;中国共产党与相关主体间的权力与权利的对称和合作是"社会主义"规范化实现的利益条件及机制;中国共产党与相关主体间具有共同指向的宪法行为是"社会主义"规范化实现的行为条件及机制。概言之,只要在宪法关系的轨道上认识和实践"社会主义"的内涵,"社会主义"就能够成为支撑法治中国的规范性支柱及黏合性力量:在权力顶端,通过相应的宪法措施来惠及"百姓",这就是"德治"[1],以此便能构筑中国共产党和人民坚不可摧的"血肉联系";在权力底部,如果中国共产党各级组织及党员干部"动员和组织群众'自治',自己解放自己,自己解决社区日常生活中的'小事',我们党就能深切地感知群众最需要什么,把有限的行政资源投入'雪中送炭'而不是'锦上添花'上去。9000 多万党员交纳党费的大半应该拨付给党员们生活其中的居住社区,在每栋居民楼里建设居民党支部,让退休的党

---

[1] 赵汀阳教授认为:"'德'有道德与政治双重含义,从道德上说,德是无私行善的高尚品德;从政治上说,德是获取民心的政治策略。爱民养民,让民得利,而自己不贪,统治者就会得到人民的支持。人民得利而统治者得权,德治就是以利换权的政治策略。"(赵汀阳:《坏世界研究:作为第一哲学的政治哲学》,中国人民大学出版社 2009 年版,第 110 页)同时,赵汀阳教授认为,"周的德策略虽然优越,但施德能力或施德所需资源是有限的,人们很快就对其所得习以为常,不以为德了,当施德资源日渐枯竭,人们反而产生不满心理。如果只有'德'而没有'力'去作为可信的威胁,如果没有赏罚的平衡,人们对德就没有正确的认识。"(赵汀阳:《坏世界研究:作为第一哲学的政治哲学》,中国人民大学出版社 2009 年版,第 127 页)

员们承担起组织自己居住社区的任务。这样,中华大地上的每个居民区都有组织,守望相助、干净有序、文明礼貌,我党就得民心,就能长期执政"[1]。可见,相应宪法行为的实施是"社会主义"规范内涵得以实现的关键。但行为的实施需要资源,又由于"社会主义"在现行宪法体制中已转移了相关的生产性职能,所以,就需要相应的辅助性制度来为"社会主义"的实现输入资源,其中,"社会主义市场经济"就是这样的宪法制度。

四、"社会主义市场经济"的规范内涵解释:以"社会主义"为参照

"社会主义"本身不能脱离其他条件而凭空产生与存续,这就涉及了支撑"社会主义"的诸种辅助性制度及条件。相对于"社会主义"的经济内涵而言,"社会主义市场经济"就是极为重要的辅助性制度及条件;而若对照于"社会主义初级阶段"这一"国家现实","社会主义市场经济"则是目下中国经济发展的核心性宪法制度。

既然"社会主义市场经济"具有如此重要宪法地位,那么,就需要对其内涵做出严谨的宪法解释,以为国家微观经济的运行提供宪法依据及宪法规范指引。但问题是怎么解释?笔者选择的解释策略是"以'社会主义'为参照"。这种选择有如下用意:

其一,"社会主义市场经济"是与"社会主义"有所区别又有所关联的概念。如果"社会主义"主要是一种宪法性的分配制度,核心原则是"实质平等",那么,"社会主义市场经济"主要是一种宪法性的生产制度,核心原则是"资格平等"和"营业自由"。而两者之间的联系在于:一方面,通过"社会主义"规范内涵(比如公正的"养小"和"送老"条件的保证)的实现为"市场经济"的运行塑造与输入无后顾之忧且能关注"他人"权益的主体,从而使"市场经济"主体行为符合相应的"社会主义"的

---

[1] 潘维:《信仰人民:中国共产党与中国政治传统》,中国人民大学出版社2017年版,第118—119页。

规定性要求,这其实就是"社会主义市场经济"中"社会主义"的要义之一;另一方面,在"市场经济"运行过程中,相关权力主体应该通过科学适当的宪法性政策措施,培育"市场经济"中相对于"私人性"的"社会性"或"集体性"元素,从而为渐进逼近高级阶段的"社会主义"累积条件,这其实就是"社会主义市场经济"中"社会主义"的另一要义。

其二,以"社会主义"为参照,就是以"社会主义"三个层面的规范内容为参照,即以"主体"、"内容"和"客体"为参照,进而解释出"社会主义市场经济"独特的宪法内涵。其实,这种参照在根底上依然是以"宪法关系"为框架的解释思路。

其三,尽管"市场经济"被"社会主义"所限定,但"社会主义市场经济"的本质依然是"市场经济"。[1]

以"社会主义"为参照,对"社会主义市场经济"的规范内涵就可相对简要地解释为:

在"宪法关系的主体"层面,权利主体就是各种类型的"商人"或"商事主体",如"企业"、"商自然人"及"商合伙";权力主体主要就是人大、政府、司法机关及党的组织。这里需要重点说明的是国有企业的宪法地位问题。按照相关商法学者的观点,全民所有制企业在功能上也可以实现企业的目标,但却与现代企业迥然不同,即企业财产属于企业之外抽象的全民所有。[2] 这种理解事实上有所偏差。虽然在宪法上规定了"国家所有即是全民所有",但"全民所有"并不是营业意义上的"所有"或"支配",而是对国有企业经营所得所享有的共享权利。这种共享权利不是针对"营业"本身,而是针对营业之成果。易言之,尽管国有企业可

---

[1] 张兴祥、洪永淼:《关于社会主义的概念、特征及理论演进:从马克思、恩格斯到列宁》,载《中国经济问题》2018年第1期。

[2] 参见王延川:《现代商法的生成:交易模型与价值结构》,法律出版社2015年版,第79页。

以担负着社会甚至政治功能,但在运行时依然是商事主体。[1]

在"宪法关系的内容"层面,各类商事主体享有以营业权为核心的一系列财产权,各种权力主体负有保障营业权及平衡相关利益关系的职权。就"财产"而言,中国宪法规定了两套制度,即"所有制"和"财产权"。对"所有制"的内涵,相关学者已经做出了细腻考证,[2]对此,笔者不再赘述。但需要指出的是,在马克思那里,"所有制"问题的提出是以资本主义的问题(即剥削与异化)为对象,是以对资本主义的"秘密"(如私有制下的剩余价值的独占)揭示为科学理据的。同时,解决问题的思路既有继承也有创新:继承的是"资本主义创造的社会化生产力",创新的是"无产阶级夺取政权,上升为统治阶级,实行无产阶级专政"。同样明确的是,继承是首要的。然而,列宁将"创新"视为首要,以暴力革命为手段先行建立了具有"社会主义"特点的政治制度及条件,然后再去考虑生产力的"社会主义"化。[3] 如果说在马克思那里,"所有制"是兼具政治性和法律性的概念,那么,到列宁这里则更多的是一种标示"社会主义"属性的政治概念。这样,"所有制"在后发国家的社会主义实践中主要体现为一种政治强力及由政治强力所"硬性"生产的事实。由于这一"事实"是政治性的,也是"社会主义"存在的标志,所以,挂满了"社会主义"旗帜的"所有制"(即"公有制")必然是"神圣"的。"财产"问题政治化的后果使得人们重新审视经济发展的规律,重新考虑政治上"先进"、经济上落后的社会主义国家的经济发展策略。在这一背景下,这类观点

---

[1] 在这方面,西方相关的实践可以为中国学者处理"国有企业"问题提供相应的启发。据学者介绍,挪威的石油国企成立于1972年。成立之初,业绩平平。但通过诸如股票上市等市场化改革,增强了公司的经营管理能力。而国有企业的经营所得一方面是社会保障的财政基础,另一方面通过投入挪威主权基金,有担负着极为重要的社会与政治功能。参见鄢一龙等:《天下为公:中国社会主义与漫长的21世纪》,中国人民大学出版社2018年版,第67—68页。

[2] 参见冀诚:《论所有制概念对中国私法制度的影响》,中国政法大学出版社2010年版,第33—44页。

[3] 参见张兴祥、洪永淼:《关于社会主义的概念、特征及理论演进:从马克思、恩格斯到列宁》,载《中国经济问题》2018年第1期,第9页。亦可参见杨奎松:《十月革命前后列宁的社会主义主张与实践》,载《俄罗斯研究》2013年第1期。

的提出就是合乎逻辑的必然：

> 要发展生产力就必须调动生产者的个人积极性，即解放生产力……事实上，在现代工业化程度（劳动资料与劳动对象的结合程度）还很欠缺的条件下，劳动资料的劳动者个体实际占有程度和实际推动生产资料的能力是发展社会生产力的一个重要尺度。因此，调整生产关系，调动劳动者个人的生产积极性是在这种条件限制下解放生产力的关键所在。私有财产、商品生产、市场经济，这些"在资产阶级手中"推动生产力高速发展的因素也同样应该在当代社会主义条件下发挥其应有的作用。从完全的计划经济到有计划的市场经济，再到社会主义市场经济体制的建立，充分展示了市场要素在社会主义初级阶段中的重要意义。[1]

只要从"个体"的角度来认识经济发展的动力机制，就必然要借助于"财产权"的法观念及制度模式。相对于"所有制"的事实强力，"财产权"就是一种规范之力。对"财产"的规范逻辑首先需要将商事主体与国家权力主体做出明确划分，其次需要通过宪法及民商法律制度保障"商人"或市场主体的核心地位。在与商人的宪法法律关系中，国家的权力内容及范围就可以获得确定。在规范层面上，只有宪法法律明确规定的权力，才是权力主体应该享有的，即"职权法定"；在经济生活层面，权力主体所享有的职权更多的是辅助性的。两者相结合，就是近来中国政府所实行的权力清单制度。

在"宪法关系的客体"层面，问题依然较为复杂。就商事主体而言，在一般意义上就是由其所实施的各种营业行为或商行为。在经济学者看来，在市场经济中，不仅生产者和消费者分离，而且他们通常也互不相识，每个人都是自主的，没有任何人有权力直接命令他人生产什么和消

---

[1] 冯钢：《马克思的"过渡"理论与"卡夫丁峡谷"之谜》，载《社会学研究》2018年第2期。

费什么。那么,生产者和消费者是通过什么机制协调他们的生产决策和消费决策呢? 价格![1] 生产和消费分离,生产者和消费者"陌生化",每个主体的行动自主,自主的信息是价格,这就是经济学家所描绘的"市场经济"的世界。若用法学术语来描述,就是"私人自治"与"契约自由"。

当然,不同类别的"商人",其所实施的宪法性行为会有所不同,相应地,对权力主体的职责要求也会有所不同。

根据王延川教授的研究,现代商法的交易方式同传统商法相比,呈现出极为不同的特征。其中,最突出的特征是现代商法的对象是交易模型,或者说,现代商法就是交易模型。[2] 这种交易模型最初是由企业家和律师"创造"的,着眼点是"效率"目标或"功能"逻辑。以交易模型来规制企业内或企业间的利益关系,往往不需要国家权力的介入,或者说,即使需要法院等机构的介入,也需要以承认交易模型的效力为首要。[3] 由于交易模型是"内部合约",所以,可能会发生三种需要权力主体介入的情形:一是内部合约无法解决垄断和不正当竞争问题,所以需要行政主体的介入;二是由于外部关系人没有参与内部合约的订立或形成,当外部关系人尤其是消费者的权益受到侵害时,就需要法院的介入;三是基于商事交易安全乃至整体经济秩序安全的考虑,行政机关及立法机关会对"企业"附加相关的强制性义务,如信息披露之义务。换言之,针对现代商事主体,权力主体的行为要么出于商事交易成本或效率的考虑而实施辅助性的宪法性行为,要么基于对"弱势"主体的保护而实施救济性的宪法性行为,要么立足于经济秩序的安全考虑而实行主导与支配的宪法性行为。

但是,在中国市场经济中,商事主体绝不仅是"企业",还存在着众多的传统商事主体,并且这些传统的商事主体往往处于极为不利的法律地

---

[1] 张维迎:《经济学原理》,西北大学出版社2015年版,第76页。
[2] 参见王延川:《现代商法的生成:交易模型与价值结构》,法律出版社2015年版,第130页。
[3] 参见王延川:《现代商法的生成:交易模型与价值结构》,法律出版社2015年版,第155—159页。

位。根据黄宗智教授早些年的研究成果,可以发现非正规经济或小商人(即"传统商事主体")在中国经济组织体系中的地位:

> 私营企业多为小型企业。2006年全国共有500万家经登记注册的私营企业,在城镇登记的共雇用0.395亿人员,每个企业平均13个员工。根据2005年对这些企业的第六次比较系统的抽样问卷调查,其中只有1.13%是规模大于100位员工的企业。极大多数乃是小型的、平均13位员工的企业,包括制造业部门(38.2%)、商店和餐饮部门(24%)以及"社会服务"(11.1%)和建筑业部门(9.1%)。如此的非正规员工绝大多数没有福利、工作保障或国家劳动法律保护。
>
> 至于0.301亿在城镇登记的自雇个体户就业人员,以及0.215亿在"乡村"登记的个体户就业人员,他们在总共0.26亿家的个体单位工作,亦即平均每单位1.9人员——大多是登记人本身和一两位亲朋。这些"自雇"人员包括小商店、小摊子、旧的和新型手工业工人及其学徒、小食品商人、各种修理店铺等等。如此的就业人员当然大多没有福利和工作保障。
>
> 最后是为数将近一亿的未经登记的非正规就业人员。在技能和工作稳定性方面,他们还要低一个层次,许多是临时性的人员,诸如保姆、在自家从事生产的人员(如裁缝、洗衣服者)、运送人员、学徒、小贩等。总体来说,以上三种主要的非正规经济类型(私营企业、个体户和未登记人员)共同构成一个低报酬、低或无福利、没有国家法律保护的就业图景——也就是我们所说的非正规经济。[1]

对传统商事主体来说,大部分是从民事主体中分化出来的自然人,

---

[1] 参见黄宗智:《中国被忽视的非正规经济:现实与理论》,载《开放时代》2009年第2期。

营业资产主要是特定物,实施的行为属于特殊的民事行为,[1]所以,传统商事主体在市场中的力量就相当弱小,经受不住市场的大风大浪,在"家庭"作为商事主体之时尤其如此。这样,就需要权力主体在税收、营业条件乃至纠纷解决方式等方面积极履行"照顾"之宪法性义务,实施符合传统商事主体需要而自身又无法解决的商事需求。比如任何城市都会遇到"占道经营"问题,政府部门的常规做法就是"驱赶",结果发生了许多悲剧性事件。但如果既着眼于商事营业之需,又着眼于道路秩序之维护,就可在"政府—商贩—行人或居民"之间展开"商谈",订立合约,以使各个主体的行为边界得到确定。因此,相对于"企业",权力主体针对传统商人所实施的宪法性行为就应该有所不同。

从"社会主义市场经济"的规范内涵来看,其与"社会主义"相比有着相当的不同。最大的不同是:在"社会主义市场经济"中,商事主体是核心、是主轴;在"社会主义"中,权力主体尤其是中国共产党是核心、是主轴。如果说"社会主义"的宪法目的是维系着一个平等、稳定和统一的"政治共同体",那么,"社会主义市场经济"的宪法目的就是维系着一个自由的、富有活力与多样性的"经济社会"。但对依然处于"社会主义初级阶段"的当代中国而言,"社会主义"理想固然具有价值上的感召力,但也必须给这一"美好"的理想戴上宪法的"笼头"。这便是在"结语"部分要简要讨论的内容。

五、简要结语:"社会主义"的规范性与"社会主义"的理想性

没有人会否认西方贤哲所描绘的社会主义或共产主义蓝图所具有的巨大的人文与人道价值,所具有的激荡人心的理想情怀。据说,在社会主义思潮的发生谱系上,有"空想社会主义"和"科学社会主义"两种,而双方之间的重大差异主要体现在从资本主义到社会主义或共产主义

---

[1] 参见王延川:《现代商法的生成:交易模型与价值结构》,法律出版社2015年版,第130页。

的过渡理论及过渡方案上。[1] 按照列维塔斯的看法,圣西门、傅立叶和欧文都为将会克服早期工业社会标志性的贫困、堕落等昭彰罪恶的新社会草拟了制度方案。他们都对耳闻目睹的贫富两极分化、私有财产不受束缚的权力以及传统性道德和家庭关系持批判态度。他们各自的批评性质和解决方案很不一样,但都强调合作、联合与和谐的重要性——并且都认为其方案建基于对人性的科学理解,以此论证其正当性。[2] 马克思和恩格斯一方面认同空想社会主义者学说中的某些"长处",另一方面坚决批评及反对"乌托邦社会主义者的信徒反对工人阶级政治行动的方式"的立场,认为"乌托邦社会主义者的这种令人难以接受的政治立场源自其根本性的错误,即期待诉诸各个阶级的理性和正义改变社会,以及相信其理想社会蓝图将成为社会改造的动力。真正的问题正是这种与唯物主义对立的唯心主义社会变革观"。[3]

但正如冯钢教授所指出的,马克思生前并没有给我们留下一个明确的、完整的"过渡"理论,而只是表明了"社会变迁或历史发展并非是其他什么因素造成的,而是由现实经济结构的内在矛盾的变化来推动的"。但是,这种表述并不等于把相关的整个研究领域的具体内容都包含其中了,它只是这个领域研究的提示性或指导性表述。[4] 理论上的"空缺"需要社会主义的实践家来"填充"。依据杨奎松教授的梳理,在列宁的社会主义理论及实践过程中,对马克思和恩格斯的"生产力观点"及政治民主和普选制度的建设并不重视甚至忽视,[5] 而是相信新社会是可以靠人

---

[1] 参见[英]鲁思·列维塔斯:《乌托邦之概念》,李广益、范轶伦译,中国政法大学出版社2018年版,第53、67页。
[2] [英]鲁思·列维塔斯:《乌托邦之概念》,李广益、范轶伦译,中国政法大学出版社2018年版,第55页。
[3] 参见[英]鲁思·列维塔斯:《乌托邦之概念》,李广益、范轶伦译,中国政法大学出版社2018年版,第53、77页。
[4] 参见冯钢:《马克思的"过渡"理论与"卡夫丁峡谷"之谜》,载《社会学研究》2018年第2期。
[5] 参见杨奎松:《十月革命前后列宁的社会主义主张与实践》,载《俄罗斯研究》2013年第1期。

的主观能动性创造出来的,其中的一个办法就是"消灭私有制"。[1] 即使在实践中碰了壁,回过头来改行新经济政策之后,列宁的这一基本认识逻辑仍未改变。[2] 既然要通过政治强力来"消灭私有制",那么,社会主义的经济目标就是在否弃相应的"法权"关系的基础上展开的。脱离了法权约束的"社会主义"理想恰恰成为一种破坏性甚至奴役性的力量。具体证据如下:

> 1920年,俄国的工业生产只相当于战前的七分之一,7万多公里的铁路和全国将近一半的机车车辆不能使用……全国产业工人总人数比战前竟然减少了45%,许多工人因工厂停工而失业,大批工人因生活无着落而不得不倒流回农村。由于货币严重贬值,以至于当时一个莫斯科工人的工资收入,只相当于他实际消费标准的8%—20%,有工作的工人靠工资收入也无法维持生存。农村的情况自然更加糟糕。除了农民生活异常困苦,饥荒不断,牲畜大量减少外,大量经济作物较战前缩减了好几倍,粮食产量也只有战前的一半左右,却还要被政府组织的贫农委员会和武装征粮队强征而去,致使1921—1922年间数千万人陷入严重饥荒,饿病而死数百万人。[3] 更为令人发指的是,针对各地农民的暴动,政府军队因为难以靠枪炮取胜,竟然使用毒气弹来对付农民。[4] 这些证据充分地证明了失去规约的"社会主义"理想所具有的破坏性及暴虐性。

正是基于对"社会主义"的"美好"与"暴虐"并存的历史体察,笔者才将"社会主义"的规范性置于核心地位,并怀抱以"规范性"规约与吸

---

[1] 参见杨奎松:《十月革命前后列宁的社会主义主张与实践》,载《俄罗斯研究》2013年第1期。

[2] 参见杨奎松:《十月革命前后列宁的社会主义主张与实践》,载《俄罗斯研究》2013年第1期。

[3] 转引自杨奎松:《十月革命前后列宁的社会主义主张与实践》,载《俄罗斯研究》2013年第1期。

[4] 转引自杨奎松:《十月革命前后列宁的社会主义主张与实践》,载《俄罗斯研究》2013年第1期。

纳"理想性"的学术立场。所谓"规约",主要是指权力和权利主体需以宪法和法律为依据,通过合宪合法的行为去实现及扩展"社会主义"的规范内容;所谓"吸纳",主要是指在观念上并不否定"社会主义"的理想作用,但这种理想需要通过具体作用于"社会主义"规范内涵中的某个或全部构成要素的方式方可发挥导引作用。

较之于"规约","社会主义"规范性对"社会主义"理想性的"吸纳"之内涵则需要做出进一步的解释。在中国宪法体制之下,作为马克思和恩格斯经典意义的"社会主义"是一种国家和社会理想,虽然其具有政治引领功能,但由于"社会主义初级阶段"客观现实的制约,所以这一理想不可能一挥而就,而只能渐进逼近。在这一进程中,"社会主义"的理想性就需通过"社会主义"规范性的"吸纳"而产生牵引作用。这种"吸纳"作用的核心表现是:若相关宪法关系主体"觉悟"到了"社会主义"理想的可贵,那么,就需要依据宪法行为规范有序地实现理想的部分内容。比如,马恩的"社会主义"理想天然地反对"城乡差别",若相关权力主体认可了这一理想,就应该采取相应的宪法行为(比如"分配")一步一步地实现它。换言之,"吸纳"本身坚决反对那种以意识形态宣传代替具体宪法行为的习惯及做法。

在马恩的理论视野中,"社会主义"也是对"'大'共同体"的畅往,具有鲜明的"世界性"特征。然而,在现代多样性的社会背景下,不同区域的人们对"社会主义"的共同体内涵一定存在着不同的理解甚至偏好,因此,也需要从"区域性"特点出发,去建设具体多样的"'小'共同体"。对此,周濂博士有很好的哲理性说明:

在价值多元化已经成为现实的现代世界,如果承认每个人都是拥有"形成、修正以及理性地追求善观念的能力"的自由平等的主体,那么在政治层面上最可欲的共同生活就只能是"社会";要么是在制度上不羞辱任何人的正派社会,要么是在制度上保障每个人的自尊的正义社会。而那些希望在共同生活中体验到确定性、归属感和幸福的人则可以在政治社会的制度框架下面团结成各种复合多元的共同体。[1]

虽然论说的对象是"正义和幸福",但其中所包含的复合多元"小"共同体逻辑依然适用于"社会主义"所包含的分配性的"经济正义"。如果以中国共产党为核心的政治高层,基于分配性的权力行为可以创造一个"大"的社会主义共同体,那么,以中国共产党为核心的各类基层组织,基于"组织与动员"等"服务性"宪法行为就可以创造一个个"小"的社会主义共同体。通过"上"与"下"的关联与互通,即可成就"社会主义"中国的一体性与多样性,"社会主义"的规范性和理想性则会统一于"社会主义"规范内涵的实现过程之中。

---

[1] 周濂:《正义与幸福》,中国人民大学出版社2018年版,第243页。

第四章 "集体"之宪法意涵的阐释与解释

一、问题的简要提出:"集体"为什么要"出场"?

有学者将《宪法》第 10 条第 2 款概括为"土地属于集体所有",并从宪法学和民法学角度对其展开了学理解释。从主流观点看,相关学者倾向于将"土地属于集体所有"定位为"基本权利"与"所有权"。如刘连泰教授在对"土地属于集体所有"的规范属性做出历史解释的基础上认为:"通过分析建立在集体土地上的各项权利,可以发现,土地集体所有不仅不再是与集体经济组织成员权利对峙的概念,在集体与国家的关系维度上,土地集体所有正在体现其'私'的一面。土地集体所有不再纯粹是一个服务于共同体目标的范畴,正在变成防御国家权力的基本权利。"[1]孙宪忠研究员认为:"实际上我们应该承认农民集体是一个个具体的单一农民共同的资格形成的,农民本身

---

[1] 刘连泰:《"土地属于集体所有"的规范属性》,载《中国法学》2016 年第 3 期。

享有最终所有权。农民的土地承包经营权,恰恰是他们行使自己权利的一种方式。所以农民家庭或者个人对于土地的权利,本质上是一种'自物权'。"[1]

以"权利"定位或解释"土地属于集体所有"在方向与目标上固然不错,但在通往目标的道路上则需要破解多种困扰与纠结。刘连泰教授一方面从基本权利角度解释"土地属于集体所有",另一方面又指出"中华人民共和国成立之路是'农村包围城市',社会主义是宪法文本确立的根本政治制度,公有制是产权安排无法绕过去的。农民、土地、国家与宪法,就这样神奇地扭结在一起。'土地属于集体所有'就是这一纽结的文本表述"[2]。孙宪忠研究员一方面主张农民家庭或个人的最终所有权,另一方面也不得不承认"这种权利在法律思想或者立法的指导思想方面,承担着实现我国《宪法》规定的公有制经济体制基本要求的重任,因此在现行的法律体制中具有不可动摇的地位"[3]。其实,两位学者的纠结之核心就是权利话语同诸如"社会主义""公有制"这些宪法规定与意识形态宣示之间的反差甚至"矛盾"。同时,这种种纠结与"矛盾"又都与"集体"这一概念有关,因为在通常的认识中,"集体"既是"社会主义"的表征,又是"公有制"的具体实现方式。

这种种"矛盾"难道不可化解吗?进一步说,如果要解开种种纽结,需要做出怎样的富有智识的学术努力呢?换言之,对耳熟能详的"社会主义""公有制""产权""私有制"等概念是否需要再做辨析?辨析之后"新"的意义空间又能否缓解"矛盾"及解开纠结?本章就是这样一种学术尝试。在本章中,笔者将首先对"社会主义"、"公有制"、"产权结构"与"实践样态"这四个概念的意涵展开追溯与解析,并由此开掘与阐释"集体"的宪法意涵。最后,在"集体"的宪法意涵得以澄清的基础上,以

---

[1] 孙宪忠:《推进农地三权分置经营模式的立法研究》,载《中国社会科学》2016 年第 7 期。

[2] 刘连泰:《"土地属于集体所有"的规范属性》,载《中国法学》2016 年第 3 期。

[3] 孙宪忠:《推进农地三权分置经营模式的立法研究》,载《中国社会科学》2016 年第 7 期。

"宪法制度空间"为视角总结与提炼"土地属于集体所有"之基本宪法要义。

二、社会主义内涵的变迁:开掘"集体"意涵的背景与坐标

"土地属于集体所有"规定在"总纲"之中。已故宪法学家蔡定剑先生指出"总纲是中国宪法结构的一种表述"[1],"总纲"的"这些内容也是我国宪法'社会主义原则'的根本体现"[2]。所以,从历史角度追溯社会主义的内涵在中国社会的演进与变迁,既能够为开掘"集体"的宪法意涵提供基本背景,也能够为掀去在"集体"之上和浸入"集体"之中的诸多政治权力因素提供坐标与趋势性理由。

关于社会主义传入中国的背景,金观涛和刘青峰两位学者做出了这样的解释:

> 由于民初议会政治的失败,从1919年开始"民主"取代了"共和",而且中国知识分子对"民主"一词的意义进行了再塑造。"共和"一直和绅士公共空间政治诉求相关联,而"民主"是民做主。1919年之前,"民主"有着明确的含义,它是和君主制对立的西方代议制政治,而且知识分子对这个词的使用大多是正面的。1919年后,"民主"被定义为"平等"、"民治主义"和"工人政治"等新含义,而且人们愈来愈多赋予代议制民主负面评价。中国知识分子对民主观念理解的转变,正反映了绅士公共空间被新知识分子唾弃。社会主义由是兴起了。[3]

由于制度性改革受挫,知识分子便在观念上进行了调整,从制度性的精英主义转向了革命性的平民主义,从1919年之前的"二元论"转向了1919年之后的"一元论"。在这种转向中,"革命的、俄国式的科学社

---

[1] 蔡定剑:《宪法精解》,法律出版社2004年版,第133页。
[2] 蔡定剑:《宪法精解》,法律出版社2004年版,第135页。
[3] 金观涛、刘青峰:《观念史研究:中国现代重要政治术语的形成》,法律出版社2009年版,第217页。

会主义成为社会主义思潮的主流。这表明,社会主义的意识形态(科学社会主义或民生主义)征服了中国左翼知识分子。社会观念在一元论道德意识形态笼罩之下,意味着用新道德意识形态整合社会,其后果一定是代表意识形态的公共价值膨胀,它会不断侵占私人领域,导致私人领域一步步地萎缩。这正是新文化运动以后半个世纪的中国社会结构变化的方向"。[1] 从此以后,"人民"就是至高无上的"大"集体。这一"大"集体的鲜明特征就是"阶级性"和"革命性",并以革命的需要和对革命的态度支配、塑造着各种类型的"小"集体。[2]

"一元化"的社会主义不仅在新中国成立过程中发挥了政治动员与力量凝结的作用,在建设新国家的进程中也发挥了类似作用。萧冬连先生认为:"1949年以来,中国社会主义的实践路径经历了五次选择,即实行新民主主义、效仿苏联模式、追寻赶超之路、发动继续革命和转向改革开放。"[3] 在历史类型区分上,萧冬连先生认为前四次选择是走进传统社会主义(或称苏联模式),第五次选择是走出传统社会主义。[4]

对于中国社会为什么在传统社会主义的道路上"层层推进",相关学者已经做出了实证性解释。沈志华教授指出,共产党人都相信这样一个道理,即"生产关系的变革一定会大大促进生产力的提高,相信农业、手工业和资本主义工商业的高潮,必定推动经济发展高潮的到来"。[5] 因此,政治与经济、意志与规律、权力与权利之间的关系,就会相对复杂。这种逻辑在农民集体生成上亦有充分体现。在新民主主义时期,虽然存

---

[1] 金观涛、刘青峰:《观念史研究:中国现代重要政治术语的形成》,法律出版社2009年版,第221页。

[2] 参见郭忠华:《20世纪上半期的"人民"语义与国家建构》,载《政治学研究》2016年第6期。

[3] 萧冬连:《国步艰难:中国社会主义路径的五次选择》,社会科学文献出版社2013年版,第3页。

[4] 参见萧冬连:《国步艰难:中国社会主义路径的五次选择》,社会科学文献出版社2013年版,第3页。

[5] 沈志华:《处在十字路口的选择:1956—1957年的中国》,广东人民出版社2013年版,第110页。

在着《土地改革法》"承认一切土地所有者自由经营、买卖及出租其土地的权利"之规定,但由于担心形成"自发的资本主义倾向"[1]以及"如果多数党员干部和土改积极分子个人发家致富了,将失去向社会主义过渡的基本力量",[2]所以,中共决定"紧接着就组织合作社;而组织起来,也可以为农村干部和积极分子提供新的上升动力"。[3] 这样,"合作社"这一"集体"便告诞生,并在"效仿苏联模式"时期达到高潮。在"追寻赶超之路"(即"大跃进")时期,基于"强国梦"目标和乌托邦情结,"合作社"又被"人民公社"取代。人民公社体制的核心是"政社合一",其特点是"直接诉诸行政权力管理公社内的一切事务;集体之外再无土地,公社之外再无农民"。[4] 这种情形一直持续到1976年。[5] 对走出传统社会主义,官方用语是"社会主义初级阶段"。

当今中国依然处于"超越传统社会主义"阶段。在这一阶段里,最为显著变化是诸如"法治""依宪治国""市场经济""多种所有制""私有财产(权)""人权"等重要概念进入了"宪法修正案"或政策表达之中。由是,对"集体"乃至"农民集体所有权"的理解才会发生了这样的改变:

> 关于农民集体所有权和土地承包权的历史发展,我们大家都知道,集体所有权并不是从来就存在的权利,它是按照当时我们理解的社会主义的法思想"建立"起来的。它是20世纪50年代农民以自己的所有权入社之后才产生的。农民家庭或者个人的所有权产生在先,农民加入合作社之后才有集体,才有

---

[1] 萧冬连:《国步艰难:中国社会主义路径的五次选择》,社会科学文献出版社2013年版,第24页。

[2] 萧冬连:《国步艰难:中国社会主义路径的五次选择》,社会科学文献出版社2013年版,第24—25页。

[3] 萧冬连:《国步艰难:中国社会主义路径的五次选择》,社会科学文献出版社2013年版,第25页。

[4] 萧冬连:《国步艰难:中国社会主义路径的五次选择》,社会科学文献出版社2013年版,第103页。

[5] 参见萧冬连:《国步艰难:中国社会主义路径的五次选择》,社会科学文献出版社2013年版,第180—181页。

了集体所有权……那些简单地把农民家庭或者个人的土地所有权,理解为中国共产党给人民的赋权或者授权、农民完全是无代价地从国家手里取得土地所有权的观点,不但是违背历史的,而且是违背政治道德的。而现在那些提出农民的土地承包经营权的政治定位,也必须低于集体所有权的观点,也是不能得到支持的。因此,不是农民家庭或者个人的权利来源于集体,恰恰相反,而是集体的权利来源于农民家庭或者个人。[1]

对"集体"及"集体权利"这种自下而上的定位,决不能简单地理解为是对新民主主义时期相应做法乃至"政治承诺"的回归。"当时,中共的坚定信念是,农民分散的个体生产是封建统治阶级的经济基础,也'使农民自己陷于永远的穷苦'。'克服这种状况的唯一办法,就是逐渐地集体化,而达到集体化的唯一道路,依据列宁所说,就是经过合作社。'共产党一方面相信,'组织起来'是帮助农民摆脱穷苦的唯一出路;一方面认为,发展合作社是巩固其对农民领导权的基础。"[2]因此,如果在观念上依然求助于所谓"历史",那么,由于传统社会主义包含着"生产关系优先或支配生产力"的意识形态思维,就有可能陷入顾此失彼的悖论状态。历史的意义在于为将来提供教训。不再诉诸激进的意识形态思维,而使当下的制度安排与价值选择矗立于规律和常识之上,这就是传统社会主义遗留给当代中国的最大教训。

事实上,走出传统社会主义至少包含着两个层面的内容:其一,对传统社会主义的反思。这不仅在反思着"新民主主义"阶段既定政策与措施的权宜性,也在反思着诸如"效仿苏联模式"等阶段相关政策与措施的激进性。反思的核心是"政治与经济""意志与规律""权力与权利"之间的关系。其二,面向未来的体制性改革与决断。在传统社会主义时期,

---

[1] 孙宪忠:《推进农地三权分置经营模式的立法研究》,载《中国社会科学》2016 年第 7 期。

[2] 萧冬连:《国步艰难:中国社会主义路径的五次选择》,社会科学文献出版社 2013 年版,第 27 页。

中共虽然也有反思,但由于没有触动原则问题,只是在方法上有所调整,这种反思只能是表面化的而非根本性的。而市场经济、民主改革与法治(宪治)建设正是在走出传统社会主义时期之后所做出的选择。

之所以对社会主义内涵的变迁做出简要的叙述,是因为要开掘"集体"的宪法意涵,首先必须确定解释的背景和坐标,而"社会主义"恰恰是最为基础的宪法背景和解释条件。从社会主义内涵的变迁轨迹看,不能以传统社会主义作为解释"集体"宪法意涵的背景和条件,恐怕是不争的事实。但"超越传统社会主义"或"走出传统社会主义"中的"社会主义"又具有怎样的基准性内涵呢?在政治层面,社会主义的核心意涵是平等与和谐,而不(应)是阶级斗争与专政;在经济层面,首要的是尊重经济规律,社会主义制度则担负着通过财政收入的二次分配而提供诸如"公正的养小和送老条件"[1]等公共服务与权利保障;在社会层面,一方面承认公民与社会自治,另一方面以社区为核心将"原子化"的居民组织起来,办理与居民利益切实相关的各种"小事"[2]。

若以如此内涵的"社会主义"作为背景和条件,就能够明确开掘"集体"宪法意涵的基本方向:其一,"集体"的社会与经济属性,这就意味着应科学安排政治与经济、社会的关系;其二,"集体"生成机制的社会化或市场化,这就意味着应科学安排权力与权利之间的关系;其三,"集体"存续目的的伦理化或市场化,这就意味着主体功能发生了分化;其四,"集体"静态构造与实践样态的多样性,这就意味着立法及相关政策不能对其做出强制性规定。

---

[1] 参见潘维:《信仰人民:中国共产党与中国政治传统》,中国人民大学出版社2017年版,第99页。

[2] 参见潘维:《信仰人民:中国共产党与中国政治传统》,中国人民大学出版社2017年版,第166页。同时,潘维教授还提出了这样的制度建议:"第一,党政机关公务员招录条件应包括两年社区服务站工作经验。第二,科层官员在升迁前应回到社区服务站,重温社区服务的艰辛。官员们去党校'回炉'重要,去基层'回炉'也重要。他们应回到基层,回到社区,直接服务于社区百姓,由社区百姓来评价他们'回炉锻炼'的效果……"(潘维:《信仰人民:中国共产党与中国政治传统》,中国人民大学出版社2017年版,第167—168页)对此,笔者在理念上认同这种"眼睛向下"的制度主张。

对社会主义内涵的这种理解,不仅能够为解释"集体"内涵提供背景和条件,而且也能够为反思与"集体"紧密相连的"公有制"奠定制度与观念基础。

三、对"公有制"实现方式的探索:阐释"集体"内涵的知识与经验参照

依据《宪法》第 6 条第 1 款的规定,"集体"与社会主义公有制密切相关。宪法表述是"劳动群众集体所有制"。"集体"一方面与"社会主义"有关,另一方面也与"公有制"相关联。因此,对"公有制"的不同理解就会影响到对"集体"内涵的挖掘。目前,学者对"土地属于集体所有"的权利定位虽然具有"超越传统社会主义"的观念支持,但也面临着如何理解"公有制"及实现方式的学术考验。对于如此重大的理论与实践课题,学者与实践精英一直在进行着相应的探索。从探索的情况来看,主要包含三种探索方式,即对公有制内涵的政治经济学理解、对公有制实现方式的法律理解和对公有制在中国发展史的考察。

就对公有制内涵的政治经济学理解而言,主要有两种情形。一是以国际共产主义运动为背景,以南斯拉夫理论家的反思为凭借点及理论资源,对公有制的内涵展开政治经济学的理解。比如南共自治理论主要设计师爱德华·卡德尔的核心观点是:

> 所谓公有制的历史含义就是克服"劳动"同"社会资本"的异化,就是说公有制必须是劳动与社会资本的一体化。但这种一体化在社会主义的国有制形式中表现为国家对资本的垄断,但结果是"国家所有制对社会资本的权利以及使劳动和工人屈从于这种权利"。因此,他强调"公有制同时也是工人的'个体所有制'形式,没有这种形式,工人和他的劳动都不可能是自由的"。在这个基础上,他提出一种新的、非国有的公有制形式:"这种公有制既是全体工人的共同的阶级所有制,同时又是任何从事劳动的人的个体所有制的形式……这些人集体地和自

治地使共同的生产资料服务于从事联合劳动的工人的个人创造力和创造才能,以便在联合劳动中取得更多的共同成就和个人成就。"[1]

显然,南斯拉夫理论家的讨论中心在于反思苏联的公有制模式,在于恢复公有制的"社会"内涵以及对工人权利的保障。这种理论探索也影响到了我国理论界的探索和实践。据雷颐先生所述,南共及理论家对苏联式国有化的"公有制理论"的反思深刻影响和启发了正在探讨改革之路的中国思想理论界,《红旗》杂志1979年第12期发表的经济学家林子力先生《经济理论研究的若干方法问题》一文,就是其中水准最高、最具代表性的文章之一。[2]

另一种方式是试图澄清与破解马克思主义理论体系中有关公有制问题的谜团。比如清华大学张小军教授从"白水社区发展基金"的运作出发,以破解"经济学的哥德巴赫猜想"为理论指向,提出了"共有基础上的个人所有制"的学术观点。对"个人所有制"内涵的理解,重要的是要在对容易混淆的概念比较中展开。张小军教授用图表的形式,展现了"共有"、"公有"、"私有"和"个人所有制"的不同,如表4-1所示[3]:

表4-1　共有、公有、私有、个人所有制的一般比较

产权	共有	公有	私有	个人所有
所有权	全体	全体	占有性个人	平等个人
支配权	人民代理人	权力代理人	资本代理人	公民代理人

---

[1] 转引自雷颐:《"国有"与"全民所有"之辨:改革初期南共思想的影响》,载《读书》2013年第4期。根据雷颐先生所提供的信息,爱德华·卡德尔所著的《公有制在当代社会主义实践中的矛盾》一书已由中国社会科学出版社在1980年5月翻译出版。囿于资料限制,笔者只好转述雷颐先生所引证的相关内容。

[2] 雷颐:《"国有"与"全民所有"之辨:改革初期南共思想的影响》,载《读书》2013年第4期。

[3] 张小军:《白水社区发展基金启示:共有基础上的个人所有制》,载《开放时代》2016年第6期。

续表

产权	共有	公有	私有	个人所有
治理	人民治理	政府(公务员)治理	企业(资本家)治理	民主治理
伦理	共生/共享	再分配式共享	利益最大/排斥	平等
意识形态	共产主义	社会主义	资本主义	个人主义
权力特征	民权	公权	金权	人权

在这种对比当中,张小军教授解释了"共有基础上的个人所有制"的基本内涵:其一,共有和个有产权具有"充分"的特征和相通的逻辑。即社会或共同体的全部财富归全体人民或共同体成员共享,在此基础上,所创造的财富公平地由每个人分享。其二,"公有"和"私有"都是不充分的产权形态。在不太严格的意义上,共有就是人民代理人(没有代理人剥削)的公有;个人所有就是社会公平(没有资本剥削)的私有,因此,公有和私有产权只有在共有和个人所有的两端标准之下才能得到正确的理解。其三,充分产权的基础是民权和人权。其四,产权表达的公平秩序是市场的本质。产权改制的核心不是私有化和自由市场之类,而应该是公平配置共有产权(民权基础)和个有产权(人权基础),由此根据国情寻找自由市场和计划性市场、共有与个人所有产权两端中间的平衡状态。[1]

不论是共有还是公有,都会有"集体"的存在,因此,问题的焦点还是如何区分两者。张小军教授的观点是:"两者的关键区别是代理人问题。现实中,公有制的代理人通常是权力代理人,而非职能代理人,他会因为掌握权力而腐败,将权力与民众脱离,导致人人'吃公'的'公地悲剧'。而共有制的代理人不是代理权力,好像初民社会,他们没有特权,只是为

---

[1] 张小军:《白水社区发展基金启示:共有基础上的个人所有制》,载《开放时代》2016年第6期。

大家服务的管理者,是管理职能代理人。他们与所代表的人民是公仆关系。"[1]对此种区分的进一步展开便是共有与公有的产权功能存在重大差异:共有产权实现的生产性目标,这种目标或者是伦理的或者是经济的,而公有产权实现的分配性目标,是作为所有人的代理人(即是张小军教授所说的"权力代理人")通过资源尤其是财政收入的二次分配实现平等的目标。在这一意义上说,公有产权是对共有产权的外部性支持,而不是内部性干预。

就对公有制实现方式的法律理解而言,学者讨论的核心是,在坚持公有制不动摇的前提下,通过法律权利概念来解释公有制的法权构造。基本逻辑是:一是认为可以对公有制内涵进行宪法和法律层面的理解;二是在理解公有制内涵时,需要将所有权和经营权分开,这就是众所周知的"所有权与经营权分离"的法学观点和实践逻辑;三是在"两权"分离的前提之下,一方面要赋予法人或集体以所有权主体资格,另一方面也要赋予"成员"以相应的财产权和参与权;四是对于所有权和经营权要进行严格的宪法和法律保障。[2]

就对公有制尤其是农村集体所有制的历史考察而言,在近期的学术讨论中,高帆教授的观点具有代表性和典型性。其核心观点是:新中国成立以来,我国农地以集体所有制作为制度实施的基石。如果立足于"政府—集体—成员"视角作为解释我国农村集体、农地集体所有制的分析框架,那么,就可以得出历史上存在着自然式集体、行政化集体、市场型集体三类"集体"概念。人民公社时期,我国农村出现了从自然式集体向行政化集体的转变,集体所有制实现方式是人民公社拥有土地所有权并行使土地使用权。改革开放初期,我国农村的行政化集体逐步转向行政主导、兼顾自然和市场性质的复合集体,集体所有制实现方式是集体拥有所有权、农户拥有承包经营权。伴随着体制改革的深入推进,新时

---

[1] 张小军:《白水社区发展基金启示:共有基础上的个人所有制》,载《开放时代》2016年第6期。

[2] 孙宪忠:《公有制的法律实现方式问题》,载《法学研究》1992年第5期。

期我国农村的集体概念再次发生嬗变,即逐渐转向市场主导、兼顾自然和行政性质的复合集体,市场型集体将在农村经济中扮演更重要的角色,这种变动推动了农地集体所有制实现方式的持续创新。[1]

从对公有制的理论解释中,可以发现三个至为鲜明的特点:其一,对公有制的理解呈现出动态化特点,即不再拘泥于以往的教条式理解,而是将讨论视野调整到社会主义建设的需要;其二,对公有制内涵的理解更加强调"社会"之维,从而突出了公有制的社会功能;其三,对公有制内涵的理解更加强调了效果和效率,强调法权结构的稳定性和权利主体的法律保障。其实,学者的探究成果既是学界的主流性观点,也对公有制的制度实践发挥了相应的影响。

对公有制尤其是农村集体所有制的实践探索一直在进行着。杜润生先生曾记述了探索过程的一个重要片段,以之作为解释实践探索的历史证明:

> 对于中国来说,土地制度问题不但在过去的农业社会是个重要问题,在工业化的进程中,甚至在工业化实现以后,仍然是重要的问题。因为中国的国情是人多地少,土地稀缺。因而,土地制度就成了影响一切方面的大问题,牵动了多方面的利益关系。现在看来,农村的改革,对于把土地作为一种产权制度安排,并且用法律形式固定下来,似乎注意得不够。
>
> 农村改革把集体统一经营转换成了家庭承包责任制,形成了一种公有私营的土地制度。所有权和使用权的两权分离,过去在中国社会也曾经存在过,但不是很普遍,比如,村庄的祠堂地、村社土地一类。至于地主土地,农民租用,是私有制下的两权分离。与公有私营是有区别的。对于在市场经济条件下,我们怎样明确所有权,稳定承包权,搞活使用权,缺乏一种法律框

---

[1] 高帆:《"集体"的概念嬗变与农村集体所有制的实现方式》,载《学习与探索》2019年第8期。

架。中国历史上,长时间没有关于全国性的民法、商法,较多的是刑法。全国解放后,只颁布过一个民法通则,后来又搞了一个土地管理法,但改革一深入,就显出我们对于法律化的准备工作十分不够。

经过一段时间的实践,在土地承包责任制中,产生了一些问题:

第一,承包土地的所有权究竟归谁,不明确。人民公社核算单位以队为基础是指生产队,后来的村民委员会在《宪法》上定为自治单位,而在很多地方村委会是原来的生产大队。还有少数地方把土地宣布为乡镇所有了。

第二,传统社区在多数地方是自然村,按传统习惯,集体所有,以归属原社区即自然村为宜。但这样做,又同以队为核算单位不完全一致,没有配备干部。承包田怎么分配,我们提倡不要过分分散。但中国的土地太少,人太多,加上几十年来劳动力不能流动,出外就业机会少,土地成为一种生存的要素。[1]

尽管所引述的是 20 世纪农村体制改革之初的政策探索,但能够较为充分地证明公有制实现方式探索的困难,同时,这种探索依然在进行中。

与政策探索相伴随的是对农村集体所有制的微观探索与实践。其中,李昌平先生主导的乡村振兴实践尤为引人注目。之所以这样评说,是源于如下六个方面的原因:其一,立足于中国农民的自主性和中国的自主性认识乡村振兴的重大作用,展示了宽阔的认知视野。[2] 其二,对阻碍乡村振兴的因素认知精准,认为"乡村振兴,缺的不是物质性基础、

---

〔1〕 杜润生:《杜润生自述:中国农村体制变革重大决策纪实》,人民出版社 2005 年版,第 153—154 页。

〔2〕 参见李昌平:《村社内置金融与内生发展动力:我的 36 年实践与探索》,中国建筑工业出版社 2020 年版,第二章"中国农民的自主性与中国的自主性"。

内外部客观物质条件,缺的是激活内生动力和治理能力的体制和机制"。[1] 同时认为,"组织无效"和"金融无效"是长期制约小农及小农村社共同体主体性和自主性提升的双重瓶颈。[2] 其三,务实地看待和利用既有的制度积累及成果,即土地集体所有制和党支部建立之上的村社制度。[3] 其四,将体制和机制设计的着眼点锚定在小农家庭的收入上面。[4] 其五,注重体制和机制所具有的定向多元辐射功能。[5] 其六,体制和机制设想所秉持的文化和团结向度。

关于"文化和团结向度"的要旨,笔者拟引用李昌平先生的如下论说来呈现之:

> 要在党支部领导创建内置金融村社体系的过程中,以政府"种子资金"引导党员干部带头参与"扶贫敬老基金"创立,带动更多的"新乡贤"为敬老扶弱无私奉献,把党的表率文化、农村传统的乡贤和孝道文化、熟人社会的礼俗文化找回来;以政府"种子资金"吸引更多的村民参与资金互助、消费合作、生产合作、土地合作、房屋合作等,把自强自立的合作文化、奉献文化、共富文化找回来;以党支部领导创建内置金融村社体系,切实保证让政府的每一笔钱进入内置金融村社体系都是为农民共同富裕服务的,让农民切实感受到一切都是自己当家作主的,把中国农村广大农民传统的爱党爱国文化找回来,把广大农民走社会主义道路的热情找回来!在这个过程中,增强农民

---

[1] 李昌平:《村社内置金融与内生发展动力:我的36年实践与探索》,中国建筑工业出版社2020年版,第35页。

[2] 参见李昌平:《村社内置金融与内生发展动力:我的36年实践与探索》,中国建筑工业出版社2020年版,第32页。

[3] 参见李昌平:《村社内置金融与内生发展动力:我的36年实践与探索》,中国建筑工业出版社2020年版,第30页。

[4] 参见李昌平:《村社内置金融与内生发展动力:我的36年实践与探索》,中国建筑工业出版社2020年版,第36—38页。

[5] 参见李昌平:《村社内置金融与内生发展动力:我的36年实践与探索》,中国建筑工业出版社2020年版,第58—69页。

的国家主体性和自主性意识,增强爱国强国意识。[1]

虽然这里并不准备详尽介绍李昌平先生的村社内置金融的具体内容,但简略地解释其体制和机制的设计同宪法的关联,或许是必要的。村社内置金融的组织架构由两种机制构成:一是村两委的组织结构,核心是党支部在村民大会或村民代表会之中,或者说"党在农民之中",位于其下的是村委会和各类公共组织。[2] 二是内置金融村社一体化村民共同体组织结构,核心是党支部或党小组与村委会、村经济联合社共在,其下是各类经营性组织。[3] 从中可以发现以党支部为核心的集体构造逻辑,这样的组织逻辑实际上就是以党组织为核心的宪法性治理逻辑。

通过对关于公有制实现方式探索的梳理与描述,可以为从宪法角度解释"集体"的内涵提供如下启示和参照:

第一,对"集体"内涵的理解首先需要坚持公有制主体地位,不能以隐蔽的方式对其加以瓦解。

第二,对"集体"内涵的理解不可缺少宪法和法律的视角,否则,会导致"集体"乃至公有制运行的不稳定以及不可预期。

第三,对"集体"内涵的理解需要关注"公"与"私"两个方面,从而达到平衡状态。

四、产权结构及功能:定位"集体"宪法功能的依据与线索

相关经济学者在讨论走出中国农地制度"诸多困境"时有这样一种倾向,在不对"土地属于集体所有"做出明确解释的情况下径行探索"实现方式"。[4] 在"本"未得到澄清的前提下,就去考虑"实现方式",这种

---

[1] 李昌平:《村社内置金融与内生发展动力:我的36年实践与探索》,中国建筑工业出版社2020年版,第42页。

[2] 参见李昌平:《村社内置金融与内生发展动力:我的36年实践与探索》,中国建筑工业出版社2020年版,第54页。

[3] 参见李昌平:《村社内置金融与内生发展动力:我的36年实践与探索》,中国建筑工业出版社2020年版,第54—55页。

[4] 参见李怀:《产权、合约与农地制度变迁》,载《经济体制改革》2017年第2期。

思路是否恰当？或者说是否有"舍本逐末"之嫌？更要紧的是，若不对农地产权功能结构及其赖以存在的产权类型结构做出探究，就把各种实现方式(其实也是"制度")添加在本已十分复杂与沉重的"农地"身上，会不会导致制度的"拥挤"和制度构造的叠床架屋？

美国学者埃里克森在以传统的"典"和"当代中国土地制度"为例讨论了复杂地权的代价后指出：

> 中国政府在那时和现在都完全清楚更稳定的产权将进一步释放中国人民非凡的创造力和干劲。当固定合同的期限跟随着时钟的滴答声不断逼近时，可以预计合同持有人、金融家和政府的经济官员会更进一步推动某种形式的变革。最大胆的改革是中国废弃固定期限的使用权这一路径，批准将农村和城市的土地永久性地授予私人。这将会通过减少强制在时间上分割所有权所造成的短视风险来促进更好的土地管理。在世界上几乎所有最繁荣的国家，永久性的私人地权都是一种常态。而中国政府对完全的私人所有权的抗拒可能是体现了两位缺乏农村经验的年轻人——马克思和恩格斯在1848年所首倡的梦想的余韵。[1]

笔者虽无意去主张或附议"地权私人化"的观点，但埃里克森所指出的地权制度的简明化优势则是需要重视的。相对于"土地属于集体所有"这一宪法规定而言，最为关键的是使"集体"的功能负载减少，从而使"集体"能够更充分地发挥宪法作用，使"农地"这一宪法关系标的物能够合乎规律地"物尽其用"。而若达到这样的目的，就需要从两个方面切入：一是农地产权的功能结构有怎样的变迁？二是为了简明化"集体"的宪法作用及"农地"的宪法功能，需要怎样的产权类型结构作为支撑与保障？

---

[1] [美]罗伯特·C.埃里克森：《复杂地权的代价：以中国的两个制度为例》，乔仕彤、张泰苏译，载《清华法学》2012年第1期。

关于中国农地产权功能的变迁，邓大才教授做出了这样的解释："从欧洲的经验来看，产权除了自身追求效率的经济功能和赋予权利的保护性功能外，再也没有其他功能。但是从传统中国的实践来看，产权还有提供公共物品的社会功能。在国家治理能力较弱的条件下，社会通过将部分产权设置为'公有产权'或'共有产权'，以特定产权的收入提供公共物品。这是一种基层社会自主创新、自我满足公共物品需求的制度选择。"[1]也就是说，中国传统的农地产权的功能结构为"经济、政治与社会功能的三位一体"。仅就社会功能而言，有"公有产权"或"共有产权"的存在，就必然有"集体"的存在，但这种"集体"是内生的而非外迫的，是姓"私"的而非姓"公"的，这正如邓大才教授所列举的"血缘性公共产权"、"地缘性公共产权"、"利益性公共产权"和"家户性公共产权"所显示的。[2]而新中国成立后所形成的"集体化公共产权"的功能内涵则并非如此。其中，最为关键的变化是农民集体及土地承担了非防御性乃至非对抗性的"政治功能"和"经济功能"。

温铁军教授等指出："改革开放前一般被认为是'工业化初期阶段'，若依据经典理论，则为国家工业化的内向型'资本原始积累阶段'，其突出特点是经济大起大落，具有明显的经济周期的特点。其间发生过三次城市经济危机，间隔了7—8年。**客观地看，这三次危机都是直接向高度组织化的人民公社和国营、集体农场大规模转移城市过剩劳动力**（原文加粗——引者注）（1960、1968、1975年三次'上山下乡'总计有约2000万以城市中学生为主的知青和几乎同样规模的以农村中学生为主的回乡青年），而政府同时通过加大提取农业剩余来'内向型'地转嫁因危机而暴露出来的工业化和城市化代价。亦即，中国的'三农'不仅承接了当代工业化原始积累的制度成本，而且成为此过程中承受经济危机代价的

---

[1] 邓大才：《中国农村产权变迁与经验：来自国家治理视角下的启示》，载《中国社会科学》2017年第1期。

[2] 参见邓大才：《中国农村产权变迁与经验：来自国家治理视角下的启示》，载《中国社会科学》2017年第1期。

主要载体。"[1]很明显,当时作为"集体化"最高成就的"人民公社"这一"集体"成为转嫁城市经济危机和政治危机的蓄水池;同样明显的是,这一蓄水池不是农民自己建造的,而是政治权力通过特有的政治动员技术而主动建造的。所以,与传统的农地产权所承载的"经济、政治与社会功能"相比,"集体化公共产权"所承载的功能依据已经发生了重大变化,经济功能屈从于社会功能和政治功能,而社会功能和政治功能本来应是由国家所承担的。可想而知,"集体化公共产权"中的"集体"不可能自下而上地生成,只能自上而下地被塑造。同时,"集体"之中就存在权力因素。这就是所谓的"公权私权一锅烩"现象,或者说是"政(权)产(权)不分"。[2]

就"集体"而言,其追求经济目的是"自然"的,履行以照料本集体成员利益的"自我"[3]保障责任也无可指摘。但问题是,经济功能如何获得更有力的保障?经济功能与社会功能是怎样的关系?防御性乃至对抗性的政治功能又如何可能?

邓大才教授将国家治理能力引进来,并提出了如下命题:"产权的社会属性与国家治理能力成反比,当国家治理能力较弱时,需要强化产权的社会属性;当国家治理能力逐渐增强时,需要弱化产权的社会属性。产权的经济属性与国家治理能力成正比,当国家治理能力逐渐增强时,将会有更多的产权从社会功能转向经济功能,因此产权的经济属性会增强。"[4]由于邓大才教授论证的核心是"农村产权",所以,这一命题只是解释了农地产权功能与国家治理能力之间的关系。如果把农村土地产权置于中国宪法上所规定的多种产权类型之中,那么,能否拓展这一命

---

[1] 温铁军等:《八次危机:中国的真实经验》,东方出版社 2013 年版,第 32 页。
[2] 参见周其仁:《城乡中国》(下),中信出版社 2014 年版,第 14—15 页。
[3] 这里之所以强调"自我保障",是因为许多学者都笼统地认为农地具有社会保障的功能。至为明显的是,以农地为载体、以"集体"为范围的社会保障功能是"自我"保障,是一种通过私权方式完成的保障,与国家所提供的社会保障的区别是极为明显的。若人为模糊甚至混淆这种区分,就会给农地及集体戴上不必要的"紧箍咒"。
[4] 邓大才:《中国农村产权变迁与经验:来自国家治理视角下的启示》,载《中国社会科学》2017 年第 1 期。

题的内涵？或者说，能否在产权类型结构（不同于"农地产权功能结构"）中发现使"集体"更纯粹、使土地功能更集中的制度思路呢？

仅就"土地"而言，《宪法》第 10 条规定了两种产权形式，即"国家所有"和"集体所有"。如果把"集体所有"定位为"共有制基础上的个体所有制"，那么，"国家所有"就应定位为"公有制"。这里的关键是如何理解与解释"国家所有"。如果类比《宪法》第 9 条之"国家所有，即全民所有"，似乎也可以将"城市的土地属于国家所有"解释成"城市的土地属于全民所有"。[1]"全民"应既包括居住在城市里的国民，也包括居住在农村的国民，那么，所谓"全民所有"是怎样的"所有"呢？从国民角度来看，"全民所有"的内涵就是国民基本社会福利保障权；从国家角度来看，"全民所有"就是财政收入的二次分配权。

在对"城市的土地属于国家所有"做出这种宪法解释的基础上，就可以发现"国家所有"与"集体所有"、国有土地产权与集体土地产权之间的应然关联关系：若国有土地产权担负了社会保障功能，那么，集体土地产权的社会功能就会减弱，经济功能就会增强；若国家谨守社会保障等公共服务提供之宪法职责，那么，"集体"的性质就更为纯粹，其要么是偏向于社会伦理的私法主体，要么是偏向于个人的私法主体，同时，集体与国家的关系就是合作性的而非对抗性的，反之，集体土地产权就具有了防御乃至对抗国有土地产权扩张的宪法功能；若国有土地产权发挥了基本的社会保障功能，那么，集体土地产权虽然仍会具有社会功能，但这种

---

[1] 除了通过类比方法解释成"全民所有"外，还可解释成"政府所有"，并且这种解释还"合乎"现行宪法产生时的"原意"。[可参见许崇德：《中华人民共和国宪法史》（下卷），福建人民出版社 2005 年版，第 425—427 页]对如此规定的原因，周其仁教授这样分析道："1982 年宪法第 10 条宣布的'城市的土地属于国家所有'，既不是对已发生事实的确认和承认，也不是'文化大革命'前后'把城镇土地收归国有'政策的继续。如此果断地宣布城市土地国有，我的看法，是遇到了新情况、新问题。其中最为突出的，是国家在工作重点转向大规模经济建设的新时期，如何处理建设与非国有土地之间的利益瓜葛。"[周其仁：《城乡中国》（上），中信出版社 2014 年版，第 127 页]由于这一规定变更了"国家权力与国民财产的权利边界"，导致了行政权力的膨胀。[参见周其仁：《城乡中国》（上），中信出版社 2014 年版，第 132、134 页]基于此，笔者便"放弃"了原意解释的方法与努力。

功能再也不是"保底",而是"锦上添花"。

从产权属性与国家治理能力的关系上,的确可以揭示以农地为核心的产权功能状态及变迁轨迹,但由于国家治理能力是一个非常宽泛的词汇,所以,将其与农地产权功能的变迁形成确定的因果链条还需要处理种种中间性因素。换言之,这种因果链条的成立还需要更为细腻的学理讨论与个案证成。同时,这种讨论也没有充分考虑"集体"在社会主义市场经济条件之下的内涵变迁与性质改变,从而对农地产权的功能解释还具有相当的"保守性"。若在产权类型结构的框架下去考虑农地产权的功能变化,就会相对清晰地解释经济、社会与政治功能变化的条件及"更新"意义,也使国家治理能力有了"国有土地产权"这一抓手与制度载体。

总之,在产权结构及功能的视角之下,"集体"实际上就是落实宪法所规定的保护私人财产、国家尊重和保障人权等内容的主体构造。至于"集体"具体的样态为何,这是马上就要讨论的问题。

五、实践样态的多样化:对"集体"形式的务实与实证理解

对"集体土地所有权"中的"集体"形式问题,民法学者亦是殚精竭虑。按照高飞博士的梳理,民法学者提出了两类重构集体土地所有权"主体"的方案:就法人制改造方案而言,主要包括"农村社区法人制模式"、"自治法人制模式"和"农业合作社法人制模式"三种;就非法人制改造方案而言,主要包括"新型总有模式"、"合有模式"和"集合共有模式"三种。[1] 高飞博士对这两类六种改造方案均不"满意",认为上述研究方案存在着"研究视野偏狭""研究方法单一""研究成果疏于体系思维""法律构造脱离特定的时空背景"等弊病,[2] 其本人提出的改造方案是"集体土地股份合作社法人"。[3]

---

[1] 参见高飞:《集体土地所有权主体制度研究》,法律出版社2012年版,第37—38页。

[2] 参见高飞:《集体土地所有权主体制度研究》,法律出版社2012年版,第40—43页。

[3] 详见高飞:《集体土地所有权主体制度研究》,法律出版社2012年版,第六章"集体土地所有权主体制度之民法选择"。

严格而论，笔者认为高飞博士的改造方案恰恰"视野狭窄"，其中的一个表现就是对相关宪法规定的理解是表面化的。虽然高飞博士在论证过程中极为重视宪法的相关规定，但在对相关规定尤其是"集体"的解释上还仅仅停留在极为"简单化"状态。如高飞博士说："从法规范层面来看，各法律必须以宪法为基础予以制定，因而我国宪法关于集体土地所有权主体的界定势（原文为"式"，似乎是笔误，应为"势"——引者注）必成为各法律对相关问题进行具体规范的依据。按照我国宪法的规定，集体土地所有权的主体是'集体'。因为在法律制定时，其规范如果'直接引用宪法条文，而不对宪法条文做适当转化，其独立性将难以实现'，所以，我国《民法通则》《土地管理法》《农业法》《农村土地承包法》《物权法》等均将《宪法》规范中作为集体土地所有权之主体的'集体'具体明确为'农民集体'。"[1]既然明确为"农民集体"，那么，其精确的法律内涵是什么？难道就是"集体土地股份合作社法人"吗？不仅现实情况远非如此，[2]而且相关宪法规定的内涵未必就是如此"简单"。虽然笔者质疑了高飞博士的观点，但并没有把"责任"全部推卸给民法学者之意，反而恰恰认为宪法学者应为民法学者的"宪法需要"乃至"宪法困惑"做出原创性贡献。[3]

从实践出发，以"外观形态"及"构造基础"为标准，"集体"形式可能有两种趋向四个具体模式（见表4-2）：

---

[1] 高飞：《集体土地所有权主体制度研究》，法律出版社2012年版，第115页。
[2] 如黄宗智教授就指出："从众多的深入实地调查我们知道，农村许许多多被流转的土地不是转入了资本主义的企业单位，而是在离村就业的人士和其留村的亲朋好友之间流转。"（黄宗智：《中国农业发展三大模式：行政、放任与合作的利与弊》，载《开放时代》2017年第1期）虽然"集体土地股份合作社法人"未必就是"资本主义的企业单位"，但在黄宗智教授所指出的流传样式中，其组织形式也未必就是什么"集体土地股份合作社法人"，经营主体恐怕仍然是单一农户。
[3] 相关观点，可参见韩秀义：《"策略之争"抑或"理论之辩"？》，载《中外法学》2017年第2期。

表 4-2 "集体"的四种理想模式

构造基础	组织化	非组织化
社会(或"社区")	社区型组织化"集体" Ⅰ	社区型非组织化"集体" Ⅱ
农户(或"个人")	联合型组织化"集体" Ⅲ	联合型非组织化"集体" Ⅳ

从实践逻辑来看,"集体"的构造基础可能有两种趋向:一是以"社会(社区)"为基础来构造"集体",二是以"农户(个人)"为基础来构造"集体"。在这两种趋向中,若以"组织化"为标准,又可能会存在四种集体样式或外观形态。当然,这四种"集体形态"都是所谓的理想类型,在更微观的层次上,集体样态极有可能是这四种理想模式某些因素的混合。另外,还需强调的是,集体外观形态的组织化与农户之间联系的紧密或宽松并无必然联系。比如,在"联合型组织化'集体'"这一形式中,虽然组织化程度很高,但农户之间联系的紧密程度并不必然强于"社区型非组织化'集体'"这一样式。其间的缘由在于,以"社会(社区)"为基础而形成"集体",就意味着成员之间共享的伦理、习惯等因素成为"集体"存续的重要黏合剂。而纯以农户(个人)的经济理性为基础与动因所形成的"集体",成员相互间的联系更多的恐怕是对利益的各种理性计算,从而相互间往往缺少"伦理温情"。

从实践角度考虑"集体样态",还有如下缘由:立法者乃至法学研究者对"集体"究竟该持有怎样的态度?是事前为"集体"形式设计周全严密的方案,还是在理解和接受实践创造的前提下,从农户的内在利益需要出发务实地设想纠纷解决机制及责任承担方式?如果承认立法并非万能[1]和立法者及研究者并非"真理在握",那么尊重农户或农民的实践选择可能是比较谨慎的态度。还需说明的是,尊重农户的实践创造,并不意味着不对农户进行"帮助",并不意味着否认相关"精英"的重要带动作用。如果我们也承认农户具有局限乃至缺陷,那么,设身处地地

---

[1] 关于正式规则与非正式规则的域外个案研究,可参见[美]罗伯特·C.埃里克森:《无需法律的秩序:相邻者如何解决纠纷》,苏力译,中国政法大学出版社 2016 年版。

帮助农户以增强他(她)们获利和抵御风险的能力就是必要的。[1]

尊重农户或农民对"集体形式"的实践探索和创造，其实也就意味着尊重"村民自治"。换言之，农户或农民在实践中自由地选择"集体"形式，这本身就是村民自治的实践方式。在实践中，农户究竟怎样选择自治单位或集体样式，是受多种因素影响乃至支配的。胡平江认为，村民自治的有效实现形式的重要条件就是地域相近。地域相近是一个地理联系与社会联系互构的单位，具有村民自治的社会基础与传统。所以，村民自治在地理单元上就具有了多样性、多层次性特征。[2] 任路认为，植根于乡土社会的自治文化，并将绵延的文化与现代的制度耦合于村民自治的具体实践，逐步将传统文化融入现代治理结构之中，为村民自治的有效实现奠定文化基础。[3] 邓大才认为，利益是自治的基础和核心，不同的利益相关度决定不同的利益共同体，不同的利益共同体决定不同的自治水平。集体所有有可能是村集体、组集体、村落集体所有。村民自治单元只有与利益紧密相关的所有制单位大体一致，自治才能有效实现，才能建构有效的实现形式。[4] 如果"地域相近"、"文化相连"和"利益相关"是影响乃至决定村民自治单位选择的重要因素，那么，这三个因素同样在塑造着集体的具体样态。若偏重于"地域"和"文化"因素，那么就可能形成社区型组织化"集体"和社区型非组织化"集体"这两种集体形式；若偏重于"经济"和地域因素，那么就可能形成联合型组织化"集体"和联合型非组织化"集体"这两种集体形式。

在真实的生活中，这些集体形式都有所体现。比如邓大才教授就通过实证调研发现并总结了"以村集体为单元整合经营权的东平样本"、

---

[1] 个案研究，可参见赵树凯：《农民的政治》，商务印书馆2011年版，第四编中的三篇文章，分别是"'弱'村禁牧记"、"'穷'村修桥记"和"'乱'村修路记"。

[2] 参见胡平江：《地域相近：村民自治有效实现形式的空间基础》，载《华中农业大学学报》(人文社会科学版)，2014年第4期。

[3] 参见任路：《文化相连：村民自治有效实现形式的文化基础》，载《华中农业大学学报》(人文社会科学版)，2014年第4期。

[4] 参见邓大才：《利益相关：村民自治有效实现形式的产权基础》，载《华中农业大学学报》(人文社会科学版)，2014年第4期。

"以自然村为单元搞活经营权的清远样本"、"以农村社区为单元搞活经营权的都江堰样本"和"以经济联社为单元搞活经营权的东莞样本"等实践样式。[1] 邓大才教授对此还提炼了三个"规律":"第一,经济越发达对搞活土地经营权的需求就越强烈;第二,土地经营权逐渐从社区资源变成市场要素;第三,土地经营权进入市场程度越深、搞得越活,集体经济提供的社区服务和福利就越多。"[2] 能否这样认为,越是发达地区,集体样态越倾向于联合型组织化"集体"这一形式?

从学者所提供的个案来看,陕西白水社区或农村属于相对落后地区恐怕不会存在疑问。虽然那里所搞的是"共有金融",但从中也能发现社区型组织化"集体"这一样式的逻辑。张小军教授对白水 CDF 的特点总结为:"第一,村落和协会的共同体共有。人们对村落共同体和协会有充分的认同,认为是'大家的事',同时他们将亲情和熟人社会的社会资本注入其中。第二,他们保持着家庭共有的伦理。第三,他们具有协作共享的个人所有。"[3] 这种集体的市场化色彩很淡,即"白水 CDF 以其本土传统文化逻辑,接纳了外来文化,并让其中优秀的文化落地,剔除了其中商业化和资本剥削的部分,完满地完成了一种'文化并接'"。[4]

似乎可以这样认为,有多少种"地域"、"文化"和"利益"组合,就会有多少种集体形式,就会有多少种村民自治单位。对这些因素的选择和组合实际上是农民自己的权利,也是农民自己智慧的体现。也正是在这一意义上,笔者才对"集体"形式做了动态化和多样性理解。这种理解也将影响到对"土地属于集体所有"之宪法内涵的解释。

---

[1] 参见邓大才:《中国农村产权变迁与经验:来自国家治理视角下的启示》,载《中国社会科学》2017 年第 1 期。

[2] 邓大才:《中国农村产权变迁与经验:来自国家治理视角下的启示》,载《中国社会科学》2017 年第 1 期。

[3] 张小军:《白水社区发展基金启示:共有基础上的个人所有制》,载《开放时代》2016 年第 6 期。

[4] 张小军:《白水社区发展基金启示:共有基础上的个人所有制》,载《开放时代》2016 年第 6 期。

六、简要结语:宪法制度空间乃为"土地属于集体所有"之基本宪法要义

笔者承认将"土地属于集体所有"在方向上定位为"权利"是"正确"的。在具体论证逻辑上,刘连泰教授所采取的学术思路是"用承包经营权解锁集体所有,用经营权来解锁承包经营权,使'土地属于集体所有'条款演变为基本权利"[1]而笔者的学术思路是:以对"社会主义"的新理解破除笼罩在"集体"上的意识形态紧箍咒,以产权结构及功能来阐明"集体"的宪法功能单一化或纯粹化的宪法条件,以"集体"形式的多样化来为农户或农民的自由实践与创造提供"正当性"理由,并质疑研究者的"单一化"思路与趋向。这种思路是既是宏观的,也是历史的,更是宪法解释学的,因为"社会主义""产权形式"乃明确规定在宪法之中。

在这种思路之下,虽然我在方向上认同"土地属于集体所有"的权利定位,但在微观、动态层面,更倾向于将其解释为"宪法制度空间"。其基本内涵包括:首先,"土地属于集体所有"是一条宪法规范;其次,这一宪法规范是立法者和农民展开行动的依据和空间;最后,这一空间在根本上是属于农民的,或者说,农民才是这一制度空间的"主人"与"行动者"。另外,如果"土地属于集体所有"中的"土地"是确定的、不变的因素,那么,解释"土地属于集体所有"宪法意涵的核心或焦点就集中在"集体"上。换言之,只有"集体"呈现动态与自由特点,这一宪法规范才能"动"起来;只有"动"起来,这一宪法规范的"规范性"才能得到体现。正因如此,笔者才将"集体"视为解释"土地属于集体所有"宪法内涵的枢纽。

若以"分配"与"保障"来解释社会主义的内涵,那么,就能够将"集体"解释为农民自己的选择,权力也必然从"集体"中退出,这样,"集体"就是兼具公私性质的宪法性组织。其中,"公"体现为"集体"的行政属性,从外部与底线规定着"集体"发展的基本方向;"私"则体现为"集体"

---

[1] 刘连泰:《"土地属于集体所有"的规范属性》,载《中国法学》2016年第3期。

内部成员的一系列民商事权利;从社区与地域文化的角度看,"集体"也具有深厚的地域色彩,传统资源也构成了连接"集体"成员关系的细节。

因此,从宪法角度看,"集体"实际上是各种法律主体展开行动的空间,这一空间的边界是社会主义的根本要求,而由社会主义所构造的空间内部则是所有权主体及其他权利主体的自治网络。

在宪法制度空间里,农民与国家既可能是合作的,也可能是对抗的;农民既可能是"亲"社会的,也可能是"亲"市场的;对土地,农民既可自用,也可联合使用,更可转让。在宪法制度空间里,农民所享有的权利是多种性质的,很难用一个抽象概念来加以定性。简言之,以"土地属于集体所有"为宪法依据,农民是在用自由的行动"创设"权利,"集体"本身就是农民创设权利、实现权利的宪法制度空间。由此,诸如"小产权房"这样的经济现象就可在"宪法制度空间"里获得合宪性证明,其本身无非就是农户或农民集体依宪依法自由地使用自有土地的物质成果而已。

事实上,对"土地属于集体所有"的内涵做出如此的宪法解释,不仅具有鲜明的宪法解释学意义,而且对于相关学科学者对中国农村问题的争论也具有中立性的评判作用及其他辐射性功能。晚近,围绕着中国乡村发展应该采取"进取"还是"保底"发生了所谓的"李昌平—贺雪峰争论"。李昌平从实践出发主张"以村社内置金融为切入点的新农村建设及综合发展,是'四两拨千斤'的乡村复兴之法,既能提升农民生产生活品质,又能为农民创造财富;既能促进全面小康,又能助力中国梦的实现"。[1] 贺雪峰主张"当前乡村建设的重点,应该是为一般农业地区农民提供基本生产生活秩序的保底"。[2] 对"李昌平—贺雪峰争论",学者评价道:"双方真正的冲突是:在什么战略导向下发展,以及具体的发展

---

[1] 李昌平:《中国乡村复兴的背景、意义与方法——来自行动者的思考和实践》,载《探索与争鸣》2017年第12期。

[2] 贺雪峰:《谁的乡村建设——乡村振兴战略的实施前提》,载《探索与争鸣》2017年第12期。

方式。"[1]从社会学乃至政治学角度看,这一评论显然是客观的。但若将宪法学视角引入,则可发现这一评论大谬不已。贺雪峰的主张是"保底",并且是保"国家的底"而不是"农村的底"。[2] 用宪法学术语来说,在国家层面,就是国家对农民应负的宪法义务;在农民层面,就是农民所应享有的、同"城里人"完全平等的社会保障权。因而,贺雪峰的主张在宪法学上更具优先性。而李昌平的主张则是基于自由原则而使农民享有和行使民商事权利和社会权,在逻辑上是以贺雪峰的主张为前提性条件的。从"宪法制度空间"角度看,贺雪峰的主张(即"国家宪法义务")构成了宪法制度空间的"四至",李昌平的主张则是由"四至"所护佑的广阔空间的权利填充。所以,以宪法学原理和宪法规范来衡量和评判,"李昌平—贺雪峰争论"就是一场"虚假的争论",因为各自的言说并不在同一位阶。如果笔者的这种评价是合理的,那么,也可以发现对"土地属于集体所有"的宪法意义解释所具有的跨学科的辐射性作用。

---

[1] 熊万胜、刘炳辉:《乡村振兴视野下的"李昌平—贺雪峰争论"》,载《探索与争鸣》2017年第12期。

[2] 熊万胜、刘炳辉:《乡村振兴视野下的"李昌平—贺雪峰争论"》,载《探索与争鸣》2017年第12期。

第五章 "农民"、"农民集体"和"农村集体经济组织"的宪法内涵解释

在农村集体经济组织法的立法进程中,需要解决诸如"农村集体经济组织的成员资格的认定和取得""集体资产股份化改造的单位("户"还是"成员个体")""明确区分农村集体经济组织与村民委员会,严格界定集体成员与农村村民"等问题。[1] 对于上述问题,民法学界已经展开了密集讨论,并取得了丰富的研究成果。在本章中,笔者并不准备对民法学者的学术主张进行详尽的综述与评价,而试图从对现行宪法文本的解释出发,就"农民"、"农民集体"和"农村集体经济组织"的宪法内涵做出辨明和解析。

之所以选择"农民"、"农民集体"和"农村集体经济组织"的宪法内涵加以讨论,核心原因包括:依照日常私法逻辑,农民是构成农民集体的元

---

[1] 参见《以集体成员为基础推进农村集体经济组织立法——访全国人大宪法和法律委员会委员孙宪忠》,载《法治日报》2022年3月29日。

素,农民集体可能是农村集体经济组织赖以存在的外部环境和制度要素,农村集体经济组织则可能是农民和农民集体内涵的具体化;但在中国宪法的结构或体系意义上,这三个概念之间则会存在更为复杂的关联,并不能完全按照私法逻辑做出解释,比如在农民和农民集体之间,既可能存在私法逻辑上的关联,即相对于农民集体来说,农民是构成性元素,但也可能存在着反向关系,即农民集体是农民得以存在的构成性力量。虽然说中国宪法的结构与体系未必不包含日常私法逻辑,但是中国宪法也确实内含有不能被私法逻辑所覆盖的更为复杂的法律关系样态。在这一意义上说,农村集体经济组织法的立法活动就需要从对农民、农民集体和农村集体经济组织宪法内涵的廓清开始,从而为立法内容提供充分的宪法指引和宪法资源。

为了更清晰地解释"农民"、"农民集体"和"农村集体经济组织"的宪法内涵,笔者对后续内容拟作如下安排:首先,对中国宪法文本所建立的秩序类型做出阐明,以为具体解释这三个概念奠定文本基础;其次,以中国宪法秩序为依据,分别解释"农民"和"农民集体"以及"农村集体经济组织"的宪法内涵;最后,阐明农村集体经济组织法的立法需要宪法视角。

一、中国宪法文本的三重架构阐释

可以直言不讳地指出,中国宪法文本是一个承载着多种宪法观、制度模式与实施样态且充满着高度紧张关系的结构和体系。对这一复杂文本的解释,尽管可以参照出自西方的宪法类型乃至宪法理论,但最可靠的方法无疑是回到中国宪法文本自身。通过对宪法文本关键概念与表述的深度阐释,才能抽丝剥茧地廓清中国宪法文本的内涵与样貌,才能以此为据清晰地解释宪法文本中"农民"、"农民集体"和"农村集体经济组织"的内涵。

需要解释的是,虽然本书第二章对中国宪法文本的三重秩序进行了讨论,但是此处的内容呈现出不同的特点。其中,最重要的区别是,此处的讨论侧重于形成宪法秩序的动力机制。当然,第二章与本部分内容也存在着密切关联,主要体现在对"根本法"、"高级法"与"具有实效的法"的内涵的承继上。关于中国宪法秩序的生成与维系的动力,《宪法》"序言"第 12 段使用了"革命"、"建设"和"改革"三个语词。这种表述实际上解释了以"本宪法"所建构和维系的政治体秩序的动力来源。虽然不可机械、僵化和静态地将这三个语词同秩序的建立与维系、同中国宪法的特点建立起非此即彼的对应关系,如不能认为革命只同新中国的成立有关联,也不能认为建设和改革只同新中国成立后"前三十年"和"后三十年"有关系,而应该在解释上将"革命、建设、改革"视为塑造中国宪法秩序的共同动力源泉。但也不可否认的是,中国宪法秩序的塑造在特定阶段确有核心动力机制,比如就新中国成立及新中国成立后的社会主义改造来说,革命就是核心动力机制,就 1978 年后的国家发展来说,改革就是核心动力机制。

如果这种理解既符合中国《宪法》"序言"的意旨,也符合中国宪法秩序发展的现实,那么,就可以认为,中国宪法秩序的构造是复杂的,动力系统也是多元的。尽管如此,但如果紧紧围绕《宪法》"序言"最后一段所载明的中国宪法特点,依然可以相对清晰、富有逻辑性地对中国宪法秩序加以归总与解释。

首先,以"革命"为核心动力机制塑造了根本法秩序,这是第一重中国宪法秩序。新中国成立的动力是革命,这是政治和宪法常识。对此,《宪法》"序言"第 5 段做出了表述,"一九四九年,以毛泽东主席为领袖的中国共产党领导中国各族人民,在经历了长期的艰难曲折的武装斗争和其他形式的斗争以后,终于推翻了帝国主义、封建主义和官僚资本主义的统治,取得了新民主主义革命的伟大胜利,建立了中华人民共和国。从此,中国人民掌握了国家的权力,成为国家的主人"。作为新中国成立动力的革命是新民主主义革命,其包括如下要点:

其一,革命的主体是"中国共产党领导中国各族人民"这一复合体,核心是在中国共产党领导下实现"中国各族人民"的组织化。

其二，革命的形式是"武装斗争"和"其他形式的斗争"，对此蔡定剑教授的解释是"中国革命的胜利是靠武装的军队斗争为主的方式取得的。但其他形式的斗争也起了重大作用，如政治斗争、地下斗争和合法斗争，等等"[1]。

其三，革命的对象是"帝国主义、封建主义和官僚资本主义的统治"。

其四，革命的成果是"成立了中华人民共和国"和"中国人民掌握了国家的权力，成为国家的主人"。

对新民主主义革命成果的"确认"构成了根本法的内容，其中，中国共产党领导下的"中国各族人民"的组织化和中国人民成为国家的主人最为"根本"和首要。另外，"确认"的不仅是"有形的成果"，还包括支撑有形成果的思想体系及革命逻辑。需要注意的是，由本宪法"确认"的内容并不是静止的，而是处在发展之中的。这些发展既体现在新中国成立后所取得的成就上，也体现在对马克思列宁主义和毛泽东思想的丰富和发展上。从根本法的发展来说，需要把"我们完成了指导思想上的拨乱反正，确立了全面开创社会主义现代化建设新局面的正确纲领"[2]在《宪法》"序言"得到明确规定，这就是关于国家的根本任务及实现道路的规定。因此，"确认"和"规定"成为作为根本法的宪法形成的途径。

其次，以"建设"为核心动力机制所塑造的高级法秩序，这是第二重中国宪法秩序。建设的目的之一是使革命的成果得以维续，而高级法就是建设的制度与规范载体。从《宪法》"序言"最后一段看，中国宪法的高级法特点来自根本法，或者说，中国宪法之所以"高级"，是因为中国宪法"根本"。如上所述，中国宪法的根本主要来自两个方面：一是对革命成果的确认，二是对以往革命指导思想及做法的拨乱反正成果的规定。因此，仅从《宪法》"序言"着眼，中国宪法的高级法属性或特点具有整合性和政治性特征，是一种带有鲜明意识形态色彩的高级法。但如果检视

---

[1] 蔡定剑：《宪法精解》，法律出版社2004年版，第110页。
[2] 彭真：《关于中华人民共和国宪法修改草案的报告》，载《彭真文选（一九四一——一九九○）》，人民出版社1991年版，第438页。

现行《宪法》第 5 条,就会发现另一种意义上的高级法。为了解释上的便利,将第 5 条照录如下:

> 中华人民共和国实行依法治国,建设社会主义法治国家。
> 国家维护社会主义法制的统一和尊严。
> 一切法律、行政法规和地方性法规都不得同宪法相抵触。
> 一切国家机关和武装力量、各政党和各社会团体、各企事业组织都必须遵守宪法和法律。一切违反宪法和法律的行为,必须予以追究。
> 任何组织或者个人都不得有超越宪法和法律的特权。

虽然在所引的宪法条文中没有出现"高级法"一词,但字里行间无不透显出宪法的高级法属性与特点。第 1 款为宪法的高级法属性提供了存在基础,只要欲图建设法治国家、奉行依法治国方略,就需要宪法的高级法属性。换言之,宪法的高级法属性是法治国家建设与展开的支点,非有此不可。第 2 款是对法治国家的法律制度体系的要求,就宪法来说,其是法律制度体系统一和有尊严的拱顶石。第 3 款是从立法角度确定了宪法的高级法效力。第 4 款是从宪法适用和宪法遵守角度确立了宪法的高级法地位。第 5 款从"人"与法关系角度做出了"法在'人'上"的宪法安排。

如果说《宪法》"序言"中的高级法立基于根本法,那么,第 5 条中的高级法则立基于法律系统本身。若从结果反溯,塑造立基于根本法的高级法秩序的动力机制,是一种以革命化的意识形态为基调的建设,比如新中国成立后的社会主义改造即是典型。与之相对应,塑造立基于法律系统自身的高级法秩序的动力机制,则是一种以改革为导向的法治建设,比如市场经济的建立及其法治化规制。

最后,基于根本法和高级法要求的、以宪法实施为核心的实效性宪法秩序,这是第三重中国宪法秩序。中国宪法文本对宪法实效的强调尤为引人注目。

在《宪法》"序言"中,对宪法实施的要求不仅体现在"序言"最后一段,在其他部分也有所体现,比如"序言"第 7 段对中国各族人民将继续在中国共产党领导下的强调以及对指导思想的坚持,"序言"第 8 段对敌视我国社会主义的警惕和斗争决心,"序言"第 9 段对祖国统一大业的神圣宣示,"序言"第 10 段对社会主义建设事业主体力量的界定和对多党合作与政治协商制度的长期安排,"序言"第 11 段对多民族国家的统一及维护手段的申明,"序言"第 12 段表达的是处理国与国关系的准则及人类命运共同体的理念。把上述内容同"序言"最后一段尤其是最后一句话结合在一起,就会得出制宪者的上述安排无疑是应该得到遵守与服从的。只不过,这些内容具有政治性特点,是具有革命意义的根本法,所以,遵守与服从的行为也就具有了政治性和意识形态化的特点。

在《宪法》"总纲"中,除第 5 条外,其他条款也包含着应该遵守和服从的要求。比如第 1 条规定了社会主义制度是国家的根本制度,第 3 条规定了民主集中制原则,第 12 条规定了社会主义公共财产神圣不可侵犯,第 14 条规定了国家厉行节约反对浪费,第 15 条规定了不准扰乱社会经济秩序,如此等等。"总纲"中的这些规定,实际上有两个来源:一是源于根本法,二是源于高级法,但从"总纲"的文本规定及内在逻辑看,"总纲"对宪法实效的规划主要是基于根本法的特点而展开的。

在"公民的基本权利和义务"和"国家机构"部分中,对宪法实效的强调更多地是立足于法律系统自身,同时,对"权利与义务"和"职权"的使用更加与规范宪法的基本要求相一致。尽管如此,其间依然存在着根本法的因素。阎天博士在分析和解释劳动纪律、破产保障等问题时指出了对劳动者身份乃至义务塑造的二元性。一方面,通过政治途径提高劳动者的觉悟完成主人翁身份与地位的塑造,其实,政治途径就是人民组织化机制的具体化,结果就是企事业单位中的"民主"。另一方面,通过相应的法律手段塑造劳动者为企事业单位受益人的身份与地位,其中所隐含的逻辑是劳动者和企事业单位会存在利益上的差异乃至矛盾,所产生的结果之一就是企事业治理上的"精英化"。[1] 毫无疑问,塑造劳动者主人翁的身份和地位乃是根本法逻辑的展开,通过法律手段塑造劳动者的身份和地位则是高级法逻辑的应用。

总而言之,以"根本法"、"高级法"和"具有实效的法"为切入点,以"革命"、"建设"和"改革"作为塑造中国宪法秩序的动力机制,可以发现中国宪法秩序的三重架构。在每一重架构中,还存在着二元因素。在根本法秩序中,既存在着"革命",也存在着对革命的反思或拨乱反正;在高级法秩序中,既有基于根本法的高级法秩序,也有基于法律系统自身的高级法秩序;在具有实效的宪法秩序中,根本法性质的效力与高级法性质的效力亦是并存的。三重宪法秩序是中国的文本实态,也是中国宪法最为显著的特点。而每一重宪法秩序的二元性,又使得中国宪法秩序具有了高度的复杂性。

提炼出三重中国宪法秩序框架,也许既能够为解释农民、农民集体和农村集体经济组织的宪法内涵提供一个相对清晰的框架,也能够窥见这三个概念或语词在内涵上的复杂性。需要说明的是,由于只是对农民、农民集体和农村集体经济组织展开宪法内涵的讨论,所以只从根本法秩序和高级法秩序两个层面展开,在讨论农村集体经济组织立法问题时,才会涉及"具有实效的法秩序"这一层面。

二、"农民"和"农民集体"的宪法内涵解释

在根本法属性的宪法秩序中,对"农民"和"农民集体"宪法内涵将在两个层面展开。就以"确认"方式形成的根本法而言,解释农民的宪法内涵,首先需要在国体制度里加以理解。《宪法》第 1 条第 1 款规定了"工农联盟",这里的"农"意指什么?彭真在《关于中华人民共和国宪法修改草案的报告》中说了下面一段话:

在建设社会主义的事业中,工人、农民、知识分子是三支基

---

[1] 参见阎天:《如山如河:中国劳动宪法》,北京大学出版社 2022 年版,第 143—159 页。

本的社会力量。宪法修改草案根据全民讨论中提出的意见,在《序言》中概括地加写了:"社会主义的建设事业必须依靠工人、农民和知识分子,团结一切可以团结的力量。"这里,把知识分子同工人、农民并列,是从劳动方式上讲的。那么,为什么草案第一条不提"工人、农民、知识分子联盟"? 这是因为,在社会主义制度下,知识分子和工人、农民的差别并不是阶级的差别,就他们对生产资料的占有状况即阶级性质来说,知识分子并不是工人、农民以外的一个阶级。这一条是规定我国的国家性质即国体,是从阶级关系上讲的。"以工农联盟为基础",这里就包括了广大的知识分子在内。[1]

显然,国体制度中"农"不是劳动分工意义上的用法,而是革命逻辑中的阶级概念,是构成整体意义"人民"的重要元素。换言之,农民阶级当然不是个体性概念,而是政治性的集合概念。在集合性的农民阶级内涵中,也会包含"集体"的意思,但这里的"集体"不是私法性概念,而是一种自上而下的对个体农民的进行整合与领导的概念,即"大集体"。虽然1949年中华人民共和国得以成立,但正如《宪法》"序言"所表述的:"中华人民共和国成立后,我国社会逐步实现了由新民主主义到社会主义的过渡。生产资料私有制的社会主义改造已经完成,人剥削人的制度已经消灭,社会主义制度已经确立。"在对农民的社会主义改造过程中,核心是集体化。依照许崇德教授的记述,在1954年宪法制定过程中,对农民的社会主义改造有如下说明:

> 总纲规定了国家分别保护现在的各种所有制,同时规定国营经济是国民经济中的领导力量和实现社会主义改造的物质基础。第七至九条规定了逐步改变个体劳动者所有制为社会主义的集体所有制。个体经济汪洋大海,变为集体所有制很复

---

[1] 彭真:《关于中华人民共和国宪法修改草案的报告》,载《彭真文选(一九四一——一九九〇)》,人民出版社1991年版,第443—444页。

杂很困难。根据中共中央和毛主席指示,改造农业,采取逐步的办法,不是一下子变为完全集体所有制,而是先采取过渡形式,经过临时互助组、常年互助组到农业生产合作社,这些还不是完全的集体所有制,而是部分的集体所有制。[1]

关于对农民社会主义改造性质,在理解上不应仅仅将其理解为农业生产机制的变化,而应该将其定位于对新中国成立基础的巩固,从而是一种体制上的改变。所以,在社会主义改造进程中,尽管锻造出了"集体"或"农民集体",但这种农民集体并不是纯粹的经济概念,而是包含着政权建设的性质及功能。

因此,在以"确认"形式所形成的根本法秩序中,对农民和农民集体的理解和解释需要同巩固国家基础关联在一起,并且要深刻体会作为阶级的农民和社会主义载体的农民集体对个体农民的构成与塑造作用,这种逻辑其实是"人民"逻辑的具体化。在《共同纲领草案起草的经过和纲领的特点》的报告中,周恩来做出了如下解释和说明:

> "人民"与"国民"是有分别的。"人民"是指工人阶级、农民阶级、小资产阶级、民族资产阶级,以及从反动阶级中觉悟过来的某些爱国民主分子。而对官僚资产阶级在其财产被没收和地主阶级在其土地被分配以后,消极的是要严厉镇压他们中间的反动活动,积极的是要更多地强迫他们劳动,使他们改造成为新人。在改变以前,他们不属于人民范围,但仍然是中国的一个国民,暂时不给他们享受人民的权利,却需要使他们遵守国民义务。这就是人民民主专政。[2]

从新中国成立基础的巩固及政权建设角度理解农民和农民集体的宪法内涵,只是着眼于根本法秩序的一个方面,另一个方面就是从反思革命与拨乱反正的角度所理解的根本法秩序。这种秩序是与国家建设

---

[1] 许崇德:《中华人民共和国宪法史》(上卷),福建人民出版社2005年版,第118页。
[2] 转引自许崇德:《中华人民共和国宪法史》(上卷),福建人民出版社2005年版,第57—58页。

的常规化和法治化关联在一切的。因之,在"三农"领域则出现了两项重要的宪法安排:在经济上是"农村集体经济组织实行家庭承包经营为基础、统分结合的双层经营体制"和"合作经济"(《宪法》第 8 条第 1 款);在基层社会管理上是以村民委员会为核心的村民自治(《宪法》第 111 条第 1 款)。

"农村集体经济组织实行家庭承包经营为基础、统分结合的双层经营体制"这一宪法规定当然包含了"农民"和"农民集体"。但是如何进行内涵挖掘与阐析,恐怕是个难题。就"统"的内涵来说,需要提出的问题是,以革命为核心动力机制的根本法所包含的实体成果及逻辑是否应渗入"统"的内涵中?回答应该是肯定的。因为以革命为核心动力机制所形成的根本法的核心内容就是社会主义制度,作为根本制度的社会主义对"三农"问题当然具有效力。还需继续提问的是,人民公社体制所包含的逻辑依然具有效力吗?回答这一提问,就需要借助作为反思与拨乱反正所形成的根本法机理以及该宪法规定的内涵。田纪云就 1999 年宪法修改所形成的"农村集体经济组织实行家庭承包经营为基础、统分结合的双层经营体制"这一宪法规定做出了说明:"统分结合的双层经营体制,是指在农村集体经济组织内部实行的集体统一经营和家庭承包经营相结合的经营体制,家庭承包经营是双层经营体制的基础。"[1]这里暂且不讨论农村集体经济组织的宪法内涵,只针对农民和农民集体展开论说。既然是双层经营体制,并且家庭承包经营是该体制的基础,当然就意味着"使农民获得了生产和分配的自主权,把农民的责、权、利紧密结合起来,克服了以往分配中的平均主义弊病,纠正了管理过分集中,经营方式过分单一的缺点,发挥了农民家庭经营的积极性"[2]。给予农民以自主权,这是对过去"一大二公"体制的反思和拨乱反正;对农户的基础

---

[1] 转引自许崇德:《中华人民共和国宪法史》(下卷),福建人民出版社 2005 年版,第 542 页。

[2] 蔡定剑:《宪法精解》,法律出版社 2004 年版,第 166 页。

性定位,也是对中国传统社会"韧性小农"的回归[1]。被解放的农民和对传统韧性小农的复归,虽然宣告了人民公社逻辑的失效,但基于社会主义制度的整合逻辑或公有逻辑依然具有效力,只不过需要在"社会主义初级阶段""法治国家""社会主义市场经济"等背景之下去考虑公有制实现的体制和机制。这就涉及了对农民集体的内涵解释。

关于"农民集体",暂且不论它与农村集体经济组织是何种关系,而只论证其可能担负的功能。如果将农民集体放置在双层经营体制之中,那么,它担负的职能就是"统一经营"。但问题是,"统一"什么,又如何"经营"?根据农村土地等资源归集体所有的宪法规定(《宪法》第9条和第10条),"统一"主要有两个方面的内涵:一是应是保证承包权的公正发包,以维护农民的最为基本的"福利";二是在对土地拆迁补偿费用分配上使承包权人和所有权人的利益达到均衡状态。而所谓"经营"主要不是指"集体"直接去从事土地等经营活动,而应是为农户经营提供相应的保障条件。因此,能够担负这些职责的"集体",恐怕只能是村民自治组织。对此,在下文还会做出更详尽的讨论和论证。

总之,在根本法的宪法秩序中,"农民"和"农民集体"的宪法内涵具有二元性。在国体制度层面,"农民"和"农民集体"在地位上依附于整体意义的"人民",是支撑新中国成立和巩固立国基础的力量,因而具有浓烈的政治性属性,也因此,不论是反思以往的指导思想还是改进相应的体制机制,都不是通常的国家机关所能担负的。在反思和拨乱反正的根本法秩序中,"农民"和"农民集体"的地位得到了改变,一方面,农户获得了一定的自主权,成为积极主体;另一方面,"农民集体"被赋予了所有权主体地位,在规范层面厘清了农民集体与政府的关系。这种改变既是根本法层面的重要改进,也为从高级法的角度保障农民权利提供了政治制度空间和规范上的可能性。

---

[1] 参见陈军亚:《韧性小农:历史延续与现代转换》,载《中国社会科学》2019年第12期。

在高级法属性的宪法秩序中,在逻辑上依然是二元性的解释思路。但鉴于基于根本法的高级法属性这一层面的分析已经涉及,所以,这里要从基于法律系统自身的高级法属性解释"农民"和"农民集体"。《宪法》"总纲"部分,尤其是经济和社会条款,同农民和农民集体存在着巨大的利益相关性,同时,也影响着国家与社会的总体面貌和秩序品质。之所以做出如此判断,是因为"总纲"的内容具有"原则性"、"概括性"和"纲领性"特点[1]。通读"总纲"条款,会发现其都是围绕着整体性国家应该负有的义务或职责而展开,比如"国家保护个体经济、私营经济等非公有制经济的合法的权利和利益。国家鼓励、支持和引导非公有制经济的发展,并对非公有制经济依法实行监督和管理"(《宪法》第11条第2款),"国家依照法律规定保护公民的私有财产权和继承权"(《宪法》第13条第2款),"国家实行社会主义市场经济"(《宪法》第15条第1款),等等。因此,理解"总纲"的特点需要一种底线性的高级法思维。就"原则性"来说,"总纲"的条款是不可突破的规范底线,换言之,只有不突破底线,才能在事实上保证社会主义国家的品质;就"概括性"来说,"总纲"条款是对整体中国的规划,换言之,如果有所残缺,就会影响中国的整体完满形象;就"纲领性"来说,"总纲"条款是一种宏观构图,需要国家机关、各政党、社会团体等做出具体的规范性细化和展开切实有效的宪法行动。

为了讨论的便利,笔者将以《宪法》第14条第4款为依据,解释"农民"的高级法地位。该条款为"国家建立健全同经济发展水平相适应的社会保障制度"。蔡定剑教授对社会保障制度内涵做出了四大项解释:"(1)社会保险是社会保障的核心,包括养老、医疗、失业、事故保险等。(2)社会补偿包括因战争、暴力、因公共疫苗接种等而造成的损害政府给予的补偿。(3)社会促进包括政府津贴、住房津贴、养育津贴与养育子女的津贴。(4)社会救济被视为社会保障制度的兜底工程或社会保障制度

---

[1] 参见蔡定剑:《宪法精解》,法律出版社2004年版,第134—135页。

的守门人,它为那些不能从社会保障其他项目中获得待遇或者获得的待遇不足,而自己有没有足够的资金过与人的尊严相符的生活的人提供生活救济。"[1]明晰了社会保障制度的基本内容,就可以认为这一条款勾画了国家与公民之间在危机时刻的权益关系。在笔者看来,设立社会保障制度的核心目的就是在公民处于危机状态或自身力量不足以救急时,以国家与社会力量维系公民的基本生活底线。这样的宪法规定当然适用于农民,而所谓的"农民的高级法地位",就是指农民获得了"同经济发展水平相适应的"社会保障。[2] 这种保障既是支持农民行使诸如自由选择职业、自由迁徙等权利的必要条件,也是从个体权利角度理解"农民"和"农民集体"的宪法基础,更是实现城乡一体化发展进而巩固国本的宪法保证。

如果把规定中国公民权利的诸条款贯通到对国家整体规划的框架之中,就会使具有"概括性"特点的"总纲"具体化;如果把宪法规定的诸种公民权利和国家机构的职权纳入"总纲"所勾画的相应框架中,就会使具有"纲领性"特点的"总纲"动态化。经过融合,就会对农民和农民集体的内涵进行更进一步的解释。《宪法》第33条第2款规定了公民法律地位平等原则,要求国家机构在权利和义务上应该一视同仁、公平对待,由此,对"农民"内涵的理解需要上溯到平等的公民地位,如果在社会保障权益等方面存在差别,就是对平等原则的违反。因为宪法规定的各类公民基本权利的内核是"自由",自由是行为的法律空间,所以,农民就是自由的公民,"农民"一词就不是身份概念,而是自由选择后的职业概念。也就是说,在公民层面,不存在农民和工人之分,农民和工人只是劳动分工的结果。因此,公民选择到农村生活,就是村民与居民,村民汇聚成村民集体,村民集体是农村土地等资源的所有权主体,村民集体的自治机构是村民委员会,村民委员会按照自治章程负责提供相应的公共服务;

---

[1] 蔡定剑:《宪法精解》,法律出版社2004年版,第180页。
[2] 可参见程雪阳:《中国地权制度的反思与变革》,上海三联书店2018年版,第99页。

公民选择经营农业,就成为农民,在经营方式上,既可个人独立经营,亦可家庭经营,还可合作经营,若与其他农民合作经营,那么,所形成的主体就是农民集体。如果能够把"农民"的社会保障和土地经营结合起来,在规范上将是一个十分重要的宪法开端,会使得农村土地归属和利用关系在法律上更为清晰。

总之,在高级法秩序中,将"总纲"的框架性内容与公民的基本权利、国家机关的职权融合起来,对农民的宪法内涵可以总结为:以公民平等宪法原则为底线依据,以公民权利为行为依据,农民是公民的具体化,应该平等地享有由国家提供的各种权益;农民是公民自由选择的职业身份。相对于农民的宪法内涵,对"集体"也可以做出两个方面的总结:公民移居农村即为村民,汇聚而成的村民集体是自治性组织,村委会是自治的核心机构;源于公民的农民之间合作经营,就形成了农民集体。

把根本法与高级法秩序进行整合,可以发现农民和农民集体在中国宪法中内涵的多元性和复杂性。若要从规范上应对具有多种意涵的农民和农民集体,就需要分门别类地加以规范化,同时,若要从部门法角度对农村集体经济组织展开立法,也需要将农民和农民集体的复杂内涵作为立法活动展开的宪法前提乃至先决条件。

三、"农村集体经济组织"的宪法内涵解释

"农村集体经济组织"与"农民"、"农民集体"存在着密切关联,或者说,如果农民和农民集体的内涵不清,农村集体经济组织的内涵也不能得到清晰的揭示。更进一步,只有把三者的内涵解释清楚,才能对一些"棘手"问题的解决提供另一种规范视角。

以在根本法秩序层面所揭示出来的"农民"和"农民集体"的二元宪法内涵为基础,对农村集体经济组织的内涵解释在逻辑上也存在着两种结论。在以革命作为核心动力机制的根本法秩序中,蕴含着"大共同体

决定小共同体乃至个体"[1]的国家整合逻辑,因而,农民和农民集体就依附于整体意义的"人民",成为支撑新中国成立和巩固立国基础的力量,因而具有浓烈的政治性和意识形态属性。在以反思和拨乱反正的根本法秩序中,尽管在一定程度上扭转了以往的指导思想及制度做法,但彭真在1982年宪法修改的报告中如此说道:"我国的社会主义公有制有全民所有制和劳动群众集体所有制这两种形式。宪法修改草案规定:'国营经济是社会主义全民所有制经济,是国民经济中的主导力量。'这是保证劳动群众集体所有制经济沿着社会主义方向前进,保证个体经济为社会主义服务,保证整个国民经济的发展符合于劳动人民的整体利益和长远利益的决定性条件。"[2]从当时彭真的说明中,依然可见大共同体的支配和整合逻辑。也正因如此,在后来的宪法修改中,对经济条款的修改较为频繁,比如《宪法》第8条中"农村集体经济组织实行家庭承包经营为基础、统分结合的双层经营体制"是经过了1993年和1999年两次修改而成的。[3] 如果把1993年"社会主义市场经济"和1999年"中华人民共和国实行依法治国,建设社会主义法治国家"入宪作为关联背景,或许可以认为从基于法律系统自身的高级法秩序来解释农民、农民集体和农村集体经济组织宪法内涵的体系条件已经具备。

在高级法秩序层面,对"总纲"的框架同公民基本权利和国家机构的职权做贯通处理,而得出了这样的结论:以公民平等宪法原则为底线依据,以公民权利为行为依据,农民是公民的具体化,应该平等地享有由国家提供的各种权益;农民是公民自由选择的职业身份。相对于农民的宪法内涵,对"集体"也可以做出两个方面的总结:公民移居农村即为村民,汇聚而成的村民集体是自治性组织,村委会是自治的核心机构;源于公民的农民之间合作经营,就形成了农民集体。在这样的解释中,剔除了

---

[1] 对这种逻辑的历史分析,可参见秦晖:《传统十论:本土社会的制度、文化及其终结》(增订版),山西人民出版社2019年版,第49—102页。

[2] 彭真:《关于中华人民共和国宪法修改草案的报告》,载《彭真文选(一九四一——一九九〇)》,人民出版社1991年版,第444页。

[3] 参见蔡定剑:《宪法精解》,法律出版社2004年版,第166页。

遮蔽在"农民"身上的身份区隔,回归到宪法文本的规范要求,从而确立了自由农民的主体地位。既然将享有自由农民身份的依据回溯到公民,那么,农村居民的构成也会发生规范上与逻辑上的变化,这种变化的核心就是打破了城乡壁垒,从而为其他群体成员下乡生活做村民或做农民提供了宪法依据及可能性。以公民权利为基础,就产生了两个"集体",即村民集体和农民集体。这两个"集体"的共同之处是,集体的产生是基于公民地位的自主选择,这当然是规范上的解释,在实际生活中,居住在乡村的人可能已有数代,并且可能还要继续居住在乡村,对"数代居住"可以用传统的眼光来解释,而对"继续居住"则需要一种宪法的视角,即这是一种选择的结果。另外需要做出重点解释的是,在传统眼光和宪法视角之间,存在着一个"宪法开端",即"数代居住"的农民享有平等的社会福利待遇。自享有平等福利待遇始,土地等资源就不再承担社会保障功能,也就是说,若在农村取得诸如宅基地、承包地,就要采取私法方式,当然,私法方式对之前的状况不具有溯及力。虽然土地等资源不再作为"农民"的社会保障,但仍然是中国社会的保障,发挥了为整个中国的"蓄水池"和"稳定器"的作用[1]。两者的区别之一在于:村民集体是社区性概念,关涉中国农村区域的治理体制,按照宪法规定,农村基层社区实行自治,自治的组织架构是村民委员会和村民代表大会及村民大会;农民集体是职业合作概念,涉及农业经营的机制问题,在这一意义上,农民集体就是农村集体经济组织,或者说,农村集体经济组织是农民集体的组织化表达。两者的区别之二在于:村民集体是农村土地等资源的所有者,享有对土地等资源的处分和收益权能,体现的是社会主义公有制宪法要求;农民集体对土地等资源享有占有、使用、收益和私法范围内的处分权能,体现的是社会主义市场经济的宪法要求;村民集体掌控的资金等资源旨在为了提供公共物品,村民则"人人有份",农民集体可以实行

---

[1] 对农民和农村发挥的"蓄水池"和"稳定器"作用的历史解释,可参见《八次危机:中国的真实经验》一书(温铁军等著,东方出版社2013年版)。

股份合作、按股取利。两者的功能关联在于：村民集体权利是农民集体权利的规范来源；村民集体对农村的自主规划对农民集体具有约束力，农民集体向村民集体缴纳的资源使用费是自治的重要资源保障；村民集体和农民集体应该是合作关系，这种合作既是公法与私法的合作，也是社会主义市场经济规范的微观体现。

对农民和农民集体宪法内涵在两个层面和二元角度的开掘，在规范逻辑上得出了不同的结论，依此对农村集体经济组织的宪法内涵也做出了二元性阐明。在学术主张上，笔者选择和认同了基于高级法秩序而得出的结论，同时，对"农民"、"农民集体"和"农村集体经济组织"的宪法内涵做出了符合"党的领导、人民当家作主和依法治国相统一"这一时代要求的解释。这些解释结论不仅具有宪法释义学意义，而且对相关"难题"的解决也具有一定的视角上的启发性。

学界曾经对在农村土地征收过程中的"涨价"或"溢价"归属问题展开过争论，[1]主要观点无非是"归公"与"归私"两种。问题是，"公"与"私"是判断涨价归属的宪法与法律标准吗？现行宪法对社会主义公共财产和私人财产权都给予了保护，尽管在社会主义公共财产前有"神圣"一语，但这是与社会主义理想相关的，不能作为现实生活中判断权益归属的规范标准。事实上，宪法规定显示出来的并不是"归公"或"归私"的选择倾向，而是应该归属于"权利人"。在存在两个以上权利人时，困难之处是确定利益分割的比例或标准。尽管存在着困难，但这种困难不再是定性的问题，而是转换为定量的问题。恰恰因为是定量的问题，一方面需要村民集体与使用权人做出预防性约定，另一方面在发生纠纷时则需要法官做出符合"法律规定、法理、利益平衡和价值导向"[2]的司法判决。所以，涨价归属问题主要不是抽象的理论问题，而是宪法与法律

---

〔1〕 对学术争论的总结及评价，可参见程雪阳：《中国地权制度的反思与变革》，上海三联书店2018年版，第102—112页。

〔2〕 参见安建须：《四面一体裁判法：法官裁判思维与方法》，法律出版社2021年版，第123—134页。

解释及适用问题。

与此有所关联的问题是，土地被征收后的补偿款如何分配的问题。在福建省福州市中级人民法院(2017)民事判决(闽01民终2767号)中，体现出如下裁判要旨：

> 外嫁女的集体组织成员资格的判断，以及能否因此享受与其他村民同等待遇，获得征地补偿款，应以户籍为基本原则，同时以是否形成较为固定的生产、生活为条件进行充分考虑，也就是要对当事人生产生活状况、户口登记状况以及农村土地对农村的基本生活保障功能等因素综合认定。本案中的林英虽于2009年已经出嫁，但其并未将户口迁出，亦未取得其夫家的村民资格或享受到相关权益。且2011年林英离婚后回到娘家并长期生活，获得相应选民资格，缴纳相应农村医保，可以说林英与娘家集体经济组织之间形成较为固定的生产和生活关系，故林英应认定为该集体经济组织成员并享有与其他村民同等分配权。

在中华人民共和国最高人民法院行政裁定书(2021最高法行申2117号)中，则体现着"户口虽迁入农村，但未经农村集体经济组织民主议定程序接纳，仍不属于集体经济组织成员"这样的裁判要旨。具体裁判理由是：

> 金欣宜2008年出生时随父亲金继兵将户籍登记在安徽省定远县，2017年6月以未成年人投靠其母的名义将户口迁入陈家坪组。金欣宜以其属于陈家坪组集体经济组织成员为由提起本案诉讼，要求望城区政府、望城分局对其进行补偿安置，但未提交陈家坪组通过民主议定程序接纳其为集体经济组织成员的证据。一、二审法院以金欣宜提供的证据不足以证明其与陈家坪组建立起相对稳定的生产生活联系或依赖该组土地作为其生活基本保障为由，未支持其要求补偿安置的请求，符合法律规定。

两相对照很容易发现两份司法裁决理由的不同及其矛盾：福州市中级人民法院依据户籍判定了外嫁女属于本地农村集体经济组织成员；最高人民法院则否定了户口的法律意义，户口即或有法律意义，还要有"农村集体经济组织民主议定程序接纳"这一法律事实的辅助。为什么会存在如此大的反差？核心原因是认定农村集体经济组织成员的标准存在偏差。在福州市中级人民法院的认定标准中包含着浓重的身份因素，即只要是本村村民就是农村集体经济组织成员；在最高人民法院的认定标准中则强调了农村集体经济组织的独立作用。孰是孰非，牵扯太多的历史因素，笔者并不想做纵向的历史追溯，而只是试图应用关于农民、农民集体和农村集体经济组织宪法内涵的解释结论，对此问题做一种模拟性解析。

无论是对因征地而产生的涨价归属，还是征地补偿的分配和与农村有关的福利分享，如果参考所谓"宪法开端"之后所发生的权利与义务关系的变化，这些"难题"也许不再成为难题，而是乡村治理中的日常现象。农村户口只能成为证明具有村民资格的法律事实，而从宪法发展的角度看，在一定时间范围内居住生活在乡村则是具有村民资格的自然事实。村民资格不是获得农村集体经济组织成员资格的事实，具有农村集体经济组织成员资格的法律事实只能是通过特定方式从事农业合作经营，即某种民商事法律事实是获得农村集体经济组织成员资格的条件。村民集体所掌握的资源（比如土地涨价与征地补偿）既可以用来提供公共物品，比如道路建设、农业基础设施改造，也可以分配到个体村民，但遵循的原则是"人人有份"。相对于公共物品来说，村民人人均可使用，但不能量化切割；相对于可量化分配部分，则份额人人均等。只有具有农村集体经济组织成员资格，才有权对经营成果进行分配，分配的标准或是约定或是法定。如果村民资格和农村集体经济组织成员资格集于一身，则应按照相应资格独立请求权益享有和量化分配，不可混而统之。

事关农民、农民集体和农村集体经济组织的问题极为复杂和敏感，这就要求在应对上首先应具有宪法的思路。笔者对三个概念的宪法解释目的之一是试图提供一种宪法思路,另一个目的是试图从宪法学立场回应在农村集体经济组织法立法过程中民法学者的"困惑"。

四、农村集体经济组织法立法的宪法视角

民法学者对农村产权改革等重大问题给予了高度密切的关注,取得了丰硕的学术成果。仅就针对农民集体和农村集体经济组织的关系、农村集体经济组织法的立法问题来说,近期成果就已经相当丰富。但如果细读相关成果,似乎能够感受到学者的"纠结"与"煎熬"。

宋志红教授在研究中得出了这样的结论:"在具体的权利义务关系中,无论是对内(集体与成员之间)还是对外(集体与其他主体之间),农民集体均非具体法律关系中的主体,当需要农民集体参与法律关系时,其只能以农村集体经济组织或者村民委员会、村民小组等的面目出现,而无法以农民集体本身的面目出现。从这一角度看,与其说农村集体经济组织是在代表农民集体行使所有权,毋宁说农村集体经济组织是在代表全体集体成员行使所有权,而农民集体正是对全体集体成员的整体代称。故此,农村集体经济组织对农民集体的法定代表,实则是对全体集体成员的法定代表,这意味着其是对一个特定人群的直接代表。"而为了农村集体经济组织对农民集体的法定代表行为符合农民集体之利益,宋志红教授设计了对农村集体经济组织的一系列要求,诸如"自动全权代表""代表行使全部资产的所有权""利益的高度一致性与唯一对应性""成员一致性"。[1] 笔者不去评价其间的论证逻辑,而只是想提出这样一个问题:既然需要如此严格甚至严苛的条件才能保证农村集体经济组织的代表行为符合农民集体之利益,那么,如何去保证这些条件的成就呢?虽然意图良好,但如此复杂严苛的条件是否会"喧宾夺主"呢?或者说,手段是否会反噬目的呢?

高海教授主张农民集体与农村集体经济组织关系的二元论。核心

---

[1] 宋志红:《论农民集体与农村集体经济组织的关系》,载《中国法学》2021年第3期。

是基于坚持农民集体所有权、推进集体资产股份实质化改革的基本立场,宜以异质论与替代论并存的二元论,阐释农民集体与农村集体经济组织的关系。就资源性资产而言,采取农民集体是所有权主体、农村集体经济组织是代表行使主体的异质论;就经营性和非经营性资产而言,采取农村集体经济组织替代农民集体成为所有权主体的替代论。[1] 且不说在宪法上属于刚性的农民集体所有权是否能够容纳如此碎片化的切割,而只是指出,同样是属于集体的资产,为什么要做如此的二分?

然而,也有民商法学者注意到了农民集体、村民委员会等主体的公法属性。如屈茂辉教授认为,虽然《民法典》第101条确认了基层群众性自治组织的民事主体资格——法人,但基层群众性自治组织成立的主要依据是《宪法》《村民委员会组织法》《城市居民委员会组织法》,经由基层人民政府主导成立的,其作为民事主体客观上早就先于《民法典》而存在。也就是说,尽管基层群众性自治组织作为法人是经《民法典》才得以确认的,但其成立所依据的并不是《民法典》,而是《宪法》《村民委员会组织法》《城市居民委员会组织法》。《宪法》《村民委员会组织法》《城市居民委员会组织法》属于典型的公法,依据公法成立的法人当属于公法人。[2] 更有学者认识到,即或从私法角度展开讨论,也要注意法律本位问题。如叶林教授在讨论团体法的法律本位问题时指出,法律在整体上是立法者调整社会关系的手段,自应以保护社会利益或社会成员的共同利益为己任,唯有通过各部门法的相互协调,才能最终实现社会和谐。私法不仅承认私法人享有权利,还规定私法人承担的约定或法定义务,更对私权及行使加以各种限制。[3]

相关民法学者中所以在农民集体与农村集体经济组织关系问题上如此"纠结"与"煎熬",一个可能的原因就是缺少对这一问题公法属性

---

[1] 高海:《农民集体与农村集体经济组织关系之二元论》,载《法学研究》2022年第3期。

[2] 屈茂辉:《基层群众性自治组织法人制度三论》,载《现代法学》2022年第1期。

[3] 叶林:《私法权利的转型——一个团体法视角的观察》,载《法学家》2010年第4期。

甚至宪法属性的关注,从而陷入民法世界中而不能自拔。解释农民集体和农村集体经济组织之间的关系、寻找确定农村集体经济组织成员权的标准等问题,需要一种法律体系而不是部门法的视野,尤其不能缺少宪法视角,这样才能保证立法的实效性。采用整体性的法律体系视角,不是要把"农村集体经济组织法"定位为公法乃至"混合法",而是要为该法的制定准备条件或扫清障碍,甚至是提示立法者,若追求具有实效的立法产品而不得不面对的种种困难。从宪法角度对农民、农民集体和农村集体经济组织的宪法内涵进行解释,也正是此种用意。

农村集体经济组织存在于由村民集体与村民委员会、农民与农村集体经济组织、农村基层党组织、地方政府等主体构成的体制之中。若要使拟立的农村集体经济组织法具有实效,就需要首先明晰各主体之间的权利义务关系,就需要在体制之中确立彼此关联的机制。这样,才能为立法活动提供一种整全性的视野。

基于根本法秩序的基本要求,党组织应担负组织村民、提升村民集体自组织能力的宪法重任。正如习近平总书记所指出的:"我们党的最大的政治优势是密切联系群众,党执政后的最大危险是脱离群众。毛泽东同志说:'我们共产党人好比种子,人民好比土地,我们到了一个地方,就要同那里的人民结合起来,在人民中间生根、开花。'要把群众观点、群众路线深深扎根于全党同志思想中,真正落实到每个党员行动上,下最大力气解决党内存在的问题特别是人民群众不满意的问题,使我们党永远赢得人民群众信任和拥护。"[1]村民集体的自治能力在宏观上是社会主义公有制得以维系的关键和保障,在微观上则是集体所有权得到规范行使的支点和保证。

基于高级法秩序的规范要求,地方政府为农民借助农村集体经济组织的主体形式经营农业提供规范性支持,从而为激发农村经济活力创造条件。农业职业的自由选择和农村集体经济组织的规范设立,既是沟通

---

[1] 习近平:《论中国共产党历史》,中央文献出版社2021年版,第63页。

城乡、实现城乡一体化的有力举措,也是塑造适格经营主体的有效途径。

基于根本法和高级法的双重要求,党的基层组织和地方政府应该围绕自身的宪法职责展开符合宪法与法律要求的行动,从而搭建起既能维护村民集体所有制又能保障公民自由的合作框架。实际上,这种合作框架在宪制层面是国体之本,也是在宪法层面宪法实施之根。

在"党的基层组织←→村民集体及村委会、党的基层组织←→地方政府(广义)和地方政府(广义)←→农民及农村集体经济组织"[1]体制下,村民集体及村委会和农民及农村集体经济组织才能形成良好的规范链接,也能为农村集体经济组织的运行提供规范的机制保证。只有这样的体制与机制,才能保证农村集体经济组织法的立法活动有质量地进行,最终能够制定出符合中国宪法秩序要求的且有实效的法律。这就是从宪法角度解释农民、农民集体和农村集体经济组织内涵的根本学术目的之所在。

---

[1] "←→"意指良性互动。

第六章 文本和实践:中国宪法权利二重属性分析

一、问题的提出:中国宪法权利基本属性探求的缺失

宪法权利因其具有丰富的价值正当性与制度适用性内涵而备受中国宪法学者的关注,经过多年的研究,我国宪法学界对基本权利的研究已经形成一定的框架与体系,其研究视角涉及基本权利的各个领域。[1] 依据学者的回顾与梳理,可将中国宪法学者对宪法权利的研究类型做出如下归总(见表6-1):

表6-1 中国宪法学者对宪法权利的研究类型

研究内容	抽象宪法权利	具体宪法权利
宪法权利一般原理	抽象宪法权利原理研究	具体宪法权利原理研究
宪法权利制度应用	抽象宪法权利制度应用研究	具体宪法权利制度应用研究

---

[1] 韩大元:《中国宪法学研究三十年:1978—2008》,载《湖南社会科学》2008年第5期。

抽象宪法权利原理研究主要是从法哲学与道德哲学的角度对宪法权利的正当性、普遍特征、道德基础等问题展开讨论与论证;[1]抽象宪法权利制度应用研究是在假定宪法是法律的前提下讨论宪法权利的制度应用与制度应用中的宪法权利保障;[2]具体宪法权利原理研究立足于成熟国家的宪法权利理论进而阐释具体国别的宪法权利的基本构造与权利运行、保护;[3]具体宪法权利制度应用研究立足于具体国别(包括中国)而讨论具体宪法权利制度化实施与保护的法律逻辑。在这四种关于宪法权利的研究模式中,所存在的一个共同现象是,在阐释西方成熟国家的宪法权利原理与制度应用过程中,往往径直将研究的结论应用于中国宪法权利的原理解释与制度设计中,而唯独缺乏对中国宪法权利基本属性的考察与分析,这样就造成了将西方宪法权利的原理与制度模式视为中国宪法权利问题当然标准。比如郑贤君教授在论证深具西方色彩的"基本权利的宪法构成及其实证化"问题之后指出,长期以来,我国宪法基本权利研究一直未获相对独立的理论属性,未能确立属于宪法学独有分析方法与宪法学视野中的基本权利观,基本权利仅仅寄生于带有较强政治属性的人权理论中,一定程度上局限了其研究空间,并指出了我国宪法基本权利的理论视域与实证空间所存在的"古典基本权利的宪法文本缺失"、"公民政治权利的外在化管道不畅"与"体现平等价值的公民社会经济权利背离宪法预先设定"三个缺陷。[4]可问题是,郑贤君教授所指出的三个弊端皆是依据西方宪法权利的基本构成而获得的,其中,恰恰缺乏对中国宪法权利构造的揭示。既然郑贤君教授已经明确指出了"我国宪法基本权利研究一直未获相对独立的理论属性",那么,在

---

[1] 参见翟国强:《宪法学30年》,载李林主编:《中国法学30年》,中国社会科学出版社2008年版,第137页。

[2] 如邓世豹:《论公民基本权利的司法适用性》,载《法学评论》2003年第1期;刘淑君:《公民基本权利的司法救济探析》,载《法制与社会发展》2003年第2期;徐振东:《对基本权利的侵害与救济》,载《法律科学》2004年第1期。

[3] 参见翟国强:《宪法学30年》,载李林主编:《中国法学30年》,中国社会科学出版社2008年版,第137页。

[4] 参见郑贤君:《基本权利的宪法构成及其实证化》,载《法学研究》2002年第2期。

其自身的研究中也许应该为中国宪法权利的研究获得相对独立的理论属性而进行相应的学术努力,但实际情况是其依然将有关宪法基本权利的西方化阐释当作中国宪法权利研究的当然标准。

在宪法权利的研究中缺少对中国宪法权利属性的基本探求也许会导致如下明显后果:其一,以西方的宪法权利原理与制度逻辑替代中国宪法权利的原理与制度逻辑,从而为西方各国别的宪法权利制度模式的输入提供了学理上的正当性;其二,既然西方各国别的宪法权利理论与制度较之于中国宪法权利问题都具有某种程度的优越性,那么学者就可以凭借对某个国别宪法权利理论与制度的"偏好",从中演绎出各种各样的对中国宪法权利制度建设的"启示"或"借鉴"意义,结果中国宪法权利问题就成为怀抱各种偏好学者的演练场;其三,更为严重的是,姑且承认中国宪法权利是一个绝好的试验场,但为了保证实验取得良好效果也需要对这个试验场的基本属性有所解释与阐发,对中国宪法权利的特质与运行机理有所描述与分析,否则,各种各样的演练都可能是无的放矢,由此"演练"也就变成了"乱弹琴"。

为此,笔者拟从中国宪法常识入手,在宪法文本与宪法权利实践两个层面解析中国宪法权利的基本属性。

二、宪法文本中的中国宪法权利二重性分析

目前,中国法学学者对中国宪法文本的解读有两种典型方式,一是强世功教授的"有机体"式解读,二是陈端洪教授的"施密特"式解读。

强世功教授从宪法目的与宪法技术两个层面展开了对中国宪法文本的解读:从宪法目的来看,中国宪法就是创建"人民共和国"这一政治有机体;[1]从宪法技术来看,就是以成文宪法文本的理性"形式"来确认、规定、建构和塑造政治秩序,按照宪法作为法律的技术原理创生一个人民永远统治自己的不会腐朽死亡的共和国,造就一个会自我繁衍、自

---

[1] 参见强世功:《立法者的法理学》,生活·读书·新知三联书店2007年版,第93页。

我更新的政治生命,从而实现政治的永久安全或者国家的长治久安。[1] 所以,宪法的结构必须在创设不朽政治生命的意义上来理解,宪法结构实际上就是"人民共和国"这个永生的政治生命的结构。[2] 在"人民共和国"这个政治生命有机体的框架内,强世功教授按照"功能"(而不是"重要性")解析了中国宪法文本的结构:"人民共和国"的生命或灵魂就是《宪法》"序言"中所确认的中国各族人民争取国家独立、民族解放和民主自由;[3] "公民的基本权利和义务"与"国家机构"的互动关系则奠定了国家政治有机体的基本结构,其中,"公民的基本权利和义务"相当于这个政治有机体的肌肉,而"国家机构"相当于这个政治有机体的骨骼;[4]《宪法》"总纲"相当于政治有机体的神经系统,担负着结合"肌肉"与"骨骼"的功能;[5] "国旗、国歌、国徽、首都"则是政治生活的具体符号,是依赖宪法建立起来的政治共同体的生存意义的象征符号。[6] 客观而论,这种对中国宪法文本的"有机体"式的解读无疑极为"精致",仿佛浑然天成一般,但这种解读方式也蕴含着非常浓烈的理想化与教义学色彩,由此所获得的解读结论尽管逻辑严密,但也极大地限制了对于宪法基本制度的操作性与实证性解释。相对于中国宪法权利来说,强世功教授的"有机体"式解读仅仅是在政治有机体的架构内,把中国宪法权利定位于主体为公民的自我统治型的、政治性的宪法权利,实际上,这种关于中国宪法权利的解释属于"具体宪法权利原理研究"类型,虽然在名义上属于"中国",但也依然缺乏对中国宪法权利基本属性的探寻,因此,"有机体"式的宪法文本解读对于认识中国宪法权利基本属性仅具相当有限的意义。

---

[1] 参见强世功:《立法者的法理学》,生活·读书·新知三联书店2007年版,第104页。
[2] 强世功:《立法者的法理学》,生活·读书·新知三联书店2007年版,第104—105页。
[3] 参见强世功:《立法者的法理学》,生活·读书·新知三联书店2007年版,第107—108页。
[4] 强世功:《立法者的法理学》,生活·读书·新知三联书店2007年版,第106页。
[5] 参见强世功:《立法者的法理学》,生活·读书·新知三联书店2007年版,第107页。
[6] 参见强世功:《立法者的法理学》,生活·读书·新知三联书店2007年版,第106页。

陈端洪教授基于"根本法"与"高级法"两个概念的厘定，根据中国《宪法》"序言"最后一段关于"根本法"的陈述并结合宪法文本的其他内容，按照优先顺序提炼出中国宪法内含的五个根本法，即中国人民在中国共产党的领导下、社会主义、民主集中制、现代化建设、基本权利保障。[1] 由于这五个根本法事关中国的权力分配、社会发展道路的选择、权力组织原则与结构、国家的根本任务、国家权力运作方向，所以它们就是中国民族整合、政治认同的根本原则，也就具有了施密特意义上的绝对宪法的属性，[2]即为不容挑战与更改的主权者的政治决断，但这种绝对属性也具有特定范围，比如，针对"社会主义"而言，其既具有绝对的宪法意义（绝对宪法意义是指作为原则的社会主义），也具有相对的宪法意义（相对宪法意义是指具体的社会主义制度），[3]同时，相对意义的社会主义是对绝对意义的社会主义的探索，[4]这样，施密特意义的相对宪法也进入了对中国宪法文本的解读之中。对中国宪法五个根本法所作的施密特意义的解读与提炼具有如下意义：其一，以《宪法》"序言"为基点，从整体角度完成了对中国宪法文本根本法内容的梳理与解析；其二，立足于中国政治、社会、法律发展的现实，凭借多元的宪法观念，完成了对中国宪法内含的根本法的抽象与提炼；其三，通过五个根本法内容的剖析，将中国宪法在整体上定位于政治法，并进而指出了中国政治立宪

---

[1] 参见陈端洪：《论宪法作为国家的根本法与高级法》，载《中外法学》2008年第4期。

[2] 绝对意义上的宪法首先可以指具体的、与每个现存政治统一体一道被自动给定的具体生活方式，其包括三层含义：一是先法等于一个特定国家的政治统一性和社会秩序的具体的整体状态，即宪法是国家的"灵魂"、具体生命和个别存在；二是宪法等于一种特殊类型的政治和社会秩序，即宪法是指具体的统治和服从关系，是一种统治形式；三是宪法等于政治统一体的动态生成原则，即宪法是一种根本的或在根本处涌动的力量或能量使政治统一体处于不断形成、不断被创造过程的原则。绝对意义上的宪法其次可以指一种根本性规定，即一个由最高的终极规范构成的统一的、完整的系统，是诸规范的规范，同时，这里的宪法不再是基于存在的状态，也不是一种动态的生成过程，而是一种规范性的东西，一种单纯的"应然"。此时的国家变成了建基于作为根本规范的宪法之上的法秩序，亦即一个法律规范的统一体。参见[德]卡尔·施密特：《宪法学说》，刘锋译，上海人民出版社2005年版，第3—10页。

[3] 参见陈端洪：《论宪法作为国家的根本法与高级法》，载《中外法学》2008年第4期。

[4] 陈端洪：《论宪法作为国家的根本法与高级法》，载《中外法学》2008年第4期。

主义的发展方向。但相对于中国宪法权利属性问题,其仍然具有有限的意义。这种有限不仅体现在陈端洪教授对基本权利保障何以成为根本法的简单论证中,[1]也体现在对中国宪法权利没有进行更进一步的结构上或分类学意义的解剖。

尽管中国宪法文本对于认识中国宪法权利属性具有重要意义,但既有的解读方式与结论在理解中国宪法权利属性方面意义有限,这样就需要紧紧围绕中国宪法权利而对中国宪法文本内容做出更为妥当的诠释。笔者将在两个层面就中国宪法权利对中国宪法文本做出解读:一是简要的平面文本解读,二是立足中国宪法实践的动态解读。在本部分仅展开简略的平面解读,动态解读将在本章第三部分做出。

中国《宪法》文本由两个部分构成,即《宪法》"序言"与《宪法》正文。《宪法》"序言"确认了两个与认识中国宪法权利属性相关的权力与权利:其一,人民主权(《宪法》"序言"第5自然段),这种权力既是先于宪法而存在的权力,也是为宪法所确认的权利,其核心功能在于提供新的统治形式的正当性,因而是一种抽象意义的权力(权利),同时,这种抽象权力(权利)的运用与行使需要特定的组织与代表机制,这就是中国共产党的领导与代表机制;其二,阶层权利,执政党的领导与代表机制尽管使得抽象意义的人民主权具体化,但其有效运行还需要相应的具体的制度化机制,《宪法》"序言"第10自然段实际上确认了一个政治制度与一种特殊的主体类别。政治制度就是人民政协制度,一种特殊的主体类别就是在长期的革命和建设过程中形成的由执政党、各民主党派与社会团体代表的各个社会阶层,这些社会阶层享有以人民政协为制度平台、以"革命"与"建设"为核心内容的宪法权利。这种以阶层为主体的宪法权利就是中国宪法权利两个类型之一,其基本特点包括:第一,它是高度政治性的宪法权利,其所指向的目标是国家的整体政治秩序;第二,该种宪法权

---

[1] 陈端洪教授论证道:"既然宪法整体上是根本法,那我们就没有理由说基本权利不是根本法。"陈端洪:《论宪法作为国家的根本法与高级法》,载《中外法学》2008年第4期。很显然,这种论证甚为简单与粗糙。

利由宪法所确认而非规定;第三,该种宪法权利的主体范围与变化依赖于执政党的政治判断与政治识别;第四,该种宪法权利的实现具有间接性与被动性,即由特定党派与团体基于形势的判断而自上而下地获得权利实现。

《宪法》第2章"公民的基本权利和义务"则规定了以公民为主体的各种类型的宪法权利。这种类型的宪法权利最为中国法学学者所关注,但往往将之视为中国宪法权利的全部,从而忽视了以阶层为主体的另一种类型的宪法权利,同时,对这种宪法权利的属性也缺乏应有的揭示与讨论。与以阶层为主体的宪法权利相比较,其呈现如下特点:第一,这种类型的宪法权利是由宪法所规定的,而不是由宪法所确认的,宪法通过公民概念的规定完成了对这种类型的宪法权利的规范;第二,这种类型的宪法权利是法律性的或者说是治理性的,其所指向的目标是国家治理秩序;第三,影响与决定这种类型的宪法权利的享有与实现的因素具有多元性,既包括执政党这一系统的组织与代表机制状况,也包括人大和"一府一委两院"的权能与机制安排,还包括公民自身的各种能力与偏好;第四,这种类型的宪法权利在发端与实现过程中,公民具有一定程度的主动性与直接性,这一特征集中表现在人大的自下而上的代表逻辑上面。

通过对中国宪法文本的简要解读,我们发现了一个为学者所忽视的但甚为重要的宪法权利类型,即阶层宪法权利,由于这种类型的宪法权利是在《宪法》"序言"中被确认的,从而表现出与公民宪法权利极为不同的特点。而对于这两种类型宪法权利的各自内涵与关系的理解,当然可以通过对宪法文本更细致的解读来达到,但缺乏一定结构性理论支撑的宪法文本解读容易陷入误区,所以,对这两种类型宪法权利的更进一步挖掘需要特定的中国宪法理论体系的支援。

三、宪法权利实践中的中国宪法权利二重性分析

检视中国宪法权利实践,如果仅仅关注公民宪法权利,就会遇到众

多的疑惑与困境,比如:中国宪法文本中已经清晰地规定了各种公民权利,但为什么这些宪法权利很少能够在治理主权领域内切实享有并获得制度性保障？造成这种困境的原因是多方面的,但中国宪法权利的实践特点无疑值得关注。

中国宪法权利实践贯穿于新中国建设和发展的整个过程。出于解释的需要,笔者将1978年作为描述的起点,这种选择的原因是中国的改革自1978年开始。首先可以给出一个总体性结论,即在中国宪法权利实践中,阶层宪法权利的实现与保障较之于公民宪法权利更为活跃。为了论证这一总体性结论,可在纵向的历史描述中展开。

王绍光博士借用卡尔·波兰尼的"大转型"与"双向运动"两个分析概念描述了中国所发生的"双向运动"。[1]"双向运动"之一就是"从伦理社会到市场社会"的运动。在这一运动中,由于"发展"是主导意识形态,因此以效率为目标的各种市场法则就成为规制国家机构以及国家同公民关系的主导型依据。相对于国家与公民关系而言,虽然国家并没有完全开放公民行为的自主与自由选择空间,但公民毕竟获得了市场机制所需要的经济与职业选择自由,比如农民职业的分化与农民工阶层的形成、个体与私营工商阶层的兴起、以往各种身份制的变化等。[2] 对于这一社会转型,如果用宪法权利来衡量,似乎可以认为是中国宪法中所规定的各种经济自由权利的实现过程。在经济自由权的实现过程中,固然有公民主体自主与自由选择的成分,但是最为基本的因素则是意识形态的变化与改革开放的实施,在这个意义上,公民自由权的获得与其说是公民依据相对意义上的中国宪法自主实践的结果,不如说是基于中国发展战略的选择而自下而上的政治安排,所以,公民自由权实现的实质是政治的、阶层的,而非治理的、公民的,这就是在"从伦理社会到市场社

---

[1] 参见王绍光:《大转型:1980年代以来中国的双向运动》,载《中国社会科学》2008年第1期。本章在描述1978年以来的中国宪法权利实践时,重点参考了该篇论文中使用的材料与提出的观点。

[2] 详尽描述可参见李强:《社会分层十讲》,社会科学文献出版社2008年版,第十讲"中国社会分层结构的特点与变迁"。

会"转变过程中中国宪法权利实践的基本特点。

"双向运动"之二就是以"实质公平"与"协调发展"为核心取向的保护性反向运动,其重心在于通过"去商品化"的方式把一些与人类生存相关的服务(如医疗、教育、养老等)看作基本人权而不是市场交易的标的物,其目的是让人们可以不完全依赖市场而存在。[1]实现此目标的手段就是建立再分配机制。[2] 相对于本书的论证主题而言,主要是为了降低不安全所进行的最低生活保障、医疗保障、工伤保险、养老保险、失业保险等福利性社会保障制度建设。[3] 社会保障制度建设在宪法权利意义上似乎就是中国宪法所规定的公民平等权、福利权的实现,而在这种类型的宪法权利的实现过程中,虽然不能否认公民权利主张因素的存在,但起着根本作用的因素则是执政党的决断与国务院的依"令"而为,这种情况在"最低生活保障"得到了完整体现。对于城市居民的最低生活保障制度建设,上海市在1993年率先建立了城市居民最低生活保障制度,国务院也在1997年颁布了《关于在全国建立城市居民最低生活保障制度的通知》而开始在全国推行城市低保制度,但紧迫感并不强烈,可由于2001年下半年中央要求扩大对国有大中型企业特困职工低保的覆盖面,随后才逐渐将全国城镇符合条件的低保对象纳入保障范围。[4] 对于农村最低生活保障制度建设而言,尽管从1997年开始部分省市开始逐步建立最低生活保障制度,但还很不规范与普遍,但2004年中央1号文件强调要在有条件的地方探索建立农民最低生活保障制度后,出台建立农村最低生活保障制度的省份才逐渐增加,覆盖的农民人数也因此大幅提高;2007年在《中共中央国务院关于积极发展现代农业扎实推进社会主

---

[1] 王绍光:《大转型:1980年代以来中国的双向运动》,载《中国社会科学》2008年第1期。

[2] 参见王绍光:《大转型:1980年代以来中国的双向运动》,载《中国社会科学》2008年第1期。

[3] 详见王绍光:《大转型:1980年代以来中国的双向运动》,载《中国社会科学》2008年第1期。

[4] 参见王绍光:《大转型:1980年代以来中国的双向运动》,载《中国社会科学》2008年第1期。

义新农村建设的若干意见》(中发〔2007〕1 号)明确要求要于年内在全国范围建立农村最低生活保障制度,将符合条件的农村贫困人口纳入保障范围,重点保障病残、年老体弱、丧失劳动能力等生活常年困难的农村居民,并确保在年内将最低生活保障金发放到户,才使得农村最困难的群众第一次被纳入公共财政的保障范围,实现了从农民集体内部的互助共济体制过渡到国家财政供养的历史性转变。[1] 从最低生活保障制度的出台与适用范围的扩展来看,主要的决断者无疑是执政党,同时,也表明宪法权利保障特点,这也是中国宪法运行双轨制的显现。

中国宪法权利的二重属性不仅存在于宪法文本,而且也展现在中国宪法权利的实践中。经由宪法文本分析发现了阶层宪法权利与公民宪法权利的存在;经由宪法权利实践的描述解释了中国宪法权利实践的核心是阶层宪法权利实践,以及阶层宪法权利与公民宪法权利杂陈交叠的复杂情形。如果说,我们对中国宪法权利二重属性的发现尚具一定的学理依据,也能为中国宪法权利实践所证明,那么,需要进一步追问的问题或许是,中国宪法权利的二重属性对中国宪法权利制度建设有何启示性意义?

四、简要结语:中国宪法权利实践的新素材与新动向

中国宪法权利制度实践的新素材一方面集中体现在备案审查制度的发展和完善上。郑磊教授认为,2023 年是完善备案审查制度体系的一个标志性年份,其工作部署包括修改《立法法》《各级人民代表大会常务委员会监督法》,研究出台《全国人大常委会关于完善和加强备案审查制度的决定》。以审查方式为范例,郑磊教授分别从备案审查工作情况报告的相关内容体例中,梳理其工作实践逻辑和经验知识,从 2019 年《法规、司法解释备案审查工作办法》的审查方式章节中,凝练其工作机制内

---

〔1〕 参见王绍光:《大转型:1980 年代以来中国的双向运动》,载《中国社会科学》2008 年第 1 期。

涵结构,从经由《立法法》第二次修改实现全线入法的四类审查方式条款的修改比对中,揭示该法律制度的入法轨迹及其规范内涵。审查方式实现制度化的"工作实践—工作机制—法律规范"路径,可以成为宪法监督规范化、程序化一种典型路径,并为从中梳理凝练其规范内涵,提供阶段参考、载体参考等多方面借鉴。[1] 备案审查制度虽然包含了公民权利的成分,但其核心是机构之间的权限关系。由此,在制度上凸显公民的主体地位就十分必要与迫切。

中国宪法权利制度实践的新素材另一方面集中体现在全过程人民民主的提出。如果以法学视角观察"全过程人民民主",那么,其首先是宪法问题。之所以做出这样的判定,主要原因有:其一,全过程人民民主若能规范运行,那么,其首先需要宪法的规制,换言之,全过程人民民主就是宪治民主;其二,全过程人民民主的运行当然需要具有"问题意识",也需要有效有力地应对和解决迫切的问题,依据依宪治国的总体要求,"问题意识"首先应是宪法意识,应对和解决问题的方法也应该是宪法方法;其三,全过程人民民主的运行需要接受效果评价,而评价的标准应是权力的规范运行和权利的规范保障,毫无疑问,这首先是宪法标准。党的二十大报告提出了"全过程人民民主是社会主义民主政治的本质属性。是最广泛、最真实、最管用的民主"的论断。王晨通过学习领会,认为"全过程人民民主"有以下重要特征和核心要义:一是人民立场,二是历史必然,三是制度保障,四是全程贯通,五是真实管用,六是动态推进,七是系统评价。[2] "全过程人民民主"不只是理论命题,更是重大的实践课题。以"实践是检验真理的唯一标准"视之,"全过程人民民主"最终要落实到"真实管用"上,或者说,需要落实到宪法效果的系统评价上。

以全过程人民民主的宪法属性为依托,中国宪法权利的实践可能会

---

[1] 郑磊:《四人备案审查方式的制度化轨迹》,载《北京航空航天大学学报(社会科学版)》2023年第5期。

[2] 王晨:《全过程人民民主是社会主义民主政治的本质属性》,载《党的二十大报告辅导读本》,人民出版社2022年版,第34—36页。

有一个新的面貌。因为全过程人民民主的制度展开,需要形成一种以人民为中心的权利运行体系及监督体系。[1] 这样,就需要激活《宪法》所规定的各项民主权利。在这个意义上说,宪法文本、备案审查制度和全过程人民民主就会形成动态的逻辑关系,从而使中国宪法权利实践呈现出新动向。在此过程中,宪法解释学、规范宪法学乃至宪法政治学就会形成密切合作的学术格局,从而促进中国宪法权利实践达到"真实管用"的目标。相对于本章内容来说,就是在宪法文本和宪法实践、阶层宪法权利和公民宪法权利形成更加规范的关系。

---

[1] 任剑涛:《全过程人民民主视域下的权力监督》,载《广州大学学报(社会科学版)》2022年第3期。

第七章 中国宪法权利"新"类型的划分、解释与应用

一、问题的提出：为什么重提中国宪法权利的类型划分？

（中国）宪法权利问题一直是中国宪法学研究的热点与重点。从近几年学者关于（中国）宪法权利研究的情况来看，核心关注有三：

其一，（中国）宪法权利本体论研究。比如夏正林博士认为：从"是否基本"的角度来认识宪法上的权利不能满足宪法理论与实践的要求，甚至容易造成误解。相较于"基本权利"，"宪法权利"是更为规范的表述。宪法权利是表示个人与国家关系的概念。宪法权利体系基本包含每个人都享有的各种建构和控制政府的权利与个人基于人之目的性对国家提出诉求的权利两个方面，前者表示在一个共同体中的个人与其他所有人的关系，后者表示个人与包括他在内的整个共同体的关系。[1]

---

[1] 夏正林：《从基本权利到宪法权利》，载《法学研究》2007年第6期。

将"基本权利"表述为"宪法权利"具有重要意义,其不仅能够为以规范分析方法研究宪法权利奠定名义上的基础,也能够为依托成文宪法详尽阐释宪法权利的丰富内涵提供可能。但从夏正林博士对宪法权利体系内涵的归纳来看,所获得的内容与既有的"基本权利"内容并没有本质差别。可见,在夏正林博士的研究中,用"宪法权利"替代"基本权利"恐怕更多地具有形式上的意义,从而缺少本体上的价值。若去开掘宪法权利的本体内涵,就需要依托某个国家的宪法(尤其是中国宪法)对宪法权利展开规范与学理意义的分类,从而开掘出宪法权利的丰富内涵。又如张翔博士在研究基本权利冲突问题时认为,在民法、刑法、行政法等部门法中都存在基本权利冲突问题。[1] 张翔博士之所以会将基本权利冲突问题泛化,根本原因是在论证中并没有对基本权利做出恰切的分类与妥当的解释,而是径直把"基本权利必然发生冲突"当成不言自明的前提假定。由于在论证逻辑与实体问题研究上都存在欠缺,所以,在这种基础上得出的结论必然似是而非。

其二,(中国)宪法权利与法律权利的关系论研究。马岭教授认为宪法权利与法律权利的区别体现在三个方面:"宪法权利的主体是整体性的个人,法律权利的主体是个体化的个人或部分个人的集合体(法人);宪法权利是母权利,法律权利是子权利;宪法权利是抽象权利,法律权利是具体权利。"[2]

在制宪的意义上说"宪法权利的主体是整体性的个人,法律权利的主体是个体化的个人或部分个人的集合体(法人)"固然不错,但是,为什么有的国家宪法如《德国基本法》规定了法人的宪法权利?进一步说,法人享有的宪法权利是何种性质的宪法权利,或者说是属于宪法权利中的哪一个类别?反过来说,宪法规定的属于整体性的个人的宪法权利又属于何种性质的宪法权利,或者说是属于宪法权利中的哪一个类别?对于

---

[1] 参见张翔:《基本权利冲突的规范结构与解决模式》,载《法商研究》2006年第4期。
[2] 马岭:《宪法权利与法律权利:区别何在?》,载《环球法律评论》2008年第1期。

这些问题,马岭教授并没有给出充分的论证,而要做出进一步的充分论证,对宪法权利进行分类就是一个基本前提,这个前提也是马岭教授在解释过程中所缺乏的,也必然影响后两类区分解释效力。徐振东博士对马岭教授相关观点的批驳具有一定的合理性,但是,徐振东博士的某些主张实际上同样存在马岭教授论证中的弊病。如其认为基本权利是现实化的权利,而非抽象意义上的权利;是公民可以直接主张的权利,而非只有诉诸法律具体化才有实效性的权利。[1] 是所有的基本权利或宪法权利都是现实化的权利吗?是所有的基本权利或宪法权利都可以直接主张吗?在理论观点上,徐振东博士与马岭教授位于两极,但在没有对宪法权利做出恰当区分上却是共同的。

其三,中国宪法权利保障机制研究。学界对中国宪法权利保障机制的研究往往附着在中国宪法实施问题上,在研究模式上,主要包括"宪法法律论"与"宪法实施机构论"两种。对于"宪法法律论",笔者曾从研究假定、论证逻辑、论题指向与论证策略四个方面做出了相应评价,[2] 这里不予赘述。而在"宪法实施机构论"这一研究模式中,学者的机构机制设想与设计都集中在合宪性审查制度上。不论是司法审查制与宪法法院审查制,还是复合审查制,[3] 似乎都怀有把中国宪法权利的保障囊括在某种宪法审查制中的学术抱负,但是,如果这种学术抱负是建立在缺乏对中国宪法实施与中国宪法权利属性的分类与解析的基础上,那么,无论抱负有多么伟大,最终都可能沦为学者的梦呓与一厢情愿。事实上,中国宪法实施存在着极为不同的面相,笔者曾以政治宪法学、宪法社会学与规范宪法学为依据,归纳出政治化实施、惯例化运行与规范性缺失

---

[1] 徐振东:《基本权利冲突认识的几个误区——兼与张翔博士、马岭教授商榷》,载《法商研究》2007 年第 6 期。

[2] 详尽内容可参见韩秀义:《中国宪法实施研究模式评价》,载《东吴法学》2009 年春季卷,中国法制出版社 2009 年版。

[3] 这三种审查制的主要内容,可参见胡锦光主编:《违宪审查比较研究》,中国人民大学出版社 2006 年版,第 368—373 页。

三个面相。[1]从逻辑实证角度看,针对不同的中国宪法实施面相应采取不同的应对措施,毕其功于一役的愿望既不可能也于事无补。相应地,若不能对中国宪法权利进行类型学意义的划分,企图以某种合宪性审查制度来应对中国宪法权利保障问题,也同样是"汉话胡说"[2]与无的放矢。

从对(中国)宪法权利研究所存在的种种缺失来看,一个重要原因是学者没有对(中国)宪法权利做出或使用具有"针对性"与"科学性"[3]的划分。针对这种弊病,就要提出一个问题:中国宪法学者目前对中国宪法权利的划分[4]是一种怎样的状况?即既有的分类是否具有针对性与科学性?如果为是,说明研究中国宪法权利的学者忽视甚至无视这些分类;如果为非,那就说明有重新考虑中国宪法权利划分的必要。为了讨论的便利,现以韩大元与胡锦光二位教授、林来梵教授对基本权利或宪法权利的分类为例来展开分析。

韩大元与胡锦光二位教授对基本权利分类的标准是主体、性质、内容、法律效力基础、领域与文化传统,并在基本权利的内容分类中对中国公民基本权利做出了八种分类。[5]首先,关于基本权利或宪法权利分类

---

[1] 详尽内容可参见韩秀义:《中国宪法实施的三个面相——在政治宪法学、宪法社会学与规范宪法学之间》,载《开放时代》2012年第4期。

[2] 此为项飚博士之语,使用背景与基本意蕴可参见项飚:《普通人的"国家"理论》,载《开放时代》2010年第10期。

[3] 这里的"针对性"主要包括两个层面的内涵:一是对中国宪法权利的类型划分要针对中国宪法学研究中所要解决的核心问题,诸如中国宪法权利的内涵究竟是什么、中国宪法权利之间能否发生冲突及冲突的本质是什么;二是对"中国宪法权利的护卫机制究竟如何设计才可能具有逻辑和现实的可能性"做出务实的、有针对性的应对与解释。这里的"科学性"也主要包括两个层面的内涵:一是在分类上一定要坚持分类标准的统一,从而保证分类成果的科学性;二是在寻求分类资源时,除了坚持规范标准外,还要对法理学、伦理学、政治学等学科开放,使得分类成果可获得多学科资源的支持,从而增强分类的"科学性"比重。当然,本书只是以针对性与科学性为目标,至于分类成果是否具有针对性与科学性,既要看这种分类能否比较合理地解释与解决相关问题,也要看能否经受住相关学者对笔者所认为的"针对性"与"科学性"质疑。

[4] 由于本章论题是中国宪法权利,所以,在论证中不会涉及西方的宪法权利分类,根本原因是西方的宪法权利虽然对分析中国宪法权利具有启发与借鉴意义,但不能成为中国宪法权利分类的替代。

[5] 参见胡锦光、韩大元:《中国宪法》(第2版),法律出版社2007年版,第182—185页。

的篇幅很小,这似乎从客观上说明了韩大元与胡锦光二位教授并不认为基本权利的分类具有多么重大的学理与制度意义。其次,就分类标准的选择与解释而言,似乎也不能凸显基本权利或宪法权利的独特内涵。其中,主体标准、性质标准、领域与文化传统标准可谓是划分权利的共同标准,公民与法人不但可以是宪法权利主体,也可是法律权利主体;绝对与相对不但是宪法权利的性质,也可是民事权利的性质;不仅宪法权利具有地域与文化基础,法律权利也依然具有相同的基础。所以,这三类标准并不能揭示出中国宪法权利的独特内涵。最后,宪法权利与法律权利的内容当然不同,所以从内容上对宪法权利进行分类极有可能展现宪法权利的特质,但从对中国公民基本权利的类型归总来看,似乎不是分类,而是对宪法内容的变相照抄。之所以说不是分类,是因为这八种类型的基本权利不能同设在一个标准之下,"特定主体权利"与"人身自由""宗教信仰自由"存在共同的标准吗?"平等权"与"政治权利与自由""文化教育权利"在同一权利位阶上吗?由此观之,韩大元、胡锦光二位教授对中国宪法权利的分类是不成功的,也因此不可能为中国宪法权利研究贡献具有针对性与创新性的知识与思想。

就林来梵教授的"六分法"或"八分法"[1]而言,所存在的问题主要是如何处理"平等权""人格权"与其他种类权利的关系。如果不能准确定位"平等权"与"人格权",那么,其分类逻辑上的混乱就不能获得解决。林来梵教授在后来关于平等权与平等原理的解释中说,形式上的平等原理仍然适用于对人身自由、精神自由、人格尊严乃至政治权利等宪法权利的保障。[2]这是否意味着平等权对这几项权利具有居高临下的指引与保障作用呢?如果是的话,显然,林来梵教授的所谓分类在逻辑上仍然是混乱的。当然,宪法权利分类的本质作用并不在穷尽所有的宪法权利,而在于通过合乎逻辑的分类,真正触摸到宪法权利的内在属性。

---

[1] 详见林来梵:《宪法学讲义》,法律出版社2011年版,第226—227页。
[2] 林来梵:《宪法学讲义》,法律出版社2011年版,第275页。

在这一意义上说,林来梵教授的关于中国宪法权利或基本权利的分类依然存在重大缺陷。

从既有的关于中国宪法权利的分类来看,存在的问题主要有两个方面:其一,在分类标准上存在着不统一的缺陷,这样,所获得的分类结果要么存在交叉,要么互不相关,进而使得分类的科学性被破坏,导致分类本身的科学性颇受怀疑;其二,在分类内容上存在着针对性不足的问题,分类针对性的基本要求是应对中国宪法权利的本质属性为对象,力争以恰切的分类标准为支点来进行中国宪法权利的分类,如果关于中国宪法权利的分类针对性不强,就会在解释中国宪法权利的具体内容时流于"一般化"与"普适性"。本来,以中国宪法的规定为依据进行分类应该具有针对性,但从韩大元、胡锦光与林来梵三位教授的既有学术成果来看,要么根本不是分类,要么是分类逻辑混乱,这样就不仅影响了分类的科学性,也削弱了分类成果的针对性。分类针对性与科学性的基本要求是应将中国宪法权利的特有属性挖掘与展现出来,进而提炼、抽象出能够深入解释中国宪法权利问题的关系原理,而既有分类的本质性缺陷恰恰是针对性与科学性的贫乏。

既然关于中国宪法权利的研究状况需要改变,既然造成中国宪法权利研究缺陷的一个重要原因是分类的针对性与科学性不足,既然现有的关于中国宪法权利的分类不能弥补这种不足,那么,重新提出并考虑中国宪法权利的分类在学理上就具有了必要性,相应地,在学术实践上也到了刻不容缓的地步。这就是本书的问题意识,也是本书的核心主题。或许会有学者认为,中国宪法权利的缺陷是没有形成一个或一种系统化的保障机制,这才是中国宪法权利所存在的根本问题,对此,我们表示认同,但如果继续追问,中国宪法权利系统化保障机制该如何考虑或设想呢?回答这一追问,不可避免地要触及中国宪法权利的内涵与分类,所以,对中国宪法权利进行有针对性与科学性的类型划分乃为在制度层面设想中国宪法权利系统性保障机制的学理前提。

在接续下来的论证中,笔者将首先提出对中国宪法权利"新"[1]类型的划分,并对其做出较为详尽的解释;其次,出于验证"新"类型划分解释力的考虑,拟应用所提出的"新"类型对中国宪法权利的本体论与关系论、中国宪法权利的护卫机制做出解释与展望。

二、"单一与复合"和"基本与非基本":中国宪法权利"新"类型的划分与解释

张恒山教授在分析法律权利问题时指出:"法律权利作为关于一种行为的肯定性评价和认可,表面上是由法律规则所规定的。法律权利之所以离不开法律规则的规定,是因为:首先,没有法律规则的规定,就不可能有法律权利存在的法律依据;其次,在实践中,任何一个主体要享有某项权利,都要在客观情势上符合、满足法律规则关于时间、地点、身份、行为、事实等方面的条件要求。所以,从表面上看或形式上看,说法律权利来自法律规则的规定并不为过。"[2]

这显然是从法律依据或法律形式角度认识法律权利的,虽说这是分析法律权利不可或缺的角度,但它并不深刻,因为仅从这种角度出发必无法获知法律权利的内容与来源。因此,张恒山教授继续分析道:"法律权利所表示的行为正当性来自社会成员们的确认和国家的确认,其中,社会成员们的判断是权力行为的正当性的本源,国家的判断使权利行为获得坚实的保障。"[3]

这显然是从内容与实体角度看待法律权利的。所以,从法理学角度

---

[1] 之所以给"新"字加上引号,主要原因是:一,所谓"新"类型的划分,并不是和以往分类的决裂,而是要吸取以往分类的有益内容,所以,这种"新"为历史承继性所限定的;二,所谓"新"类型的划分,其相当一部分实体内容是来自法理学甚至伦理学、道德哲学,所以,这种"新"也只是相对于中国宪法学而言的,由于受到其他学科的支持,就使得这种"新"具有了相对性;三,所谓"新"类型的划分,是笔者的一种学术期许,尽管笔者已对中国宪法权利问题展开了研究,尽管也吸取与借鉴了宪法学与其他学科的研究成果,但"新"能否成为新,还需要学界同仁的评判。所以,出于谨慎与学术"防卫"的考虑,就给"新"字加上了引号。

[2] 张恒山:《法理要论》(第二版),北京大学出版社2006年版,第339页。

[3] 张恒山:《法理要论》(第二版),北京大学出版社2006年版,第340页。

认识与解释法律权利,法律权利的形式依据与实体内容乃为不可缺少的两个角度,这种观点对于认识与解释中国宪法权利具有极大的启发性与借鉴性意义与作用,即若要对中国宪法权利进行类型划分,至少应该从宪法权利的形式依据与实体内容两个方面展开。

就中国宪法权利形式依据的寻找而言,可有两个途径:一是对现行中国宪法文本的解读,二是从学理上对中国宪法形式的提炼与归总。对于中国现行宪法的结构,翟志勇博士做出了三层的复合式解释:

> 第一层是法国大革命所开启的激进主义的大众民主,体现为宪法序言中对于人民当家作主的申说;第二层是马克思列宁主义传统中的无产阶级专政,表现为宪法序言中所确立的党的领导,人民当家作主与党的领导经常结合在一起;第三层是今天主流的宪治传统,表现为依法治国、私有产权和人权保护。[1]

这种结构性解释虽然在方向上明确了中国宪法的基本内涵,但若将其理解为宪法形式,还不够具体、明确,所以,还需要将之细化。笔者曾对中国宪法形式做出了政治性宪法形式与治理性宪法形式的提炼与归总。[2] 依此或可认为,翟志勇博士总结的第一、二层内容可归入政治性宪法形式中,第三层内容可归入治理性宪法形式中。

在对中国宪法形式做出简要说明的基础上,就可以对单一性中国宪法权利(以下简称"单一宪法权利")与复合性中国宪法权利(以下简称"复合宪法权利")的表象与形式内涵进行初步地界定与限定:

所谓单一宪法权利,是指以政治性宪法形式为存在依据的宪法权利。单一宪法权利的特点包括:一是具体的而非抽象的,二是现实的而非或然的,三是可直接主张而非间接主张。另外,在依据适用方面,要根据单一宪法权利的类别分别适用,规范适用的弹性空间颇为狭小,从而

---

[1] 翟志勇:《八二宪法修正案与新的宪治设计》,载《战略与管理》(内部版)2012 年第 3/4 期。本章在引述时,省略了翟志勇博士的评价部分,特此说明。

[2] 详见韩秀义:《阐释一个真实的中国宪法世界——以"宪法常识"为核心》,载《法律科学》2011 年第 5 期。

呈现极为刚性的特点。

所谓复合宪法权利,是指存在依据不仅包括宪法形式,还包括法律形式的宪法权利。复合宪法权利的特点包括:一是抽象的而非具体的,二是或然的而非现实的,三是可间接主张而非直接主张。另外,在这种复合性依据构成中,由于宪法形式只是一种框架,所发挥的作用也只是一种指引或导引,其实体内容有赖于法律权利行为的添加,所以,在依据适用方面,适用规则较为复杂,同时,适用弹性空间很大,从而呈现比较柔性特点。

为了更为具体地解释与展现单一宪法权利与复合宪法权利形式上的内涵,现以一例再加说明。中国现行《宪法》第13条第1款规定:公民的合法的私有财产不受侵犯。这是关于公民私有财产权保护的规定。但若提出公民私有财产权中的"财产"从何而来这样的问题,该如何回答呢?蔡定剑教授是从劳动收入层面来做出回答的。[1] 问题是,公民财产只有劳动这一来源途径吗?或者说,在公民不劳动的情况下,不能取得或享有相应的或最低数量的物化财产或有形服务吗?比如一位7岁女孩不幸患上了白血病,在父母无力支付医疗费用的情形下,难道不能享受相应的医疗服务吗?如果小女孩有权利享有医疗服务,那么,这种权利又是怎样获得的呢?此时可能会回忆起中国是社会主义国家,如果以此思路延展下去,就可以断定:这种权利的来源是分配。而中国的社会主义制度,是政治选择与决断的结果。在这个意义上,就可以将生命健康保障权视为基于一国尤其是中国的政治性宪法形式而存在的权利,这种权利也就是单一宪法权利。而劳动权的存在当然有宪法形式依据,但宪法形式只是规定了公民有劳动的权利,至于劳动权的内容是什么(即何种劳动权)以及能否实现还处于不确定的状态,而要使之明确与具体,就需要相应的劳动法律形式走向前台,与宪法形式一道完成对劳动权的保障与规制。在这个意义上,劳动权就是一种基于宪法形式与法律形式

---

[1] 参见蔡定剑:《宪法精解》,法律出版社2004年版,第177页。

而存在的权利,这种权利也就是复合宪法权利。

依据张恒山教授的前述观点,仅从宪法形式角度来划分中国宪法权利还只是一种表象的、形式化的解释,所以,深入中国宪法权利的内部进而挖掘其丰富的内涵就是关于中国宪法权利"新"类型划分与解释的另一重要内容。对中国宪法权利内容的划分与解释,笔者准备从"基本权利与非基本权利"划分的角度展开。

对权利做出"基本与非基本"的划分具有悠久的历史传统,同时也是比较简单的分类。但正如王海明教授所指出的:

> 这两种权利的源泉和依据问题却极为复杂难解,以至从亚里士多德到罗尔斯两千年来,思想家们一直努力探寻:究竟为什么每个人应该享有基本权利和非基本权利?每个人享有基本权利与非基本权利的源泉和依据究竟是什么?这个难题至今没有得到可以自圆其说的解析。[1]

王海明教授探寻的结果是,一切权利都只能依据于贡献并按贡献进行分配。[2]

笔者认同按照贡献分配权利的主张(即"贡献论"),基本理由包括两个方面:

其一,贡献论能够弥补天赋人权论的缺陷。若坚持天赋人权论,那么杀人犯就不能被剥夺生命权,原因很简单,因为杀人犯也是人。而依据王海明教授的解释:

> 杀人犯等坏人之所以不应享有人权,并非因为他们不再是人,而是因为他们对他人和社会的损害已超过了他们参与缔结创建社会的贡献。严格说来,任何人,只要他给社会和他人的损害大于或等于其贡献,以至净余额是损害或零,他就不应该

---

[1] 王海明:《公正与人道:国家治理道德原则体系》,商务印书馆2010年版,第171—172页。

[2] 参见王海明:《公正与人道:国家治理道德原则体系》,商务印书馆2010年版,第172页。

再享有人权——他至多只应该享有人道待遇,享有他做为人所应享有的利益而非权利。[1]

将贡献论再做延伸性应用,宪法学者通常认为的基本权利的"固有性"就值得仔细辨析与再推敲。若承认基本权利的固有性,那么这种固有性的根基究竟是什么?按照林来梵教授的解释:

基本权利的固有性,指的就是这类权利是人既然作为人那么在道德或哲学上就应该享有的,而所谓"天赋"或上帝赋予,其实就是"固有性"的另一种强有力的表述。[2]

可见,这种对基本权利"固有性"的解释是价值论的与目的论的,虽说价值具有力量,但由于价值本身需要再解释,在再解释的过程中,极易发生价值异议与价值争执,达不成共识的价值不但可能削弱价值的力量,而且也可能由于价值争议导致信奉不同价值的人群发生行为对抗甚至战争,这时,寄托在基本权利之中的美好愿景恐怕就要受到损害乃至毁灭。而从贡献出发来解释基本权利的固有性,即有贡献就有权利,就能够夯实"固有性"的实证根基,从而使得基于贡献而存在的基本权利主体就可以理直气壮地主张与捍卫基本权利,进而使得基于贡献的基本权利较之于基于天赋的基本权利更加具有可信性、可主张性、可操作性,也就必然更具行动的力量。

其二,贡献论可以解释中国宪法权利主体类型的变化。之所以用贡献论能够解释中国宪法权利主体的变化,根本原因是贡献一定是某个人或某个群体甚至是全体的贡献。另外,近代以来中国的国家建设的根基并不是以个人权利为基础的所谓契约论,而是以强国富国为目标的、以马克思主义政党为主体、以相应的意识形态作为组织与动员机理的国家论。所以,哪些阶层及该阶层中的个人能够成为宪法权利主体,就需要以中国社会的政治、经济等具体形势为背景通过意识形态来识别

---

[1] 王海明:《公正与人道:国家治理道德原则体系》,商务印书馆2010年版,第176页。
[2] 林来梵:《宪法学讲义》,法律出版社2011年版,第199页。

"贡献"。

进入21世纪后,尤其是中共十七大明确提出"社会建设与人民幸福安康息息相关。必须在经济发展的基础上,更加注重社会建设,着力保障和改善民生,推进社会体制改革,扩大公共服务,完善社会管理,促进社会公平正义,努力使全体人民学有所教、劳有所得、病有所医、老有所养、住有所居,推动和谐社会建设"。所以,随着意识形态的变化,"贡献"也经历了意识形态化向"去"意识形态化的变化过程,最终达到了对社会各个阶层的全覆盖。相应的,中国宪法权利的存在依据也完成了从意识形态的贡献向社会的贡献之转变。

既然是以"贡献论"来解释中国宪法权利的源泉与依据,那么"贡献"本身是否可以再加分别呢?

王海明教授认为:

> 贡献可分为基本贡献与非基本贡献(即"比例贡献")。所谓基本贡献,就是每个人在缔结社会中所做出的一切贡献,这种贡献不仅是最基本、最重要的,而且对每个人来说都是相同的。之所以每个人的贡献相同,只是因为不论人的才能大与小、品德高与低、贡献多与少,但在缔结、创建社会这一最基本最重要的贡献和因其蒙受的损失上却完全相同。[1]

既然每个人的基本贡献相同,那么每个人所享有的基本权利也就应该完全平等,完全平等就是基本权利的分配原则。

王海明教授认为:

> 所谓非基本贡献,就是在做出了基本贡献(付出)及社会存在的前提下,每个人因为个人能力的不同、机遇的有无等因素而对社会所做出的有差别的贡献。以非基本贡献为依据而由每个人享有的权利就是非基本权利。非基本权利的分配原则

---

[1] 参见王海明:《公正与人道:国家治理道德原则体系》,商务印书馆2010年版,第172—173页。

是比例平等原则,即每个人因其贡献不平等而应享有相应的不平等权利。[1]

依据贡献的不同类别,就可把中国宪法权利在内容上划分为"基本权利与非基本权利",若将这种划分同中国宪法权利的形式划分联系起来,就是基本权利是同单一宪法权利相对应的,非基本权利是同复合宪法权利相对应的。但仅仅提出"基本权利与非基本权利"的划分,简单说明中国宪法权利形式分类与内容分类的对应性,在内容的丰富性上依然有所欠缺。因而需要对基本权利与非基本权利的具体内容做出进一步的解释,并说明基本权利与非基本权利之间的相互关系。

对基本权利与非基本权利内容的解释与归纳,学理分析与规范解释是两个基本途径,由于篇幅所限,这里只做学理分析。

每个人因为均参与了社会的缔结与创建,所以都对国家做出了基本贡献,以基本贡献为依据,就可将基本权利在学理上归纳为如下三类内容:

第一,因基本贡献每个人均便具有了相同的资格,所以也就应该享有平等的国民或公民地位,即公民的平等身份权,核心是政治地位与法律地位的平等。

第二,因基本贡献每个人便享有了由国家所保护或所保障的生存条件权。如生命健康权、人身权、财产权就是公民享有的受保护权,这种受保护的对象或利益具有天然或自然属性,所以不需要国家的分配;如最低生活保障、医疗保障、养老保险、失业保险等就是公民基于国家分配而享有的受保障权,这种受保障的对象或利益不是天然生成的,而是由于每个人参加了社会的创建由国家所付出的,但要说明的是,国家的这种付出绝不是什么"恩赐",而是由于每个人的付出国家因此所必为的。生存条件权不仅是实体的、现实的,而且也是完全平等的。相对于公民的

---

[1] 参见王海明:《公正与人道:国家治理道德原则体系》,商务印书馆2010年版,第178—179页。

受保护权来说,核心是各种保护措施的平等;相对于受保障权来说,核心是国家分配的平等。在这一意义上,生存条件权是维护社会公正的根本手段,或者说,只要存在生存条件权的缺失,哪怕就是一个人的生存条件权没有得到保护与保障,这个社会就是不公正的社会,所以,生存条件权具有极为刚性的特点。

第三,因基本贡献人们缔结了社会、创建了国家,每个人便应该平等地享有利用社会和国家所提供的各种基础资源(如基础教育资源)的机会,这种权利就是平等机会权。平等机会权如生存条件权一样,也是维护社会公正的根本手段,或者说,只要存在对基础资源不平等的提供或分配,这个社会就是不公正的社会。另需说明的是,平等机会权是以国家与社会为核心的,不同于非基本权利,具体区别下文将会做出解释。

就基本权利的三项具体内容而言,平等身份权在逻辑上具有能动性,其具体内容要由公民的主动能动行为来赋值与填充,所以,抽象性与概括性就是此种类别基本权利的特点。生存条件权与平等机会权则具有受动性或被动性,或者说,这两种基本权利保护与保障都是由国家和社会通过积极行为来完成的,所以,为了达到规制国家与社会的宪治目的,就需要将之具体化,以便使之具有可操作的刚性特征。另外,如果要对基本权利的精神实质做出提炼的话,那么,可以认为,平等乃为基本权利的灵魂。

每个人因为非基本贡献而享有了非基本权利,而之所以会产生非基本贡献不平等的现象,主要是因为人的主体性因素存在差别所致,因此,对非基本权利的内容做学理分析可从主体地位与自由的角度进行归纳:

第一,基于公民的政治主体地位而享有政治参与权。这种权利的本质在于"公民主宰国家"。公民通过行使政治参与权来决定国家意志的形成、法律的制定。这种权利行使的主要机制就是"代议制"[1]。将政治参与权定位于非基本权利，可能会受到学者的非议，但笔者坚持把政治参与权的性质限定为非基本权利，主要有四个理由：其一，政治参与权是否行使以及怎样行使，完全取决于公民的自由选择。其二，政治参与权行使的效果也主要由公民的能力所决定。其三，在行使政治参与权的过程中，由于存在利益分化甚至利益矛盾，所以，就可能导致能力较强的利益集团主导国家意志的生成与法律的制定，进而会对能力较弱的群体造成损害，比如基础资源的不平等分配。在非基本权利与基本权利相冲突的情况下，在逻辑上必须坚持基本权利优先，从而节制非基本权利的运用。其四，政治参与权的非基本权利定位，恰恰想表明这样一种立场：一个国家存在怎样的基本权利制度，在政治上恰恰是为政治参与权的行使所决定的，所以，政治参与权较之于基本权利就更加重要，进一步说，因为基本权利事关公民的共存，进而影响了国家的整体存续，所以，基本权利就具有了以整体秩序为指向的优先性；因为非基本权利事关每一位公民自身的潜力开发与可能性实现，这种实现的成果又是基本权利保障的支撑，所以，非基本权利就具有行动上的优先性。或许正是在这个意义上，王海明教授才认为基本权利是满足人们基本的、起码的、最低需要的权利，而非基本权利则是比较高级的权利。[2]

第一，基于公民的政治主体地位而享有的政治表达权。这种权利的基本内涵是公民通过各种表达行为来影响而非决定国家机构的立法、决策及各种具体行为。在内容上主要包括以出版行为为载体的思想表达权和以集会、游行、示威等行为为载体的意见表达权。

第二，基于公民关于政治参与与政治表达实效的考虑所享有的政治

---

[1] 在中国，实际上存在着两种"代议制"，即"选举式代表"与"规律—使命式代表"，前者就是以人民代表大会为核心的代表制或代议制，后者就是以执政党为核心的代表制或代议制。关于这两种代表制的对照与分别，可参见景跃进：《代表理论与中国政治：一个比较视野下的考察》，载人大复印报刊资料《中国政治》2007年第8期。

[2] 参见王海明：《公正与人道：国家治理道德原则体系》，商务印书馆2010年版，第171页。

结社权。这种权利的核心作用在于保证政治参与与政治表达的政治效果与法律效果,在这个意义上,政治结社权乃为政治参与权与政治表达权的保护性、支持性与手段性权利。

第四,基于公民趋利避害的经济与社会属性所享有的自由选择权。这种权利的主要作用在于,公民通过行使相应的自由选择权来实现特定的经济利益与社会利益。主要包括经济自由权与社会自由权。如从事各种民商事行为、组建各种民商事组织就属经济自由权,而如自由迁徙、组建各种非营利非政府组织就属社会自由权。

第五,公民基于主体能力维续与提高的需要而享有的受教育权[1]。把受教育权独立化并将之定位于非基本权利与主流看法存在很大的不同,因而显得很"大胆",所以,如此处理的理由必须要做出相应的解释。其一,受教育权不同于基本权利的标志是,基本权利中的生存条件权与平等机会权以国家与社会为核心,国家和社会对受教育权的根本使命在于提供均等化的基础教育资源与平等的机会,这是受教育权尤其是受义务教育权的前提与保障。而受教育权的主体是接受教育的主体,成年之前,决定是否接受学校教育及接受何种教育的主体主要是直接受教育者的父母(当然,未成年人接受义务教育具有强行性,但是接受国家提供的公立学校教育还是私立学校教育,父母依然具有相应的选择自由),成年

---

[1] 倪洪涛博士对"受教育权"一词提出了质疑,认为"受教育权"正是支配文化和服从文化的病灶,进而认为在学生在未满18周岁时,要有限制的使用"受教育权",而在大学时期,只能称之为"学习自由"或"学习权"。(参见倪洪涛:《学习权论:从义务教育到高等教育》,载胡肖华、倪洪涛等:《从失衡到平衡:教育及其纠纷的宪法解决》,中国法制出版社2007年版,第10、11—12页)这种质疑的缺陷在于:一是将"受教育权"中的"受"字理解成了"被""强制与支配",但为什么不将"受"字理解为"选择与接受"或"选择性的接受"呢? 二是学习权或学习自由是一个极为泛化的概念,即学习不仅在学校教育中存在,在公民的日常生活中也依然存在,这样的"学习权"或"学习自由"恐怕会因为辐射场域的广大而失去其内在的规定性。另外,倪洪涛博士还质疑道:受教育权既然是人人享有的宪法权利,为何还有竞争性考试的制度安排? (倪洪涛:《学习权论:从义务教育到高等教育》,载胡肖华、倪洪涛等:《从失衡到平衡:教育及其纠纷的宪法解决》,中国法制出版社2007年版,第12页)这种质疑显然是在没有对宪法权利类型划分的基础上所提出来的,同时也没有理解受教育权的非基本权利属性。所以,笔者坚持使用"受教育权"这一概念,并把"受"字理解为"选择与接受"或"选择性的接受",从而突出受教育者的主体地位与受教育权的自由特性。

之后，决定是否接受教育及接受何种教育的主体则是成年人自身。在这个意义上，完全可以把受教育权理解为一种基于主体的能力而享有的自由权，因此就属于非基本权利。其二，依据学者观点，教育的一个关键性目标就是通过教育，使每个人都能够做出一定水平的、独立的、批判理性的价值判断。[1]然而，就是在国家已经提供了均等化的基础教育资源的条件下，受教育者能否实现这一教育目标固然要取决于众多的因素，但无可否认的是，受教育者自身的智力水平、意志力等乃为重要因素，也就是说，受教育权目标本身能否实现具有极大的或然性，这也是同基本权利的重大区别。其三，在非基本权利中，如政治参与权、政治表达权、政治结社权与自由选择权的实现固然有许多影响与决定性因素，但公民自身的能力显然非常重要，可公民能力的一个重要培养途径就是接受教育，所以，受教育权实质之一就是其他公民非基本权利的保障性与支持性权利，在逻辑上，受教育权相对于其他非基本权利具有优先性，这是把受教育权在非基本权利类别上独立化的重要原因。

就非基本权利的五项具体内容而言，其共同特点在于主动性与能动性，这样就导致了非基本权利的内容大都是抽象的、概括的，具体表现为：在宪法形式上，非基本权利规范往往只是为非基本权利的行使提供了框架性与指引性规定，如比例原则、权利行使不得侵犯其他人的权利；在先法形式具有抽象与概括特点的前提下，非基本权利的具体内容就需要自由主体通过具体的法律行为获得，在规范依据上，主要就是部门法，而且以民商法为核心。比如，宪法规定了财产权，但获得财产的途径及合法性标准，则有赖于民商法的规定；再如，宪法规定了集会游行示威这种政治表达权，但这种权利如何行使，则有赖于相关行政法的规定。也正是因为权利依据具有了多元性，笔者才将非基本权利与复合宪法权利对应起来。由于非基本权利以公民主体行为作为载体，所以，其能否实

---

[1] 参见[澳]布莱恩·克里滕登：《父母、国家与教育权》，秦惠民等译，教育科学出版社2009年版，第7页。

现及实现效果如何均处于或然状态,但为了保障非基本权利行使的效果,以公民能力为核心的受教育权就在逻辑上具有优先性。另外,如果要对非基本权利的精神实质做出提炼的话,那么,可以认为,自由乃为非基本权利的灵魂。

基本权利与非基本权利各具自身的属性,也包含极为不同的内容,更具有不同的精神实质,这样,基本权利与非基本权利之间的关系也就极为复杂。这里只对其中的核心关系做出简要解释:

第一,在价值序列上,基本权利具有优先性;在功能序列上,非基本权利具有则具有重要性。当两者之间发生冲突时,必须坚持基本权利价值优先地位。

第二,在价值指向上,如果说基本权利致力于维护一个平等、公正的社会,那么,非基本权利则致力于创造一个自由的、充满活力的社会。也正是在这一意义上,王海明教授才认为公正是国家治理的根本道德原则,人道或自由则是国家治理的最高道德原则。[1]

第三,在功能作用上,非基本权利的真正享有与实现乃为基本权利存在与扩展的根基,或者说,非基本权利对基本权利具有功能上的支撑和保障作用。非基本权利对基本权利的支撑和保障主要体现在三个层面:一则,非基本权利的享有与实现是对基本权利中的平等身份权的具体化:没有政治参与权等政治性宪法权利,公民的政治主体身份只能流于口号与意识形态宣示,从而不会具有实践价值;没有经济自由权与社会自由权,公民的法律主体地位也依然会空洞无物,也必然会导致法律主体的根基不稳甚至不存在。二则,一国是否存在以及存在怎样的生存条件权与平等机会权,在最根本意义上,取决于公民的政治选择和公民的财富创造。政治选择就是公民政治性宪法权利的运用,财富创造就是市民民商事权利的行使及保障。三则,一国应当具有怎样的基本权利制

---

[1] 可见王海明:《公正与人道:国家治理道德原则体系》,商务印书馆2010年版,"标题目录"。

度,尤其是生存条件权的标准与范围如何设定,既有赖于政治性宪法权利的理性行使与理性要求,也取决于一国财富的丰富程度。显然,这些条件都包含着理性的、负责任的公民的培育与锻造,这恰是受教育权的基本功能。在这个意义上,受教育权这种非基本权利,不仅在反哺着其他非基本权利,也在为基本权利做着不可替代的贡献。

第四,在彼此的动态关系上,不能因为基本权利的价值优先性而对非基本权利的行使进行钳制,因为非基本权利的实质是自由,也是社会繁荣、国家强大的命脉;也不能因为非基本权利的功能重要性而忽视基本权利的平等与公正,因为基本权利是平等与公正的象征,也是社会与国家稳定的基石。事实上,两者之间完全能够形成良性互动关系,若实现这一动态的良性目标,恐怕既需要政治与道德上的敏锐与执着,也需要(行政)治理与功利上的科学与理性[1]。

尽管笔者比较"大胆地"从中国宪法权利的形式依据与实体内容两个角度,把中国宪法权利划分为两类四种,即单一宪法权利与复合宪法权利、基本(宪法)权利与非基本(宪法)权利,但这种划分是否具有解释力以及解释力如何,还需要应用这种"新"类型,进行相应的理论与制度验证。

三、"新"类型应用之一:对中国宪法权利本体及衍生问题的理论解释

从学者关于(中国)宪法权利理论问题的讨论来看,主要集中在两个方面:其一,对宪法权利的内涵、效力、冲突等问题的研究,笔者将之称为宪法权利的"本体论"研究;其二,由本体论研究所衍生的或派生的"关系论"研究,关系论研究又可分为两种情况,一种是讨论宪法权利与法律权利之间的关系,尤其是宪法权利与民事权利之间的关系;另一种是讨论

---

[1] 对于"政治与道德""功利与行政"的使用,受到了胡水君研究员的启发。详尽内容可参见胡水君:《中国法治的人文道路》,载《法学研究》2012年第3期。

宪法与部门法之间的关系，尤其是宪法与民法之间的关系。在应用"新"类型解释宪法权利问题时，将按照"宪法权利本体问题→宪法权利与法律权利（尤其是民事权利）关系问题"与"宪法与部门法（尤其是民法）关系问题"的顺序展开。

就宪法权利本体问题而言，至少可以拆分成三个子问题，以下分而释之析之：

第一，宪法权利的内涵究竟包含哪些内容？或，宪法权利究竟是什么？学界通常认为，宪法权利、"宪法上的权利"、基本权利、基本人权等用语所要表达的内涵本质上是相同的。[1] 对这些概念做统一化或混同处理，在西方宪治成熟的国家或许有其特定的道理，比如权利能够自由地主张与表达、具备良性的官民沟通互动机制以及公民的理性，但对于中国来说，必须要对这些概念做出严格的界分，以明确中国宪法权利究竟为何物。在这一意义上，夏正林博士主张"从基本权利到宪法权利"具有重大的规范意义，即宪法权利就是具有宪法形式依据的权利，但夏正林博士对于宪法形式依据并没有做出进一步地讨论，而试图用"两种宪法观"[2]的讨论来替代，这显然是一种避重就轻、答非所问的论证策略与逻辑，因此，在宪法权利的形式依据上，夏正林博士提出了问题，但并没有解决问题。如按照笔者的"单一与复合"的划分，就可获知：宪法权利的形式依据有单一的宪法形式与复合的宪法形式，由此，宪法权利就包括单一宪法权利与复合宪法权利。那么，哪些没有写进宪法的权利是否因此而成为"宪法外权利"了呢？对这一问题不能做绝对的、断然的回答，因为其不仅牵涉宪法权利的形式依据，还关联宪法权利的实体内容。

在实体内容上，宪法权利同基本权利、基本人权并不是同一内涵的概念。基本权利与基本人权应是同一内涵的概念，都是指人所应享有的最为基本、不可或缺的权利，这些权利当然是宪法权利的根本内容，但是

---

[1] 徐振东：《基本权利冲突认识的几个误区——兼与张翔博士、马岭教授商榷》，载《法商研究》2007年第6期。

[2] 详尽内容可参见夏正林：《从基本权利到宪法权利》，载《法学研究》2007年第6期。

宪法权利不仅包括基本权利,还包括非基本权利,所以,宪法权利是基本权利与基本人权的上位概念。由于宪法权利中有非基本权利这一内容,并且,非基本权利在宪法依据上具有复合性,所以,某项权利虽可能并没有所谓的宪法具体规范依据,但有部门法尤其是民商法的依据,在这种(些)权利不会破坏非基本权利比例平等原则的情况下,就可认为是宪法权利中的非基本权利。因此,相对于非基本权利来说,可能存在所谓的宪法外权利,但之所以存在宪法外权利,主要原因不是因为宪法没有规定,而是由于这种(些)权利没有部门法上的依据。那么是否存在基本权利层面的宪法外权利呢?如果仅仅从权利的宪法依据来看,没有写入宪法的基本权利就应该是宪法外权利,但是,由于基本权利在内涵上是人不可或缺的最起码的权利,与人本身须臾不可分离,所以,从基本权利的内涵与作用来看,不应该存在所谓的宪法外基本权利。这样,就需要协调基本权利的宪法依据与内容的关系,其中,一个重要的协调途径就是通过合理解释宪法形式来将基本权利涵括进宪法之中。

因此,对宪法权利内涵的认识与把握,固然可以通过本质主义的抽象来获知宪法权利的核心意涵,但是,通过对宪法权利的合理分类也仍然能够解析出宪法权利的丰富内容,并且这种解释也能够在某种程度上显示出宪法权利的本质属性。在宪法权利分类的层面上,就可以将宪法权利的内涵做出简要概括:

宪法权利是一种综合性权利,"综合性"体现在:在权利的规范依据层面,宪法权利是单一宪法权利与复合宪法权利的综合体;在权利内容层面,宪法权利是基本权利与非基本权利的综合体。

第二,宪法权利是否可以直接主张?针对马岭教授的主张,徐振东博士提出了截然相反的学术意见:

> 基本权利(此时的"基本权利"在作者的意识上就是指"宪法权利"——引者注)并非抽象意义上的权利,更不是所谓"接近道德层面的权利",而是一种公民可以直接依据宪法规定加以主张的、具体的权利;亦非所谓"与现实生活有相对距离"的

权利,而是一种现实化的权利,此类权利原则上并不需要法律具体化即能实现。[1]

这种质疑具有相当的道理,试想:如果宪法权利不具有可直接主张性,都需要法律化后才可主张,那么,若公民赖以生存的最为基本的宪法权利(即笔者所说的"基本权利")需等到10年、20年以后才加以法律化,作为个体的人该以何为"人"? 所以,在这个意义上,认为宪法权利具有可直接主张性,既十分必要,也十分紧迫,但是否所有的宪法权利都具有可直接主张性,就需要分类来做出说明与解释。徐振东博士区分了自由权与具有社会取向的基本权利,进而认为自由权可直接主张,具有社会取向的基本权利一般应通过法规范加以形成,但不能因此否定其直接主张的性质。[2] 徐振东博士的后续论证就显得比较混乱,表现是:一为,自由权与具有社会取向的权利并不属于类型学意义的划分,因为具有社会取向的基本权利也有自由权的属性,如劳动权;二为,宪法权利的可直接主张,究竟是指行为的直接性,还是源于依据或内涵的直接性,徐振东博士并没有做出仔细分别,如劳动权当然可以直接主张,但这种直接主张的依据主要是部门法而非宪法,与此相对应,以劳动权作为正当性依据的行为当然可以直接做出或进行,但这种"直接性"是否为这里讨论的直接性,还需要做出说明。

依据宪法权利的分类,笔者认为,说宪法权利是否具有可直接主张性,关键要看权利的依据与权利的内容:当宪法权利是单一宪法权利时,就具有可直接主张性,因为此时宪法权利没有其他的规范依据;当宪法权利是基本权利时,就具有可直接主张性,因为此时的宪法权利与"人"能否存在与维续直接相关,不能等宪法权利法律化后才可主张。反之,复合宪法权利与非基本权利在主张时,只能首先依据相关部门法才能进

---

[1] 徐振东:《基本权利冲突认识的几个误区——兼与张翔博士、马岭教授商榷》,载《法商研究》2007年第6期。
[2] 参见徐振东:《基本权利冲突认识的几个误区——兼与张翔博士、马岭教授商榷》,载《法商研究》2007年第6期。

行主张,因而属于间接主张的宪法权利。所以,在讨论宪法权利是否具有可直接主张性质时,指涉的并不是行为本身,而是指权利的规范依据与权利内容。

第三,宪法权利能否发生冲突？若存在宪法权利之间的冲突,又会是怎样的冲突形态？更进一步,宪法权利冲突的本质是什么？在中国宪法学界,几乎所有宪法学者都认为宪法权利会存在冲突,但这种认识无疑是极为含混与笼统的,要使对宪法权利冲突问题的认识与解释具体化以及具有针对性,一个前提条件就是要对宪法权利做出合理的分类。依托笔者关于宪法权利类型的划分,对宪法权利冲突的三个问题做出如下解释:

首先,基本权利之间不会存在冲突。之所以说基本权利之间不可能存在冲突,其核心原因乃为基本权利是以每个人的基本贡献为标准、以完全平等为分配原则而做出安排与配置的,或者说,由于每个人所做出的基本贡献都以社会与国家为对象,因此,公民在基本权利层面上就不会存在交叉与对立。但在现实生活中,确实存在着基本权利不平等的现象,那么,这种基本权利的不平等是否属于基本权利冲突呢？究基本权利之实质,一个人享有基本权利并不是以他人少享有或不享有基本权利为前提或必要条件,而是每个人都应享有完全平等的基本权利,基本权利的共享特性就说明基本权利实际享有的不平等并不是因为基本权利之间存在冲突,而一定另有其他原因,原因之一或许就是基本权利与非基本权利之间存在冲突。

其次,宪法权利冲突的基本形态。继续以"基本权利不平等享有"为例来加以说明。之所以会存在一部分人没有或较少享有基本权利,一个可能的因素是特定集团的政治参与权在基本权利配置过程中取得了支配性地位,从而使得基本权利的分配出现了倾斜,导致了基本权利享有的非平等化。这样,基本权利的不平等并不是由基本权利的冲突所致,而是由基本权利与非基本权利的冲突所致。基本权利的不平等就意味着不公正社会的存在,在这种情况下,必须坚持基本权利在价值上的优

先性,其根本理由正如王海明教授所言:

> 每个人的人权、基本权利之所以是优先的、神圣不可侵犯的,就是因为赋予这一权利的每个人参加缔结社会的这一基本贡献,优先于、重要于任何其他贡献。[1]

换言之,没有每个人通过缔结社会而做出的基本贡献,其他贡献必将无从谈起,因此,基本权利与非基本权利之间的冲突是一种涉及宪法基本价值的利益冲突,也是宪法权利冲突的典型形态之一。

宪法权利冲突的另一种复杂形态就是非基本权利之间的冲突。之所以说非基本权利之间的冲突比较复杂,主要原因在于:其一,非基本权利之间的冲突在内容上具有广泛的涵盖性,既可能与基本权利相关,也可能同法律权利相连,这样,非基本权利之间的冲突就极有可能是多种权利冲突的汇集;其二,由于非基本权利在依据上具有多样性,所以,在非基本权利发生冲突时,就需要确定规范依据的适用规则,这样,就必然导致选择规范依据适用的复杂化;其三,更为复杂的是,非基本权利往往以自由为价值依归,但就自由而言,如何在价值序列上为之排序,本身就是一个难题,即所谓"权利位阶的非整体确定性",[2]如积极自由与消极自由何者优先这样的问题,其答案往往与对国家属性的不同理解而截然相反,立足于自由主义的国家观,就可能认为消极自由具有优先性,而立足于共和主义的国家观,就可能认为积极自由具有优先性。

在非基本权利领域,笔者仅从三个方面就宪法权利冲突问题做出简要解释:

第一,政治参与权之间的冲突。由于政治参与权具有决定甚至决断的属性与意味,或者说,政治参与权的行使结果会直接关涉基本权利和法律权利的保障和配置,所以,政治参与权之间的冲突较之于政治表达权对不同主体的利益就具有更为直接、现实与重大的影响。政治参与权

---

[1] 王海明:《公正与人道:国家治理道德原则体系》,商务印书馆2010年版,第184页。
[2] 参见林来梵、张卓明:《论权利冲突中的权利位阶——规范法学视角下的透析》,资料来源:http://www.aisixiang.com/data/55079.html? page = 3, 2012 - 7 - 29。

的行使目的当然是通过影响甚至左右政策或法案来实现特定的利益。因此,对于政治参与权行使的具体结果也就需要更加严格的审查,以对政治参与权之间的冲突、政治参与权与基本权利的冲突、政治参与权与法律权利冲突进行严格规制与审慎平衡。

第二,政治表达权之间的冲突。由于政治表达权旨在影响公共决策、塑造公共文化与价值,其本身行使的结果不具有强行性,所以,这种冲突更多地是一种利益追求与观念取向的冲突,其表现就是主张的"不同",而非结果上的"你得就是我失",因此,对政治表达权之间所谓的"冲突"应以宽容为本,不可强行整齐划一。另外,也必须将政治表达权之间的冲突严格限定在公共政策与公共文化领域,不能将其泛化到纯粹的民商事生活之中。[1] 在这一意义上,学者所讨论的《秋菊打官司》摄制组与公民贾桂花之间的权利冲突就不是宪法权利的冲突,而只是通常的民事权利冲突。需要提出的是,在政治表达权的冲突中,有一种貌似权利冲突的"假冲突",即行为之间的冲突。比如:某个公民(集团)为了自身的利益试图影响某项政治决策而举行游行示威,另一个公民(集团)出于反对的立场而阻止该公民(集团)的游行示威,这样就发生了冲突。从行为内容来看,似乎是宪法权利冲突,但从实质来看则与表达内容无关,而是一方以表达自由为名漠视了在实施表达行为时所应该遵守的基本义务与禁止性规范,因此,这种冲突就是"假冲突"。如将"假冲突"做出相应扩展,那么可以认为学者以"集会自由与行人的道路畅通权相冲突"之例来说明相关问题时,就是以"假冲突"来立论与解释的,[2] 进而也导致了相关解释明显违背了生活常识,即你们集你们的会,我(们)走我(们)的路,哪应有什么权利冲突可言?

第三,基于经济与社会事务而享有的自由选择权之间的冲突。对于

---

[1] 其域外经验与相应的理论,可参见德国宪法法院对"联合抵制电影案"与"联合抵制周报案"的不同处理与解释。
[2] 参见徐振东:《基本权利冲突认识的几个误区——兼与张翔博士、马岭教授商榷》,载《法商研究》2007年第6期。

这种非基本权利冲突有着很大的解释困难,原因就是这种非基本权利在规范依据上具有多样性,在实现方式上也主要以民事法律行为为主,这样就极容易将法律权利之间的冲突"上升"到宪法权利冲突的"高度"。说自由选择权之间存在冲突,从宪法原则来看,就是权利一方基于某种优势地位侵害或剥夺了另一方利用社会合作做出非基本贡献的机会,在民商事领域的典型表现就是垄断,在社会生活领域就是对外来者的拒绝与歧视。而从自由选择权之间冲突产生的根源来看,就是因为在私人自治与合意原则中出现了支配与服从的关系,所以,也就需要将之上升到宪法权利冲突的高度来加以规制。[1] 所以,在非基本权利领域中的自由选择权冲突与部门法领域中的权利冲突尽管有所关联,但不可做同一化处理,也就是说,法律权利冲突还是要在部门法领域解决,不可轻易将之扩展到宪法权利冲突领域。

最后,既然存在宪法权利冲突,并且表现为两种典型形态,那么进一步的问题便是,宪法权利冲突的本质是什么?在考虑权利冲突(当然包括宪法权利冲突)时,学者多从权利位阶的角度展开,如林来梵、张卓明二位学者认为:

> 在权利的体系中,权利位阶的存在基本上是一个不争的事实,并以"言论自由"为例继续加以论证到:在现代许多国家,言论自由无论在法规范上还是在法学理论中的确都被赋予一定的优越性,如美国的"双重标准理论"(The Theory of Double Standards)与美国联邦最高法院在1938年的United State v. Carolene Products Co.一案发展出来的判例,都强调了言论、出版、集会等表达自由在整个宪法权利体系中处于"优越的地位"(preferred position),为此较之于其他的宪法权利,尤其是较之

---

[1] 有关私法生活中的权力生成与规制的宪制逻辑,可参见薛军:《私法立宪主义论》,载《法学研究》2008年第4期。

于财产权等经济上的自由权,必须得到更加有力的保障。[1]

权利位阶的存在固然不应否认,但是权利位阶形成的途径却值得讨论,或者说,权利位阶的存在是否同法规范和法学理论具有必然性联系还需要仔细辨析。如果继续以美国的"言论自由"为例做出解释,那么在戴维·斯特劳斯教授看来,美国表达自由制度的核心原则并不是两百多年前灵光一现的宪法天才时刻的产物。相反,我们应把这些原则归功于活的、普通法宪法。第一修正案法律的核心特征是零敲碎打形成的,是在整个20世纪中,在一系列司法判决和司法机关以外的发展中形成的。美国言论自由宪法出现的故事,就是一个演进和先例、试错的故事,是活的宪法如何发挥作用的展现。[2]

不论对美国宪法发展路径的普通法解释,还是对美国宪法结构与宪法问题的道德解读,都透露出这样的信息,即仅仅从宪法规范与宪法权利本身来解释宪法权利冲突恐怕是不充分的,这种解释之所以会存在不足,不仅因为从宪法规范与宪法权利角度解释宪法权利冲突会导致封闭性的循环论证(如:之所以某个或某些宪法权利重要,是因为某个或某些宪法规范重要,或某个或某些宪法权利价值重大;反过来,之所以某个或某些宪法规范重要,是因为其所规定的某个或某些宪法权利价值重大),更是因为这种论证可能遗漏了影响甚至决定某个或某些宪法权利价值

---

[1] 参见林来梵、张卓明:《论权利冲突中的权利位阶——规范法学视角下的透析》,资料来源:http://www.aisixiang.com/data/55079.html? page =3,2012-7-29。

[2] [美]戴维·斯特劳斯:《活的宪法》,毕洪海译,中国政法大学出版社2012年版,第44—45页。另外需要提示的是,戴维·斯特劳斯教授所说的"活的宪法"是小写的宪法连同档案馆中的成文宪法,而"小写的宪法"是指在应对合众国的宪法问题时,在最高法院判决中的体现的、在法院外发展起来的那些先例、传统和理解。在这个意义上,"活的宪法"就是通过先例的累积和进化,在某种程度上受公正和善策观念影响而发展起来的法律。(参见[美]戴维·斯特劳斯:《活的宪法》,毕洪海译,中国政法大学出版社2012年版,第28—29页)事实上,德沃金教授也认为法律原理(当然也包括宪法原理)是蕴藏于、隐含于、内在于一个社会共同体(主要是指各西方民主宪治国家)的历史文化传统、道德信息、政治制度和法制实践之中的。(陈弘毅:《当代西方法律解释学初探》,载《中国法学》1997年第3期;德沃金教授对美国宪法的解读,可参见[美]罗纳德·德沃金:《自由的法:对美国宪法的道德解读》,刘丽君译,上海人民出版社2001年版)

重大的其他因素,诸如社会共同体的利益观念、政治体制、历史文化传统。[1] 所以,透视与解析宪法权利冲突的实质就需要另辟蹊径。

张恒山教授认为,法律权利就是法律承认的主体行为的正当性。[2] 在张恒山教授对"正当性"的解释中,笔者认为其中的两项内容对于解释宪法权利冲突非常重要:一是法律权利所表示的行为正当性来自社会成员们的确认和国家的确认,并且在这双重确认中,社会成员们的判断和确认起决定作用;二是社会成员们对一种行为作"正当"评判的依据就是不得损害他人这种无害性标准,或者说,一种行为被称为法律权利的真正原因在于这种行为不会给社会、给他人造成损害。[3]

前者揭示了在特定的共同体中哪些权利能够被承认为法律权利的根本原因;后者则回答了法律权利发生冲突的原因,在延展的意义上,宪法权利之所以会发生冲突,其实质乃为宪法义务发生了冲突,按照张恒山教授的论证,其中的逻辑是:

> "正当"的依据是不违反"不应当的",也就是说,必须先行确定不应当的行为,才能进而确定正当的行为,或者说确定行为的正当性。[4]

因此,如果要解释宪法权利冲突的本质或实质,就需要将学术视角延伸到宪法义务领域,通过考察某一共同体的义务观念去解释宪法权利冲突的核心与本源。在这个意义上,学者们就"行为艺术家的杀人行为不属于艺术自由"的解释就没有达到相应的理论高度:虽说从表象上看,行为艺术家的杀人行为受到了法律的禁止,但从本质上来看,之所以行为艺术家的杀人行为不具有正当性或不是法律权利,乃是因为这种行为

---

[1] 对这些因素的个案性讨论,可参见[英]梅特兰:《英格兰宪治史》,李红海译,中国政法大学出版社2010年版;任军锋:《民德与民治:乡镇与美利坚政治的起源》,上海人民出版社2011年版。
[2] 张恒山:《法理要论》(第二版),北京大学出版社2006年版,第339页。
[3] 张恒山:《法理要论》(第二版),北京大学出版社2006年版,第340—341页。
[4] 张恒山:《法理要论》(第二版),北京大学出版社2006年版,第334页。在张恒山教授看来,义务就是"应当"或"应当的"。

给他人乃至社会造成了损害,从而不符合权利设定的无害性标准,进而言之,如果非要说这里面存在着所谓的"权利冲突",它也不是通过"循环论证"所得出的基于位阶而产生的权利冲突,而是义务冲突。所以,包括宪法权利在内的法律权利冲突,其实质就是法律(宪法)义务的冲突。由于法律义务("应当")存在着"强"与"弱"(正向的"应尽")、"不可容忍"与"可容忍"(反向的"不尽")的程度分别,所以,也就使得法律权利冲突呈现不同的样态或面貌。就宪法权利冲突而言,由于对基本权利所负的保障性宪法义务之"强"与"不可容忍",基本权利与非基本权利的冲突就必须坚持基本权利的价值优先性,从而也就具有了不可调和的刚性特征;由于对非基本权利所负的保障性宪法义务之"较弱"与"可容忍",非基本权利之间的冲突除了坚持受教育权的价值优先性外,其他非基本权利之间的冲突也就具有了可调和的弹性特征,这种"可调和"在根本上不是权利之间的可调和,而是由于宪法义务所处的程度或梯次的"弱"与"可容忍"所导致的可调和。

就由宪法权利所衍生的"关系论"问题而言,我们所要解释的宪法权利与法律权利(尤其是民事权利)的关系和宪法与部门法(尤其是民法)[1]的关系实际上是一个问题的两个方面,所以,在解释时将一并处理,另外,囿于篇幅,这里只能简而释之。

若基于公法与私法的严格划分,学者多认为宪法权利与民事权利具有不同的内涵与实现方式,宪法与民法也有各自的调整范围与调整方法,进而就会得出宪法(权利)与民法(权利)各自具有极大独立性的学术判断。如于飞博士就认为,在原则上宪法基本权利对民法没有效力,尤其不认为宪法有如间接效力说所谓的对整体私法领域的效力,但宪法可以对民法有影响,此种影响表现在局部的、有类似于"国家—人民"性质的私人关系中。而所有这一切,根源于基本权利与民事权利的

---

[1] 需要说明的是,笔者所使用的民事权利包含商事权利,所使用的民法也包含商法。

区分。[1]

虽说这种判断是立足于司法实践而做出的,[2]但对于这种判断的妥当性证明最终又要求助于"基本权利与民事权利"的学理区分,恰恰在对基本权利与民事权利的学理分别上,于飞博士的立场可能走向了偏狭。若对基本权利与民事权利做出恰当的区分,其核心或许不在民事权利,而是在"基本权利",也正是在"基本权利"的解释上,于飞博士的解释既混乱又狭隘。

说其"混乱",主要根据是于飞博士对核心概念在使用上的不规范与不统一。在于飞博士《基本权利与民事权利的区分及宪法对民法的影响》一文中,"基本权利""宪法上的基本权利""宪法基本权利""基本人权"等概念交替出现,但这些概念究竟是什么内涵,彼此之间究竟是怎样的关系?论者对此并没有清楚地界定与说明,[3]这种情况势必影响到对"基本权利"内涵的把握,进而导致对宪法权利与民事权利、宪法与民法的关系解释走向偏狭。实际上,在学理上,并不缺乏对宪法与民法之间关系的另一种解释,并且在笔者看来,这种解释更加符合学理发展趋势与社会生活实际。如薛军博士就认为:任何国家的法律体制从来都是一个有机的整体,私法相对于公法,民法相对于宪法,虽然各自都具有一些特质,但这并不影响它们共同参与一个法秩序的建构,并因此分享着一些共同的价值判断。既然私法也是法秩序的有机组成部分之一,也要参与实现法律体制整体所要实现的任务,那么私法在解决自己的问题的时

---

[1] 于飞:《基本权利与民事权利的区分及宪法对民法的影响》,载《法学研究》2008年第5期。

[2] 参见于飞:《基本权利与民事权利的区分及宪法对民法的影响》,载《法学研究》2008年第5期。

[3] 实际上,已经有许多中国社会科学的研究者比如中国人民大学杨光斌教授发出了这样深切与急迫的呼吁:中国社会科学需要花大力气去研究那些最基础的理论和概念。[杨光斌:《民主与中国的未来:理论建构—历史启示—政策选择》,载《战略与管理》(内部版)2012年第3/4期]在中国宪法学研究领域,"宪法权利"难道不是最为基础的概念之一吗?而在实际的学术研究中,对"宪法权利"恰恰缺乏最为基本的界定与内涵的阐发,从而造成了概念使用混乱不堪的乱象。

候,也必然要立足于共同体认为具有约束力的政治性的价值判断。所以,从根本上来看,所谓的政治上"中立"的私法体制其实是不存在的。[1]

说其"狭隘",主要是指于飞博士认为"宪法基本权利的唯一义务人是行使公权力的国家"。[2]说国家是宪法权利的义务主体当然不错,但说国家是宪法权利主体的唯一义务主体恐怕就走向了绝对化。这种绝对化认知隐含的意思就是非国家的法律主体并不会侵犯宪法权利,理由就是非国家的法律主体因为不是宪法权利的义务主体从而也就不承担宪法义务。但问题是,这种认知符合宪法生活世界中的事实吗?或者说,宪法权利所牵涉的关系真是如此的简单吗?对此,必须要给出相应的回答与解释。

矫正"混乱"与克服"偏狭"可有两种办法:一是从历史的角度去解释宪法权利与民事权利、宪法与民法的关系,薛军博士在《"民法—宪法"关系的演变与民法的转型》一文对其进行了比较详尽的梳理,在此不加染指;二是笔者所提出的从宪法权利分类的角度来认识宪法权利与民事权利、宪法与民法的关系。

为了更清晰、简洁地解释宪法权利与民事权利、宪法与民法的关系,笔者准备围绕如下具体问题展开:

第一,宪法权利与民事权利、宪法与民法究竟是什么关系?

从宪法权利一端来看,基本权利对民事权利设置了最低限度的要求:任何人在从事民事行为时,都应当或有义务维护民事社会的稳定与持续,如果违背了义务,则根据义务的强与弱、不可容忍与可容忍,对其

---

[1] 薛军:《"民法—宪法"关系的演变与民法的转型》,载《中国法学》2010年第1期。薛军博士早些时候在另一篇论文中就谈道:"既然公法与私法都同样属于一个法律体系的有机组成部分,那么它们就必然分享着某些共同的基础,体现出共同的价值取向。对于以保护个人基本自由为宗旨,主张权力制约的立宪主义观念,本文主张只要它是法律体制建构的基本原则,就应该不分公法与私法,只要有其适用的前提,就必然有其适用余地。"(薛军:《私法立宪主义论》,载《法学研究》2008年第4期)

[2] 于飞:《基本权利与民事权利的区分及宪法对民法的影响》,载《法学研究》2008年第5期。

施之于刑事、行政与民事制裁;这既表明了宪法对基本权利的保障在价值上统摄了不同性质的制裁,同时也预设了在宪法之下各个部门法之间的具体分工,尤其要提出的是,刑法中的相关规定实际上就是对公民相应法律行为的"合宪性审查",其在功能上同对国家权力的合宪性审查在道理上如出一辙。非基本权利既为民事权利主体提供了巨大的自由空间,同时也为民事权利主体赋予了相应的义务,这种义务就是当民事主体通过相应法律行为追求利益时,由于其乃是利用了社会与社会合作而成就了所得,所以,就必须在所得中对社会有所付出,即纳税,付出的数量完全按照比例平等原则来确定。在这个意义上,可以说任何民事权利都包含着宪法权利与宪法义务的因子。所以,无论在理解宪法权利还是民事权利时,都需要看到权利关系本身的复杂性,万万不可对这种复杂的权利关系做出简洁的人为切割与取舍。对此,张恒山教授的观点具有极大的启发性与借鉴性意义:

> 法律权利并不仅仅表示着权利主体与义务主体的关系,它还表示着法律权利主体与国家的关系、义务主体与国家的关系、社会其他成员们与国家的关系、法律权利主体与社会其他成员们的关系、义务主体与社会其他成员们的关系。法律权利直接表达着的是权利主体与义务主体之间的关系,但它也间接地表达着在这种关系背后以背景的方式存在着的上述其他几种关系。而这些以背景的方式存在的各种关系是理解权利的实质内涵的关键所在。[1]

从民事权利一端来看,其对宪法权利的贡献可谓厥功至伟。试想:没有民事权利的贡献,国家与社会拿什么保证基本权利的完全平等分配?没有民事权利的健全与充分地享有与行使,非基本权利的自由价值是不是就缺少了一根极为重要的支柱,从而也就必然会破坏乃至毁灭国家与社会自由与繁荣的根基?因此,民事权利对宪法权利、民法对宪法

---

[1] 张恒山:《法理要论》(第二版),北京大学出版社2006年版,第352页。

在功能上的根基性作用恐怕无需多论。也正是在这个意义上，无论怎样强调民法的基础地位与根本作用皆不为过。

第二，宪法权利与民事权利是否会存在冲突？宪法对民法具有怎样的效力？

要解释宪法权利与民事权利是否会发生冲突，需要再次重申两个判断：一是包括宪法权利冲突在内的法律权利冲突之实质乃为义务冲突；二是民事权利本身包含着宪法权利与宪法义务的因子。以这两个判断为基础或依据，就可认为宪法权利与民事权利会存在冲突。在基本权利与民事权利之间之所以会发生冲突，主要是因为民事主体可能忽视甚至漠视了社会本身的存在；在非基本权利与民事权利之间之所以会发生冲突，主要是因为民事主体只是单一、片面地关注了所得，从而拒绝因利用社会与社会合作所"应为"或"应当"的付出。依据张恒山教授关于法律权利关系的解释，宪法权利与民事权利之间的冲突，既可能存在于法律权利直接表达着的是权利主体与义务主体之间，也可能存在于以背景的方式存在着的其他几种主体关系之间，但似以后者为主要。

要解释宪法对民法的效力，既可以将之附着在相关的民事司法实践之上，也可以将效力问题同宪法权利与民事权利的冲突合并考虑。而笔者认为，之所以会出现宪法对民法的效力问题，核心原因并不是民事权利的救济或救济依据的找寻出现了麻烦，而是由于宪法权利与民事权利发生了冲突。在发生冲突的场合中，宪法或宪法权利最终担负着提供价值判断标准的使命，这种价值判断标准就是薛军博士所说的"立足于共同体认为具有约束力的政治性的价值判断"[1]，而在解决措施与技术选择上则主要依赖于对民法规定与民法理论自身的挖掘与调整，其中也包含着民法与民法理论对相关宪法规定与宪法理论的开放与吸纳。

---

[1] 薛军：《"民法—宪法"关系的演变与民法的转型》，载《中国法学》2010年第1期。

四、"新"类型应用之二:对中国宪法权利护卫机制的展望及解释

中国宪法学者对中国宪法权利保障机制的设想,要么体现在对宪法规范化实施的期待中,要么体现在对中国合宪性审查制度的精心构思上。如果暂时撇开中国宪法权利的基本属性与中国政治体制的现实结构,可以说这些设想都非常"诱人",而之所以"诱人",主要是因为这些设想更多的是一种价值表达,是一种关于中国宪法制度设计的纯粹理想言说。针对这种研究状况,笔者曾经评析道:

> 针对中国宪法问题,固然可以在"中国宪法应是什么"这一层面展开研究,但如果"应是"不能同"实际是"形成密切关联,就会导致价值解说与制度设计的"脱"中国化。在这个意义上,调整中国宪法研究的方向就显得尤为必要与紧迫。所谓调整研究方向,就是在展开"中国宪法应是什么"研究的同时,亦应转向对"中国宪法是什么"问题的讨论,转向对中国宪法常识的揭示,进而阐释一个真实的中国宪法世界,而中国宪法世界就是由实证性的宪法常识所构成的政治与法律的体系与结构。之所以需要这种转向,其根本原因在于:一方面,中国宪法的"是"包含着中国宪法逼近"应是"的各种资源与可能,这就是中国宪法之"是"对中国宪法之"应是"的支持性作用;另一方面,中国宪法之"是"也决定着中国宪法之"应是"的方向与限度,这就是中国宪法之"是"对中国宪法之"应是"的规制与限制性作用。[1]

在讨论中国宪法权利护卫机制[2]问题时,笔者继续坚持这样的研究逻辑与研究思路,同时也强调,若使关于中国宪法权利卫护机制的设

---

[1] 韩秀义:《阐释一个真实的中国宪法世界——以"宪法常识"为核心》,载《法律科学》2011年第5期。

[2] 笔者之所以使用"护卫机制"而不是"保障机制",意在突出中国宪法权利的真实享有与实现主要取决于两种力量:一是他者的保护,二是公民自身的捍卫。同时,鉴于中国实行着社会主义制度这一理论与政治现实,进而认为:基本权利的享有与实现主要靠"护",而非基本权利的享有与实现则主要靠"卫"。

想或展望既有学理基础,也不匮乏现实根基,至少需要坚持三个前提:

第一,在构想或设计中国宪法权利卫护机制时,不能不加分别地或笼统地对待中国宪法权利,而需要对其进行类型化处理。虽说在西方发达国家的宪法学理论中并不缺乏关于宪法权利的分类,但这些分类成果是否可以无障碍地"拿来"为我所用,还需要慎思明辨。实际上,笔者围绕中国宪法文本和契合于中国人利益观念、行为模式的等利害交换公正观而做出的关于中国宪法权利的单一与复合、基本与非基本的二分,就是对中国宪法权利进行类型化的初步尝试。对这种二分是否具有妥当性当然可以质疑,但这里所要提示的问题是,如果不对中国宪法权利做出明确的类型划分,那么,就可以认为任何关于中国宪法权利护卫机制的设想都将失之于笼统,从而也就沦为了一种无的放矢的主观臆想。所以,对中国宪法权利的类型划分就是设想中国宪法权利护卫机制的学理前提。

第二,在考虑中国宪法权利护卫机制时,不能追求一种单一化的机制设计逻辑与路线,如"执着"地坚持西方化的合宪性审查制度,而应该对制度机制怀抱多样化的务实态度,设身处地地构想中国宪法权利护卫机制,比如分权机制也会发挥护卫中国宪法权利的功能。

在中央—地方、国家—市场、国家—社会的三组关系中,如果形成了合理的分权格局,没有人会否认这种分权制度能够对中国宪法权利的护卫产生重大的促进作用。事实上,中国宪法学者也不缺乏对中央—地方关系的关注,但遗憾的是,本来在论证中已经触及了分权问题,可在结论得出或对策选择上又走向了强调司法或法院功能的单一化思维与技术路线。所以,多角度与多样化地看待护卫中国宪法权利的制度与机制,就是设想中国宪法权利护卫机制的制度前提。

第三,在谋划中国宪法权利护卫机制时,不能想当然或理想化地对中国的政治与宪法体制结构做出人为的删减或篡改,而是应该客观实证地描述与解释中国的政治与宪法体制结构这种描述与解释就是设想中国宪法权利护卫机制的现实前提与根基。

在对设想中国宪法权利护卫机制所必须坚持的基本前提做出列举性的解释之后,接续下来需要回答事关护卫机制设计方向的三个核心问题:

其一,中国宪法权利的护卫在根本上要解决哪些重大问题?在笔者看来,中国宪法权利的护卫主要涉及三个关键且重大问题。

首先要解决的是中国政权合法性问题。赵鼎新教授通过对以往合法性概念的修正,得出了法治选举、意识形态和政绩三个合法性来源。与之类似,其他专业人士也提出了政权合法性来源转化的问题,比如石勇先生就提出了从"经济政治"向"权利政治"的转变思路,并认为"以权利为导向的政治"有三个优势:

> 第一个优势是给经济发展提供稳定的、可预期的制度性条件,使市场创造财富的功能不被破坏,或在一个经济周期中,不至于因损伤严重而难以修复;第二个优势是可以最大限度地唤起和凝聚政治认同;第三个优势是权利可以通过相应的制度,建立政治、经济、社会相对独立的空间,使现在已经扭结为一个畸形的高风险系统的三者相对剥离开来,各自恢复自己的理性。[1]

尽管笔者所说的通过中国宪法权利的护卫来解决中国政权合法性问题的观点同赵鼎新教授与石勇先生的观点在内在逻辑上具有一致性,但在内涵上还是存在相应的差别的:

较之于赵鼎新教授,笔者依然坚持中国政权政绩合法性的重要性,只不过对"政绩"的内涵进行了扩充,其既包括经济与机会上的完全平等承诺,也包括通过合理的权利制度安排所产生的自由选择空间。前者实际上就是对中国宪法权利之基本权利的"护","护"之目的在于维持执政党执政的合法性;后者则是以受教育权为基础而由公民(团体)对中国宪法权利之非基本权利的"卫","卫"之主要与直接目的在于维护国家

---

[1] 石勇:《从"经济政治"到"权利政治"》,载《南风窗》2012年第13期。

机构存在之合法性,即赵鼎新教授所说的基于"法治选举"而产生的合法性,同时也间接地起到了维护执政党执政合法性的作用。经济上的完全平等承诺不仅仅应当来自执政党的意识形态,如"和谐社会""改革开放的成果为全体人民所共享",而且还应该来自就公共财政支出而在执政党与人大之间的所形成的制度连接与权力安排。[1]

较之于石勇先生,笔者所提出的以权利护卫解决政权合法性问题的思路则更加具体明确:针对石勇先生所提出的第一个优势,在笔者的解决框架内是通过经济与社会的自由选择权来实现的;针对石勇先生所提出的第二个优势,在笔者的解决框架内是通过政治参与权、政治表达权与政治结社权来实现的;针对石勇先生所提出的第三个优势,在笔者的解决框架内是在基本权利与非基本权利二分的基础上通过分别行使政治性非基本权利、经济性非基本权利与社会性非基本权利来实现的。

其次要解决的是"安抚型国家"与"框架性国家"之实践性问题。郑广怀先生基于对当代中国国家与劳工关系的考察,建构了"安抚型国家"概念,并实证性地指出了其所包含的特点与要点:

> 一是"模糊利益冲突",即国家维持现状,就事论事地解决问题,而非推进不同社会群体的利益协调机制;二是"言行分离",即国家更多采用政策实践来解决问题,而非按照公布的法律法规和政策本身(政策文本)来解决问题,政策文本在实践中更多不是作为标准而存在,而是作为"参照"而存在;三是"点面结合",即国家在整体上对劳工进行"精神安抚"(意识形态宣传),在个别问题上进行"物质安抚"(如对坚持维权的农民工

---

[1] 所谓"制度连接",是指在公共财政支出上要建立常态化的连接机制,以使执政党及国家机构等共同参与财政支出计划的制定;所谓"权力安排",是指在如何使用财政公共支出问题上,由于执政党代表着整体化的人民利益,并且负有保护每一个公民的基本权利的使命,所以,执政党就应当掌控财政支出分配的优先权,从而在基本权利之"护"与非基本权利之"卫"之间做出合理的财政分配。比如:为了应对由美国"次贷危机"所导致的全球性金融危机,中央政府决定拿出4万亿元人民币来应对,但这笔庞大的货币财产应该怎样支出,首先必须由执政党掌控支出分配的权力,假设拿出2万亿元用于公民的基本权利保护合理,那么,就应该如此分配,从而在基本权利之"护"与非基本权利之"卫"间达到或取得平衡。

给予补偿)。[1]

项飙博士基于对中国目前的"国家权力在总体上得到了巩固和发展,但是,不同社会群体之间的关系、政府和社会的关系,并没有理顺"的状况,而使用了"框架性国家"这一概念并以之作为解释工具,其主要意涵是:

> "框架性国家"指的是,群众和政府都强调国家总体上的整合性的重要性,但是人们在具体问题上没有制度性的共识,国家内部的种种关系经常失衡。换句话说,国家是一个高度整合的框架,同时也是一个从外部整合社会生活的框架,但是在国家内部、在社会内部、在国家和社会之间都缺乏实质性内容的整合。"框架"在这里至少有两重意思:一是框架决定了我们的社会生活在客观上如何组织,极大地影响了人们如何在主观上理解社会现象;二是框架不带有具体的实质内容,所以不能轻易成为被反思和批评的对象。[2]

可以说,"安抚型国家"与"框架性国家"这两个概念都从实践性角度触及了中国国家内部的秩序问题:"安抚型国家"反映了国家的政策文本与法律法规在实际生活中的处境,以及国家处理劳工权利问题的方式——政策实践,这样的情形难道不会对国家政权的合法性造成伤害吗?项飙博士基于"框架性国家"概念所给出的可能解释是"国家总体上的正当性没有受到质疑和挑战,但是这一正当性不是靠无数微观的、日常关系的累积而达到,而是先入为主的。更重要的是,总体的正当性在'兜着'日常的非规范性和不稳定性"。[3] 其结果是"在普通人的国家理论中,国家这个框架强大无比,不可超越,但它毕竟是一个外在框架,老百姓在日常生活中多半感受到的是国家的疏远和限制,而不是积极互

---

[1] 郑广怀:《劳工权益与安抚型国家——以珠江三角洲农民工为例》,载《开放时代》2010年第5期。

[2] 项飙:《普通人的"国家"理论》,载《开放时代》2010年第10期。

[3] 项飙:《普通人的"国家"理论》,载《开放时代》2010年第10期。

动"。[1] 这样,在微观层面无法形成良性互动的情况之下,社会的溃败与道德底线下滑就可能会发生,社会有机联系的匮乏、国家与百姓(公民)内部良性互动的缺失,也就会从国家与社会秩序内部削弱国家政权合法性的实质性内容。

面对"安抚型国家"与"框架性国家"所透露的问题,实际上人们已经给出了解决方案,那就是宪治与法治建设,或者说,就是对宪法权利的护卫与对法律权利的享有与保障。

最后要解决的是中国实现法治与步入宪治的先决条件问题。要说中国宪法学者不考虑中国宪治建设的先决条件似乎并不客观,比如"宪法私法化""程序优先论""先易后难论"等学术主张难道不是在关注中国宪治建设的"先决条件"吗?但在笔者看来,与其说这些主张是在关注以实践为导向的中国宪治建设的先决条件,不如说是在关注满足某种学理自洽要求的学术逻辑起点,而这种学术逻辑起点与其说是中国宪治建设的先决条件,不如说是学者个人的偏好,学者个人的偏好当然不能作为中国宪治工程建设的先决条件,而只能作为个人进行中国宪治理论研究的起点。[2] 另外,这些学术主张也无法回答"宪法私法化""程序优先论""先易后难论"如何可能这样的前提性或先决性问题。[3]

杨光斌教授对五种民主形式进行了先后顺序或位置不能颠倒的排列,即立宪民主或法治民主—分权民主—选举民主(及其他民主形式),并加以解释道:

> 法治民主不但保障个人权利和自由,也保障国家主权,因而是一种基本政治秩序的民主;分权民主则是为了实现民主初

---

[1] 项飚:《普通人的"国家"理论》,载《开放时代》2010年第10期。
[2] 这里的"中国宪治工程研究"与"中国宪治理论研究",借用了姚建宗教授的分类。详尽内容参见姚建宗:《法学研究及其思维方式的思想变革》,载《中国社会科学》2012年第1期。
[3] 如果非要"抬杠"的话,当然也能够反驳,如以"宪法司法化"为例,问:为什么宪法能够司法化?答:因为宪法是法律;再问:为什么宪法是法律?再答:因为宪法能够司法化。这样的回答是封闭的、自我循环的,因而也是无效的。

衷而去中央化的一种使制度安排更加合理化的民主，但分权不是无度的，既不能形成无政府主义式的分权，也不能在分权的旗帜下分裂国家；选举民主则至少是一种在形式上保障大众平等权利的民主，但是"大众"既可能用选举来拥护非民主政体，也可能通过选举而分裂国家。[1]

依照民主形式的排列，中国宪治民主建设的先决性条件就是宪治民主与分权民主，按照梁漱溟先生的说法就是"理"与"势"，在"明理"（共识）与"成势"（多元化）的基础上，其他的宪治或民主措施才有施行的可能性与可行性。由于这种排列抽象性与一般性色彩较为浓重，所以，与中国宪治民主建设的实际关联还较为薄弱，这样，就需要将中国宪治民主建设的主导性力量与相关制度条件引入其中。

巴克尔教授依据执政党在中国国家权力大厦中居于主导与关键地位的判定，认为：

> 中国法治的问题集中在两点上：(1)中国共产党的长期的根本地位；(2)党与国家机器——党为了人民服务所创立并且现在控制的国家机器——之间的关系。[2]

针对中国法治建设的第一个中心问题，巴克尔教授认为：

> 从形式的角度看，这需要承认党在国家运作中的**核心地位——不是作为党，而是作为制度。如果其他的国家机器要成功地跟着走的话，这一制度必须成为法治的先锋队**（引者加粗——引者注）。[3]

针对中国法治建设的第二个中心问题，巴克尔教授依然从执政党的内部制度建设出发来做出考虑，同时将重点放在了个人因素与党的制度

---

[1] 杨光斌：《民主与中国的未来：理论建构—历史启示—政策选择》，载《战略与管理》（内部版）2012年第3/4期。

[2] [美]拉里·卡塔·巴克尔：《中国的宪制、"三个代表"与法治》，吕增奎译，载吕增奎主编：《执政的转型：海外学者论中国共产党的建设》，中央编译出版社2011年版，第295页。

[3] [美]拉里·卡塔·巴克尔：《中国的宪制、"三个代表"与法治》，吕增奎译，载吕增奎主编：《执政的转型：海外学者论中国共产党的建设》，中央编译出版社2011年版，第297页。

分开上,对此,巴克尔教授认为:

> 为了实现个人因素与党的制度分开的目标,就必须找到一种能够对党的纪律机构进行改造和正式化的手段,从而使它不再具有个人的色彩,并且变得更符合制度的目标。国家的第一项任务应该是约束党内的个人主义因素,从而使党能够有效地领导国家……在党能够从内部进行自我监督或管理并在自己的内部事务中发展出一种法治文化之前,它可能没有能力在国家中实施一种真正的法治制度。[1]

尽管巴克尔教授对中国宪治建设的先决条件做出了进一步的解释,但在笔者看来仍然不够具体。试问:既然执政党要在处理自身内部事务时形成规范化的制度模式,那么,什么事务是执政党自身最为重要的事务呢?对此,无论是杨光斌教授还是巴克尔教授都没有给出更为精确的回答,而按照中国宪法权利"新"类型的划分,或可认为:基本权利的"护"是执政党的第一重要事务,非基本权利的"卫"则是执政党的第二重要事务,民事权利的"护"与"卫"则是执政党的第三重要事务。由此,基本权利制度的法治化就是中国宪治建设的第一个先决条件,并且,对基本权利的"护"也需执政党自身来担当;没有非基本权利"卫"之制度化,基本权利的"护"也不会巩固与持久,但与基本权利制度有所区别的是,在非基本权利领域,主要的行动主体乃为以人大为核心的政府和公民(团体),执政党的角色乃是政府的监督者与保障者;没有民事权利的广泛享有与强力保障,支撑基本权利与非基本权利的物质与精神资源都会极度匮乏甚至干枯,所以,通过基本权利的"护"使市民较少顾虑地"轻装上阵",通过非基本权利的"卫"使市民真正地感受到平等的真切、财产的安全、劳动的神圣、自由的宝贵与参与的荣光,这样,就可能在执政党—政府—公民(市民)之间形成内部化的、生活化的、规范化的有机联

---

[1] [美]拉里·卡塔·巴克尔:《中国的宪制、"三个代表"与法治》,吕增奎译,载吕增奎主编:《执政的转型:海外学者论中国共产党的建设》,中央编译出版社2011年版,第298—299页。

系,从而为市场行为最大化地创造财富提供条件,为源源不断地为基本权利之"护"与非基本权利之"卫"输送资源提供条件。

还需要说明是,尽管笔者列举了三项重要事务,但第一、第二项事务是基础性的,同时也是可人为构造的,至于第三项事务由于具有自发性质,执政党与政府不必为此操劳,只需尊重市场经济规律即可。

其二,既然中国宪法权利制度具有如此的重要地位与功能,那么,针对不同类型的中国宪法权利,哪一个主体更有动力与能力去关注?就基本权利而言,由于其事关中国国家政权的稳定与持续,所以,可以认为执政党最有动力去关注;由于基本权利要求完全平等,这就需要在国家财政支出的分配上优先考虑基本权利,鉴于执政党在国家权力结构上的强力地位与统摄(总揽全局)能力,依然可以认为执政党最有能力去关注。就非基本权利而言,由于其事关公民的宪法地位及利益,可以认为公民(团体)最有动力去关注,政府在执政党与公民的监督与制约下,政府职能转变为服务行政、政府财政转变为公共财政而非部门财政,也就有动力去关注;在关注能力上,由于政府掌握着丰富的治理资源,应该说有能力去关注,而对公民(团体)的关注能力来说,且不论有无问题,实际上存在着极大的差别,[1]这样,就需要充分尊重与保护公民的政治性非基本权利,也需要从长远的角度合理设计教育制度以保障公民的受教育权,从而培育公民的知性、理性与实践能力。

其三,如暂且不考虑公民这一重要的宪法主体,而仅仅涉及执政党与国家机构,那么,这两个主体在关注中国宪法权利时,可有哪些资源为其所用?对于这一问题的解释,笔者将主要借鉴胡水君研究员关于法治的分类(见表7-1)[2]:

---

[1] 比如同样是面对房屋拆迁问题,有些市民就具有较强的动员、组织与交涉能力;有些市民因为资源的有限,就极可能采取"身体抗争"的方式。前者的个案描述与解释,可参见施芸卿:《机会空间的营造——以B市被拆迁居民集团行政诉讼为例》,载《社会学研究》2007年第2期;后者的个案可谓数不胜数,恕不加以罗列。

[2] 胡水君:《中国法治的人文道路》,载《法学研究》2012年第3期。

表 7-1 法治的分类

主体	道德	功利（理性/自然）
执政党	道德的民主法治	作为宪治的法治（民主法治）
国家机构	作为文德的法治（儒家法治）	作为武功的法治（法家法治）

对执政党来说，其对基本权利之"护"所可利用的资源，首要的是"道德的民主法治"。尽管"道德的民主法治"至今尚无对应的历史形态，[1]但这并不妨碍分别从道德与政治两个方面来说明问题，而且，从发展的眼光看，如果执政党对基本权利之"护"形成了有效的制度模式，或许就能够为"道德的民主法治"提供一种现实形态。"道德"之所以能够成为资源，不仅是因为执政党基于相应的意识形态所做出的一系列承诺，而且也来自执政党所应担负的塑造中国核心价值体系的使命，诚如杨光斌教授所说：

> 在政治现代化的过程中，尤其是在中国这样的发展中国家，作为现代化主导力量的执政党还应该为社会提供一套稳定的价值系统……作为现代化的主导性力量，共产党还应该为形成主导性社会价值观即立国的精神之本而付出更多的努力。[2]

这里的"道德"不仅应是社会的——意在塑造社会有机体，而且还应是政治的——意在维续具有基本政治认同的国家有机体，这样，"政治"就自然成为守护基本权利的资源。当说政治应该成为资源时，其用意也在于主张执政党的政治回归，不宜再走"行政化"或"去政治化"的政党建设路线，从而能够发挥执政党的社会性、群众性和有机性进而整合社会与国家的功能。[3]

执政党可资利用的第二种资源就是"儒家法治"，或者说，将传统的民本思想做出现代转化，使之在宪治民主建设的怀抱中发挥看护基本权

---

[1] 参见胡水君：《中国法治的人文道路》，载《法学研究》2012 年第 3 期。
[2] 杨光斌：《中国政治发展的战略选择》，中国人民大学出版社 2011 年版，第 75 页。
[3] 参见项飚：《普通人的"国家"理论》，载《开放时代》2010 年第 10 期。

利的作用。[1]

执政党可资利用的第三种资源就是"民主法治"。这里所使用的"民主法治",主要取其规范性或制度化,根本意思是指通过相应的制度化模式把道德承诺与政治宣示进行操作,而不至于使那么美好的道德与政治愿景消融在郑广怀先生所说的"政策实践"之中。

执政党可资利用的最后一种资源就是"法家法治"。由于执政党统率军队,所以,捍卫国家主权的使命就只能且必须由执政党担负,因而,"法家法治"不是对内的,而是对外的。

虽然胡水君研究员所提出的四种法治都可为执政党所利用,但最为重要的还是政治与道德两种资源,其余两种则具有辅助性作用。

就国家机构来说,最为重要的"民主法治"与"法家法治"。在"民主法治"层面,主要借鉴与利用对非基本权利卫护的权力行使方式与相应的法律构造;在"法家法治"层面,则应着力对腐败与破坏市场行为的严厉惩处。

在厘清与解释了设计中国宪法权利护卫机制所必须坚持的前提与事关护卫机制设计方向的关键问题后,笔者认为,关于中国宪法权利护卫机制的展望或构想已经呼之欲出:对中国宪法权利的护卫需围绕基本权利与非基本权利两个基轴展开,并且,基本权利的守护是不可动摇的前提与先决条件;对中国宪法权利护卫的组织机构的设计也需在两条轨道上进行,执政党担负着基本权利守护的使命,国家机构则担负着捍卫非基本权利的职责,并且,执政党对基本权利的守护也是不可动摇的前提与先决条件。在这两个先决条件得以满足的情况下,至于会形成哪些具体的中国宪法权利护卫制度与机制,学者并不可轻易做出设想与展望,因为这些机制的产生要取决于执政党、国家机构与社会大众三方的沟通与博弈。其实,这种对中国宪法权利护卫机制的构思逻辑与设计路

---

[1] 相关论述可参见林尚立:《民主与民生:人民民主的中国逻辑》,载《北京大学学报》(哲学社会科学版)2012年第1期。

线并不新鲜,而不过是在延续与完善着笔者已经提出的中国宪法实施研究所要遵循的"政治共识→←社会公识→法律通识"的思维路线与学术主张而已。[1]

---

[1] 详见韩秀义:《中国宪法实施研究模式评价》,载《东吴法学》2009年春季卷,中国法制出版社2009年版,第109—115页。

第八章　作为国别宪法学的中国宪法学

一、问题的提出：中国宪法研究为什么需要国别宪法学视野？

在中国的宪法学研究中，相关学者基于对宪治实现或宪法实施的迫切渴望，往往倾向于采用原理式样的研究策略。所谓原理式样的研究，就是试图寻找一种关于宪治的普遍性标准或实现宪治的一般性条件，然后以之为蓝图设计中国宪治与法治展开的制度依据及实践进路。其间，当然也对相关国家的宪法制度进行讨论，但相关国家的宪法制度要么是提炼普遍性原理赖以依托的素材，要么是"冒充"了一般性原理，这就使得这些国家宪治发展的个体性或特殊性消失在寻求普遍性的运思之中，因此，在原理式样的宪法学研究中，并不存在真正的国别宪法学。

为什么在中国的宪法学研究中需要一种国别宪法学的视角？随着对诸如理论研究与经验研究、普遍性与特殊性等认识论问题讨论的深入，对这种原理式样的研究策略也展开了反思甚至质疑，进而在学理层面支持了运用国别宪法学视角的必要性与必然性。孙歌教授指出：

> 把理论和经验对立起来，只具有形式上的意义，在现实知识生产中，这种二元对立不仅是虚假的，而且是有害的。有质量的知识生产需要理论想象力与现实经验的交汇融合，这是一种把现实的复杂能量注入理论，把理论的穿透力导入经验的双向过程。那些可以对我们的判断力有所帮助的理论思考，那些能把直觉表象背后的深厚内涵揭示出来的经验，永远是统一思维过程的两个重要组成部分，说它们是"两个"，仅仅是在表现形式上的区分，实际上，它们在思考中通常交错在一起，难分彼此。至于最后是以抽象的理论形式还是以具体的经验研究来呈现这个思维过程，那不过是研究者选择的形式而已。[1]

在指出理论研究和经验研究的彼此依存而非对立的关系之后，孙歌教授又对普遍性和特殊性的关系做出了深入讨论。孙歌教授认为当前的知识界对"普遍性"的理解"就是从无数个别性中抽象出来的命题，它要求众多个别性舍弃自己的特殊状态，提供那些可以被整合的要素，通过抽象过程，产生相对自足的理论命题，并反过来应用于众多个别性的解释"。[2] 由于对个别性进行了理论裁剪，这样就形成了"已被整合的特殊性"和"未被整合的特殊性"。相对于"已被整合的特殊性"，当然适用于"特殊性寓于普遍性之中"这一哲学命题，但对于"未被整合的特殊性"，普遍性命题的解释力就会遇到障碍甚至会失效，或者说，出现可普遍性与特殊性的对立。但这种对立不是"真实"的，而是"人为"的。按照孙歌的学术"诊断"，导致此种情形的一个重要原因是学者所持有的静态化和单一化（绝对化）的普遍化思维方式。[3] 为了从学术上破解"理出十一"的普遍性存在的认识论难题，孙歌教授对三个概念进行了新的解释。第一个概念是"经验"。经验并不是直觉上的"真实"，而是"人的

---

[1] 孙歌:《在形而下层面结构原理》，载《读书》2017 年第 1 期。
[2] 孙歌:《在形而下层面结构原理》，载《读书》2017 年第 1 期。
[3] 参见孙歌:《在形而下层面结构原理》，载《读书》2017 年第 1 期。

主观意志与客观现实交汇的产物"。[1] 换言之,经验必须是在某种理论映射驱动之下能够深刻反映个体性内在机制的"东西"。对"经验"的这种界定实际上为寻找或提炼"普遍性命题"规定了方向,即"在形而下结构原理",而非居高临下地构造原理。第二个概念是"客观性"。客观性不同于"纯事实",因为纯事实不允许人的主观意志的介入及改变,但纯事实是有限的。[2] 所以,客观性"并不存在于与人的主体意志无关的外在世界,客观性是我们对于人的主观意志的有限性的清醒认知,进而言之,客观性是人在大于自己思考框架的人类认识结构中为自己的思考确定局部定位的能力"。[3] 这种意义的"客观性"规定了"普遍性命题"的存在形态,即不存在"唯一"的普遍性。如果"普遍性"不再具有唯一性,那么"普遍性"难道是多元的普遍性？这就涉及了第三个概念,即"多元普遍性"。所谓"多元普遍性",是"从追求共通性的一元统合转向追求差异共存"认识论飞跃的重要成果,[4] 是对多种个别性或特殊性相重合部分的学理表达。多元普遍性区别于一元普遍性的特质是,"共通性仅仅是进入差异的入口,它本身不具有独立的价值。问题不发生在区分共通性还是差异性的层面,而是发生在理解差异性的过程中,亦即问题在于如何才能通过相似性而进入差异,并进而在差异状态中理解差异"。[5] 换言之,多元普遍性不是在谋求"定于一尊",而是以共通性为切入点理解多样性的差异,去为多样性共存提供经验性理由。当然,诸多的个别性或特殊性之间应有所关联,否则,就会陷入无限度的相对主义甚至价值虚无主义。虽然"共通性"不具有独立的价值,但这里的"不具有独立的价值"是相对于基于一元普遍性所舍弃的"未被整合的特殊性"而言的。更直白地说,既然被舍弃了,那么就不应该对其具有"独立的价值"。多元普遍性的追求虽然试图不遗漏任何个别性或特殊性,"共

---

[1] 孙歌:《在形而下层面结构原理》,载《读书》2017年第1期。
[2] 参见孙歌:《在形而下层面结构原理》,载《读书》2017年第1期。
[3] 孙歌:《在形而下层面结构原理》,载《读书》2017年第1期。
[4] 参见孙歌:《在形而下层面结构原理》,载《读书》2017年第1期。
[5] 孙歌:《在形而下层面结构原理》,载《读书》2017年第1期。

通性"虽然"不具有独立的价值",但这丝毫不意味着"共通性"不具有规范性。只不过这种规范性隐含在多样化的个别性发展变化的机理之中,或者说,这种规范性是众多个别性所共同簇拥的"普遍性"。

如果对孙歌教授相关观点的梳理与再诠释还显抽象的话,那么,以"国别宪法学"为对象再做阐析恐怕有助于更具体地理解"多元普遍性"的学术意义和价值。首先,"国别宪法学"突出的是"国别",而非抽象的宪法原理。任何国家的宪法发展及宪法结构都会有自身的逻辑与特点,但对相应逻辑与特点的展现不能依靠学术直觉,而应该通过构建国别宪法学理论来深入挖掘并表达出来,这就形成了有理论体系支撑的"宪法经验"。其次,连接或"媒介"各国别宪法的是它们的共通性经验或"重合"的部分。如宪法的统合功能、宪法所保障的平等与自由就是共通性经验的核心内容。这些核心内容不是来自外在力量的强加,而是由宪法本身的基本特性和具体国家政治发展的内在需要所决定的。[1] "根本法"和"高级法"这两个概念可能是对这些共通性经验最为恰切的宪法学表达。最后,由共通性经验连接起来的多样化的宪法个性才是国别宪法学的重点与核心。比如,通过宪法的统合功能进入具体国家的宪法统合经验,从而去理解不同国家的不同统合方式。再如,通过平等自由这些基本的宪法价值进入具体国家的宪法价值世界,从而去体会不同国家对这些基本价值的界定及对实现方式的制度选择。

另外,黄宗智教授也表达了类型的反思和质疑。其认为:

> 今天学者们最常用的办法是从某一种理论出发——常为当前最流行的或官方所采用的,然后搜寻可用的"经验证据"来支撑、释义或阐述该理论,而后返回到原来的理论,表明自己已经用经验证据来验证该理论。笔者认为,我们应该把理论当作问题而不是(很可能的)答案("假设")来使用。研究的目的不

---

[1] 对此更深入具体的学理论证,可参见任剑涛:《单一现代观抑或多元现代观:对峙与调和》,载《武汉大学学报》(哲学社会科学版)2018年第1期。

是要证实某一种理论,而是要借助多种不同和对立的理论来检验经验证据,依赖证据决定对不同理论的取舍,或依赖证据与不同理论对话,从而创立或推进适合新证据的新概括。[1]

近来,在法学研究领域也存在着类似的反思,其标志就是国别宪法学研究成果的出现。其中,苏力教授所著的《大国宪制:历史中国的制度构成》和刘晗博士所著的《合众为一:美国宪法的深层结构》非常典型地体现了国别宪法学的意蕴,因此也就成为本章阐释"国别宪法学意蕴"的重要学术依凭。理解与阐析国别宪法学的意蕴,在学理上当然离不开诸如"根本法"、"高级法"和"权利保障法"这些概念。但若遵循孙歌和黄宗智式的反思理路,这些抽象概念并不是当然的思考前提,而是需要在具体国家的发展经验中赋予其更为具体的内涵。这种努力或许就是国别宪法学的基本意蕴及学术追求。

二、国家统合或国家构成的不同路径:根本法的必要性意蕴

"宪法是根本法"虽是学界通说,但对"为何根本"的解释则是多样化的。中国宪法学者对"为何根本"的最通常解释是,因为"宪法规定着一个国家社会关系中最基本的问题,调整范围十分广泛",所以宪法是根本法。换言之,因为宪法内容"基本"和调整范围"广泛",所以,宪法便是根本法。事实上,这种解释并没有开掘出"根本法"的核心内容与实质内涵。若仅从"基本"着眼,在通常的社会关系中,"家"当然具有极为重要的意义,那么,调整家庭关系的法律是否就因此而成为"根本法"?很显然,如此解释"根本法"的内涵,必然造成根本法内涵的泛化,从而也会削弱根本法的性质及核心功能。

苏力教授在对"constitution"一词各种内涵的梳理过程中认为,"constitution"的原意就是构成,用于国家之际,集中关注的是政治维度的国家(state)组织构成,只是隐含了通过国家政治机器以及政治制度的实

---

[1] 黄宗智:《探寻扎根于(中国)实际的社会科学》,载《开放时代》2018 年第 6 期。

践过程来整合并构成作为整体的一国人民/民族或疆域国家〔1〕。而国家整合或国家构成的机制就是苏力教授所要重点讨论的基本问题,即宪制。相较于宪法/宪章/约法这些概念,宪制思维则更具基础性与优先性地位。具体到中国这一国别,就会发现"这种宪法/宪章/约法,以及宪法律/宪治的视角和话语非常无力。因为只有首先从宪制也即国家构成的视角切入,才可能理解中国","因为这个国,不仅仅是一个政治国家(state),还因为国和天下,成了一个统一的多民族国家(the people),有实在广大疆域的国家(country)。我们无法穿越到其源头予以经验考查,但至少从我们大致明确的西周开始,他的疆域就足够大、人口就足够多、地方文化就足够复杂,这个农耕中国根本不可能通过一个众口称是的契约/约法/宪章来创设或建立。即便有人有这一愿景,那也得有一些什么制度实践把各地百姓拢在一起,把他们从不知有汉何论魏晋的桃花源中拽出来,让他们相互说上话,知道这个世界不只是他们村和隔壁村,无须知道'诗',但一定得知道'远方',那里有一些与他们不完全相同甚或相当不同的群体;不仅如此,还要以某种方式,至少令他们当中某些人有一种超越个人生活世界的关切,还要愿意并有能力为这种关切做点事。当有了这些起码的理解,才可能勉强算有了个初步的、想象的政治利益共同体,即便还未构成一个经济政治共同体,才可能进一步想象一个文明(多民族)的共同体。就此而言,至少有时'不打不相识',会比开个立宪大会或约法大会更靠谱,更接近中国这样的文明共同体的真实发生和构成"〔2〕。

苏力教授对根本法内涵的理解有三个显著特点:其一,实践的必要性导向。如其所言:"强调政治文化共同体的实在构成,关注宪制,会冲淡今天中外学人赋予宪法/律或宪治的太强道德意味,这正是本书的追求之一。但弱化道德意味并非弱化中国宪制的规范意味。因为'规范

---

〔1〕 苏力:《大国宪制:历史中国的制度构成》,北京大学出版社2018年版,第30页。
〔2〕 苏力:《大国宪制:历史中国的制度构成》,北京大学出版社2018年版,第33—34页。

的'不必然等于'高大上',前者只是指必须遵循,不遵循就会有糟糕的后果。"[1]换言之,苏力教授对根本法的理解是从不可或缺的角度切入的,由此去拣选国家构成或国家整合的要素,并将各个要素同国家整合目标建立起相应的现实联系。其二,具体的国别指向。在梳理了古希腊雅典与斯巴达、英格兰以及美国的宪制问题基础上,苏力教授指出,一国宪法回应的是本国的根本问题。而通过对三个政治体的分析足可表明,各国的根本问题,除分享"根本问题"这个语词外,常常差别巨大,甚至完全不同,所以,对根本问题的宪制应对就必然受特定时空条件的制约,因而在具体制度形态及实践方式上也必然是具体化的。[2] 其三,建构一般宪制理论的学术指向。虽然是实践的、国别导向的,但这并不意味着这种学术讨论只是就事论事。在苏力教授的学术谋划中,关于大国宪制的研究是一个借助历史但又超越历史叙述的关于中国国家构成的理论努力,也是一个基于中国经验关于一般宪制理论的尝试。这是一种从具体到对一般的学术进路,同时,也是一种比较与对照意义的学术策略。且不论苏力教授所获得的具体结论恰切与否,若仅从对根本法内涵的理解逻辑着眼,这显然是一种真正的国别宪法学思维。

刘晗博士在对美国宪法制度的研究中有着与苏力教授极为相近的学术逻辑,其中,对"宪法"(constitution)一词的相近理解即是体现之一。刘晗博士认为:"在英文中,'宪法'(constitution)一词实际上具有多重含义。细致的辨析可以区分出至少三层意思,姑且将其分别称之为:'宪法'(the constitution)、'《宪法》'(the Constitution)和'宪律'(constitutional law)。在这三者之中,'《宪法》'的意思最为简单,指的是成文的宪法典。而通常美国精英法学院中所教授的'美国宪法'(American constitutional law),其内容主要是以宪法文本、宪法判例和宪法教义构成的法律系统和理论体系,特别侧重于以美国最高法院的判例

---

[1] 苏力:《大国宪制:历史中国的制度构成》,北京大学出版社2018年版,第37页。
[2] 苏力:《大国宪制:历史中国的制度构成》,北京大学出版社2018年版,第73页。

为基础的法律和教条,乃是律师和法官所创造和运用的、以《宪法》文本为基础的律学体系,或可以称之为'宪律'。而更广义上的美国'宪法'(the American constitution)一般指的是作为成文法典的《美国宪法》加上其所代表的美国政治体制,此种体制不仅包含宪法文本和法律教义,而且包含了宪法理论、政治性格、历史实践和文化观念,甚至社会生活方式,等等,或可以称之为'宪制'。简单来说,美国的宪制远远超过了《宪法》和宪律。"[1] 就"宪制"所包含的诸如宪法理论、政治性格、历史实践和文化观念等内容而言,一个十分明显的事实是,试图通过平面化的文本解释和僵硬的教义坚守是无法被深度阐析出来的,所以,刘晗博士采取的学术策略是"就美国宪法和最高法院在美国社会政治意义系统中的地位进行深描,展现以宪法为中心所建构出来的美利坚民族特性"[2]。为什么要深描"美国宪法和最高法院在美国社会政治意义系统中的地位"? 这种地位又是如何获得的? 就前者而言,一个直接且简单的回答可能是,因为《美国宪法》得到了尊奉,最高法院具有权威性,但这也仅仅是指出了事实。就后者而言,就是要回答事实得以存立的原因。恰恰是在对原因的探寻之中,刘晗博士所关注的具有决定性的"宪制"因素才被一一析出:《美国宪法》成就的表征就是担负起了"合众为一"这一立宪原则,而其之所以能够取得这样的"业绩",关键在于"宪法的成功需要一种政治文化的支撑:公民和官员将宪法看作本民族最为重要的政治象征予以崇拜和信奉。宪法文化是关联权力和文本的重要媒介,是粘合事实和规范的心理机制。宪法的成功在于此种心理机制的建成。否则,具有类似乃至相同《宪法》文本的国家未必有相同的宪法"[3]。支撑《美国宪法》的支柱固然是尊崇宪法的文化及心理机制,但宪法文化及心理机制毕竟还要具象化,还需要一个具体的载体。在美国,"相较于国会和总

---

[1] 刘晗:《合众为一:美国宪法的深层结构》,中国政法大学出版社2018年版,第5—6页。

[2] 刘晗:《合众为一:美国宪法的深层结构》,中国政法大学出版社2018年版,第15页。

[3] 刘晗:《合众为一:美国宪法的深层结构》,中国政法大学出版社2018年版,第10页。

统,最高法院便于实现国家统合的政策,并且形成代际综合的公共形象"[1] 正是在宪法文化和最高法院的良性互动之下,《美国宪法》才得以完成了三个层面的整合:在时间维度内,美国宪法代表的是代际综合,将不同的世代融合到统一的人民之中去;在空间维度内,美国宪法代表的是领土融合,形成统一的国家;在法律维度上,美国宪法代表的是对于各种宪法解释的统合,形成权威的声音[2] 也很显然,刘晗博士对"宪法"这一概念的理解尤为强调支撑"《宪法》"和"宪律"的"宪制"面相。易言之,就是十分关注美国宪法中的根本法内涵。

在对根本法内涵的解释上,无论苏力教授还是刘晗博士,都将国家整合或国家构成置于了核心地位。但由于不同国家所面对的由自然地理、社会构成等因素所决定宪制整合难题的不同,所以,各国所采取的应对方式自然复杂多样。对多样化国家整合措施或国家构成要素的探讨与拣选恰是国别宪法学的基本意蕴。也许正是国别宪法学基本逻辑的指引与约束之下,两位学者所拣选的项目才会有如此大的差别:苏力教授对历史中国宪制构成的选择是"宗法制"、"齐家"、"军事"、"疆域与行政区划"、"度量衡"、"经济整合"、"书同轨和官话"、"考试和精英选拔"和"皇帝",而刘晗博士的论证思路是"主体"、"时间"、"空间"和"法律"。其间的差别在于不同的国家构成或国家整合所面对的具体情势。这种安排当然会包含着学者的个人偏好,但更多的或许是对现实固然如此之映照,进而将不同国家宪法之根本法的独特内涵缕析出来,这或许就是国别宪法学不同于宪法原理的独特意蕴。

三、维护"央"优于"地"的不同举措:高级法的功能意蕴

如果在国别宪法学的视野中,根本法的基本内涵是国家整合或国家构成不可或缺的必要性因素及制度机制,那么,国别宪法学又是如何理

---

[1] 刘晗:《合众为一:美国宪法的深层结构》,中国政法大学出版社2018年版,第11页。
[2] 刘晗:《合众为一:美国宪法的深层结构》,中国政法大学出版社2018年版,第11页。

解"高级法"内涵的呢？对高级法的理解，通常是以一国深具治理意义的宪法规范为基础，认为高级法就是"管理法律的法律"。这种理解固然不错，但具有治理意义的宪法以何为存在基础呢？从源头来看，没有国家整合就不会有治理意义宪法存续之可能；从国家整合秩序的维系来看，没有央地关系的稳固，依然不会有支撑治理意义宪法运行之可能。换言之，如果说国家整合是一种"刹那间"的宪制状态，那么，央地关系的维系则是一种永久、持续的宪法任务。在这一意义上，在央地关系中，"央"优于"地"就是高级法的基本意涵。这种意义上的高级法既是根本法的衍生物，也是支撑治理意义宪法的高级法前提。由于不同国家面对的整合难题不同，所以维系"央"优于"地"的制度举措也必然有所差别。

就历史中国的央地关系而言，解释者基于不同的立场或角度，也就会得出不同的结论。苏力教授更侧重于以历史中国的形成为起点、以华夏中原为主干，开列了历史中国的政治精英为维系"央"优于"地"之高级法地位而采取的种种举措：经由宗法制将分散的小农整合成一种共同体，同时也将宗法制的制度与意识形态逻辑贯通于央地之间，从而形成了相应的"央地关系"格局。依托宗法制，在横向上解决了"齐家"问题，在纵向上解决了"治国"问题。尽管"齐家"和"治国"共同拥有宗法制这一逻辑，但在维系国家一体性方面，治国层面的"忠"必然要统摄与支配齐家层面的"孝"，因为这不是一个伦理道德问题，而是纯粹的政治与宪制问题。为了巩固"央"对于"地"的优势地位，历史中国的政治精英以经济整合加强了国家的区域联系及一体化，以"度量衡"的统一保证了中央政府的资源汲取能力，以相应的精英选拔机制和语言统一确保中央的政令畅通及国家治理，以军事制度（包括长城）维护国家的整体安全，以作为制度及国家象征的"皇帝"作为支撑诸如经济宪制、文化宪制、军事宪制的制度杠杆。同时，在这些具体举措之间也形成了紧密的依赖和支撑关系：若没有皇帝制度的支持，全国性的精英选拔就很难展开；若没有经济整合和"度量衡"的统一，供养国家常备军的资源将无从获取；若没有强大的军力及相应军事设施，农耕社会的安全也不可能得到保障。如此等等。有些宪制举措如军事制度是共性的,但有些宪制举措则是国别性的。对于国别性的高级法内容,只能通过具体考查具体国家统合所面对的实际情形方可探明。这恰是国别宪法学的重要学术任务之一。

当然,就历史中国的国家构成及对央地关系的调控而言,也存在着不同于苏力教授的解释路径。比如姚大力教授就认为:"后期边疆王朝的国家建构模式,自然有继承外儒内法的专制君主官僚制模式的那一个层面,主要表现在帝国中央政府的基本架构,以及治理汉地社会的主要制度体系中。同时它也有汉式的国家建构模式所不具备的另一种面相。这是因为后期边疆王朝不像汉族政权那样,把'车同轨,书同文,行同伦',也就是用汉文化来覆盖王朝的全部疆域当作自己所追求的理想目标。因此它必须有另外一个管理系统,来维持对西部中国的有效统治。"[1]施展博士更是直截了当地指出:"若建立超越中原——草原的普遍帝国,担纲者便必须是能够同时理解中原与草原的人,这种人只能是来自过渡地带。长城沿线自不必说,东北则是北边连通着呼伦贝尔大草原,南边是经常接受中原帝国统治的辽东宜农地区,在东北能够站住脚的统治者,必须兼通两方,这样,其入主中原之后,便可建立起一种二元帝国统治。二元帝国中,统治者同时兼有两个身份,通过可汗的身份以部落联盟方式统治草原地区,这里主导整个帝国的军事秩序;通过皇帝的身份以官僚帝国方式统治中原地区,这里主导整个帝国的财政秩序。中原之富与草原之雄结合在一起,并因对最高统治者的共同忠诚而连接在一起。"[2]不论立场或角度有何不同,我们都能够发现维系一体中国的宪制结构及具体方式的特点。这些特点的生成,是来自对具体问题的应对与解决,而不是对已然存在的抽象宪制原理的临摹。相对于历史中国央地关系的调控方式,美国对此问题的处理方式必然也会有其殊异之处,这种特点集中地体现在美国内战中。

---

[1] 姚大力:《追寻"我们"的根源:中国历史上的民族与国家意识》,北京三联书店2018年版,第186页。

[2] 施展:《中国历史的多元复合结构》,载《探索与争鸣》2017年第3期。

众所周知,美国是在革命中诞生的。作为独立运动的美国革命特点之一就是"分离"。按照刘晗博士的解释,就是"美国革命既是政治时间的断裂,也是政治空间的断裂"[1] 既然"分离"或"断裂"具有正当性,那么,"不断革命"就不仅是话语,更可能是一种现实的政治行动。而试图从联邦中分离出来的首先恰是北方州[2] 那么,南北方之间到底要"争"什么?刘晗博士认为:"分离问题触及了宪法和主权之间的边界地带。一方面,分离是一种有关国家主权位置的宪法问题……分离危机迫使宪法明确地说明主权在美国政治生活中的真正位置所在:联邦还是各州?关于主权的争议,最后变成了一场关于'谁是政治争议的最终决断者'的争议。另一方面,分离又是一个关于在作为法律规则的宪法之外的主权问题。在此种意义上,宪法是否主张州的主权,不仅是宪法问题,而是一个超宪法的政治问题。"[3] 既然南北之争在于主权,那么,首先就需要追溯主权的来源。不论是主张分离的一方还是反对分离的一方,都认为主权并不源自"宪法"(the American constitution),而是来自主权者的政治行动即革命。[4] 依林肯的论证,主权的标志是牺牲(sacrifice)。[5] 进而言之,美国作为一个民族起始于《独立宣言》,而非《美国宪法》。美国这个民族/国家是由一次革命行动,而不是一纸宪法文本建构出来的。[6] 而所谓的革命行动,其应是"共同的牺牲行动","共同的牺牲行动"的目的乃是"造就一个拥有主权的国家"。[7] 在这种

---

[1] 刘晗:《合众为一:美国宪法的深层结构》,中国政法大学出版社2018年版,第84页。
[2] 参见刘晗:《合众为一:美国宪法的深层结构》,中国政法大学出版社2018年版,第232—233页。
[3] 刘晗:《合众为一:美国宪法的深层结构》,中国政法大学出版社2018年版,第235页。
[4] 参见刘晗:《合众为一:美国宪法的深层结构》,中国政法大学出版社2018年版,第241页。
[5] 参见刘晗:《合众为一:美国宪法的深层结构》,中国政法大学出版社2018年版,第243页。
[6] 参见刘晗:《合众为一:美国宪法的深层结构》,中国政法大学出版社2018年版,第244页。
[7] 参见刘晗:《合众为一:美国宪法的深层结构》,中国政法大学出版社2018年版,第245页。

论证框架之下,在话语或理论层面就把南方州的"分离"理由祛除了,但话语的胜利需要实际结果的最终证明。所以,美国所遇到的央地关系危机得以解决的方式还是"成王败寇",战争依然成为解决问题的选项。这种情况虽然不能宣告"宪法"的失败,但至少说明了通常的宪法规则并没有发挥阻止、规范和调控的作用。正是在这个意义上,刘晗博士的如下阐发或许真正契合了美国当时的具体形势及其高级法的本意:"在林肯眼中,《独立宣言》的起草者并不是在写一份自然权利的宣言,而是冒着死亡和牺牲的危险来面对敌人,来干革命。《独立宣言》并不是一份法律文件,而是一个牺牲的行动;不仅是一份政治思想文件,而且是一个生死决斗的象征;不仅是独立的宣言,而且是战争的宣言。《独立宣言》不是用墨水而是用鲜血写成的;其作者不仅包括执笔人,而且也包括战士。"[1]

以美国内战为窗口,可以发现美国政治精英维护"央"优于"地"之高级法地位的具体方式:通过回溯《独立宣言》,挖掘出"共同的牺牲"的革命内涵,从而铸造出"美国人民";"美国人民"为主权的完整和存续提供了整体性的规范基础,也重新塑造了美利坚民族这一政治共同体;以美国国家整合为目标,以"美国人民"为旗帜并通过战争瓦解了分离的"革命"倾向。在后来的宪法变迁进程中,不断地启用"美国人民",不仅是美国宪法研究的一个传统,也是联邦最高法院的一种论证修辞。

立足于国别宪法学,对"央"优于"地"这一高级法的功能可从两个层面做出考量。一是同"根本法"相关联,关涉了对国家一体性的维系。在国家构成层面,是"合"还是"分"本不是一个可以调和与折中的问题,而是必须通过具有成立国家性质的政治行动来做出确定回答的国家存亡之问题。在这一层面,我们看到了历史中国和美国的不同应对之策。二是同国家的常规运作和日常治理相关联,"分"与"合"就不再是一个

---

[1] 刘晗:《合众为一:美国宪法的深层结构》,中国政法大学出版社2018年版,第244页。

非此即彼的对立关系,而是在宪定机关纵向分权的构架内,与基本权益给付与基本权利保障的义务相连。这便是高级法的第二种内涵。

四、对基本权益的不同理解及不同的给付方式:高级法的价值意蕴

国家统合及对"央"对"地"优势地位的维系极可能是现实与工具化的。对这些现实的选择及具体举措还需要接受规范与价值的拷问,即身处天地之间的"人"为什么要非得弄出个"国家"这一人工造物？进行如此的追问,是"人"这种理性存在物的本性,因而便也构成了高级法的价值背景。学者对此种(类)问题的探究已历经千年,并累积了多种学术方案。若立足于国别宪法学立场,对这种问题的回答就应该深入具体国家生成建构的内在机理,才能做出更切实的规范论证及解释。

就历史中国而言,解释"中国人"之所以需要"国家"的原因,恐怕不能采取诸如"人民主权""契约说"等这样的现代性视角,而仍然需要一种"不这样,就会有糟糕后果"的实证性的规范视角。这其实是一种常识性的解释与论证。这种视角实际上也蕴含着这样的解释逻辑:如果不考虑人民主权、权利享有与保障等价值性规范因素,也会有很糟糕的后果,那么就需要将这些价值性因素定位为"不可或缺",因之,也就需要进行实证性的规范考察。但历史中国似乎还不需要这种现代性的解释逻辑。当然,历史中国不需要以权利为核心的构成逻辑,并不等于当代中国亦不需要这一逻辑。

基于小农经济与疆域广大的特点,农耕中国的民众"虽不是近现代法律上的'公民',只是国人,但如果较真,可以说他们还是大致享有了当时社会条件下与现代'公民权'相似的基本权益"。[1] 按照苏力教授的解释,"基本权益"主要包括四个方面的内容:一是华夏帝国无差别地为国人(往往限于农耕区)提供最重要、基本和普遍的和平和安宁;二是由代表皇权的地方官员通过行政/司法保"一方平安";三是通过精英选拔

---

[1] 苏力:《大国宪制:历史中国的制度构成》,北京大学出版社2018年版,第508页。

机制赋予境内臣民出任官职的平等机会;四是通过统一的度量衡在赋税缴纳上给予臣民相对公平的待遇。[1] 虽然地方官员在基本权益的给付上发挥了作用,但在根本上是由皇权或中央政府来设计、决策并受益的。通过基本权益的给付,至少为皇权国家的存在提供了"必要性"理由,这一点对于苏力教授所说的怀有家国情怀的读书人可能更为直接与必要。[2] 因为以基本权益为媒介,将出身于荒野村落的士子与高高在上的国家政权连接起来,进而也将地方与中央贯通在一起。因此,相对于历史中国,基本权益的中央化给付不仅是满足黎民百姓日常需要的高级法,而且对于维护"央"优于"地"的高级法地位也发挥了重要支撑作用。将视野延展便可发现,这一历史遗产并没有因为中国的近代化而失去效用,在目前的中国社会和政治生活中依然有所体现,只不过制度载体发生了变化而已。

较之于历史中国,对美国相应问题的解释就离不开"权利"这一概念。因为,尽管1776年北美殖民地宣布与英国决裂的原因是多方面的,"但根本的原因是殖民者的'权利'与英国政府的'权力'之间发生了无法调和的冲突……英国议会一开始并不把殖民者提出的'无代表权不纳税'的抗议放在眼里,坚信自己拥有统治所有英国臣民的'权力',包括北美的殖民者在内。它没有料到,在它对殖民地的长期'忽略'(neglect)下(或者说,在殖民地的长期"自治"下),'权利'的概念已在北美的政治生活中深深扎根。虽然殖民者享有的'权利'是一种王室赐予的'特权'(privileges),而且'权利'的享有也不是一种普遍的情形,但北美的精英阶层已将享有'权利'视如一种身份和地位的象征和一种理所当然的生活方式。英国对殖民地的权利诉求的否定刺激了精英阶层的敏感神经,使他们倍感'权利'的珍贵;而对于那些并不享有'特权'的殖民地居民

---

[1] 苏力:《大国宪制:历史中国的制度构成》,北京大学出版社2018年版,第509—514页。

[2] 参见苏力:《大国宪制:历史中国的制度构成》,北京大学出版社2018年版,第506页。

（包括奴隶）来说，与英国的决裂带来了获得'权利'的前景。于是，对'权利'的捍卫与'权利'的期盼交织在一起，推动不同阶层的殖民者携起手来，参与独立战争，美国革命因此成为一场事实上的'夺权'运动：殖民者将控制北美大陆的权力从英国人手中夺过来，掌握在自己的手中，以捍卫自己的'权利'。'权力'与'权利'从一开始便成为美国政治中的一对孪生兄弟。"[1]

以"夺权"或"权利"为背景，就可以更深入地解释基本权利的高级法内涵及基本的宪制功能。在美国的政治与宪法生活中，诸如对言论自由、宗教信仰自由、持枪权等基本权利的保障方式颇为令人瞩目。但这些基本权利究竟具有怎样的内涵及宪制功能呢？无论是相对于早发的英国，还是相对于后起的德国，美国对言论自由的保护可谓近乎"绝对化"。而《美国宪法》之所以赋予言论自由如此之高的位阶，在根本上是源自美国以"权利"为核心的革命性建国历史及立宪背景。固然是革命建国，但恐怕没有哪种宪治体制能够允许甚至容纳那种刀光剑影式的武力争斗，所以，《美国宪法》对言论自由近乎绝对性的保护，在某种意义上说就是赋予了公民质疑政府权力的"说话"权利，进而使"革命"的内涵发生了转向。换言之，言论自由就是"一种体制化的革命倾向"，[2]就是一种体制化的革命权或人民主权。至于宗教信仰自由或政教分离，也是一种对美国社会多元化且宗教氛围极为浓厚的现实之规范反映。[3] 持枪权的规范表述是"训练有素的民兵既为自由国家的安全所必须，人民持有和携带武器的权利不得受到侵犯"[4]。持枪权的积极宪制功能是维护一个"自由国家的安全"，而对自由国家安全的威胁既可能来自"外部敌人"，也可能来自政府及官员。若来自外部敌人，民兵的抗击行动便

---

〔1〕 王希：《原则与妥协：美国宪法的精神与实践》（增订版），北京大学出版社2014年版，"2014年版前言"，第5—6页。
〔2〕 刘晗：《合众为一：美国宪法的深层结构》，中国政法大学出版社2018年版，第71页。
〔3〕 刘晗：《合众为一：美国宪法的深层结构》，中国政法大学出版社2018年版，第57页。
〔4〕 参见刘晗：《合众为一：美国宪法的深层结构》，中国政法大学出版社2018年版，第362页。

回归到了《独立宣言》的革命语境,目的在于捍卫独立自由的美利坚;若来自政府及官员(如国会制定了剥夺言论自由和否定政教分离的法律),民兵的抗击行动实际上是在否定因授权而存在的治理性宪法,而重归到"第一宪法秩序"。[1] 无论是何种抗击,最终都是为了"自由"和"主权"。所以,尽管在美国社会中,对持枪权争议颇多,但若要试图限制乃至取消这一基本权利,恐怕"美国社会还会就此问题一直争论下去,美国宪法则会一直在此问题上保持较高的热度"。[2]

对这些基本权利的保障,无论如何都不能离开"中央"的力量。此处的"中央"至少具有两个层面的意思:一是在价值来源上以"人民"为表征,体现在了美国宪法的"人民性";二是在制度实践主体上以中央政府为核心,体现了"央"优于"地"的高级法特点。以"人民"为价值来源实际上就是指人民主权,在美国宪制框架内就是指《美国宪法》"不仅仅是根本法(即确立国家的根本制度),也不仅仅是高级法(其推论是其他法律不得违反宪法),而且是'我们的法'(our law)"。[3] "我们的法"与"我们人民"一道,指明了塑造美国宪法的唯一主权实体。以"中央政府"为制度实践主体则是指明了联邦政府的基本宪法职权。从《权利法案》加入联邦宪法的意义来看,其"不仅没有削弱原宪法的原则,反而保证了获得所有各州对宪法的支持。另一个重要意义是,殖民及革命时期建立的所谓'天赋人权'通过《权利法案》转换成了人民的宪法权利,从而完成了美国革命的另一个原始目的:维护殖民地居民的基本权利"。[4] 因此,基本权利保障的中央化,不仅在价值层面使具体的国民或居民同整体意义的"人民"联系起来,而且也在制度上使中央政府与人

---

[1] 参见[美]基思·E. 惠廷顿(Keith E. Whittington):《宪法解释:文本含义,原初意图与司法审查》,杜强强、刘国、柳建龙译,中国人民大学出版社2006年版,第199—200页。

[2] 刘晗:《合众为一:美国宪法的深层结构》,中国政法大学出版社2018年版,第58页。

[3] 刘晗:《合众为一:美国宪法的深层结构》,中国政法大学出版社2018年版,第71—72页。

[4] 王希:《原则与妥协:美国宪法的精神与实践》(增订版),北京大学出版社2014年版,第124—125页。

民建立了联系,后者更是在美国内战后通过的宪法修正案中得到了加强。

虽然宪法基本价值具有普遍性,但不同国家在不同的历史时期对其的理解是不同的。就苏力所关注的历史中国而言,对宪法基本价值的理解更具物质性和结果导向,而美国人对宪法基本价值的理解更侧重自由与权利及过程导向。当然,在保障基本价值的方式上,一个共性就是保障的中央化。无论是历史中国的基本权益给付的中央化,还是美国的基本权利保障的中央化,都具有下述三个层面的宪制意义:一是在价值与规范层面回答了为何需要一个"国"的追问;二是设定了政府尤其是中央政府权力行使的基本要求,这就是以"权益"或"权利"为核心的高级法内涵;三是对"央"优于"地"这一高级法对国家整合具有重要的稳定作用。这三层宪制意义本身也从后果方面发挥着拣选与再造根本法内涵的作用。

五、简要结语:国别意义的中国宪法学从何起步?

在"大国宪制"的研究中,苏力教授一方面从国家构成的角度同历史中国展开对话,另一方面也在同以宪法(宪法律)为基石的规范宪法学或宪法解释学展开对话。当然,同规范宪法学或宪法解释学的对话意在揭示该种研究路数解释中国的无力,从而论证宪制视角的"正确性"。[1]在对美国宪制或美国宪法的深层结构的研究中,刘晗博士也没有"忘记"提醒中国宪法学者应关注由一国特殊的政治、历史、文化、社会甚至地理因素所塑造铸就的宪制与宪法特色,同时也应将普遍的宪法问题与一国的特殊问题加以区分。[2]

这些"对话"和"提醒"的一个重要功用在于:在当代中国的宪法学

---

[1] 参见苏力:《大国宪制:历史中国的制度构成》,北京大学出版社2018年版,第33页、第548—552页。

[2] 参见刘晗:《合众为一:美国宪法的深层结构》,中国政法大学出版社2018年版,第47页。

研究中需要一种国别宪法学的视角;就中国宪法研究本身来说,则需要建构一种真正的中国宪法学。尽管可以认为历史中国的宪制遗产在当代中国仍然发挥着作用,但针对历史中国的国别宪法学并不能成为中国宪法学的核心与主干,这不仅因为必要性规范并不是规范内涵的全部,还因为中国宪法学应该首先面对的是"现在"而不是"历史"。在这个意义上说,规范宪法学或宪法解释学的研究路数不可或缺。他国的国别宪法学虽然有助于提醒主张借鉴与学习某国宪法制度的中国学者,不能得形而忘意,不能抓住一点而不及其余,但他国的国别宪法学毕竟不是中国宪法学。

那么,真正中国宪法学的建构应从何处出发?

中国现行宪法的文本内涵可谓异常丰富,粗略地看,中国宪法不仅包含了"宪制",也包含了"宪律";其不仅有根本法的内容,也有高级法的内容;从时间维度看,其不仅有历史,还有现代;从空间维度看,其不仅有"中国",还有"列国"乃至世界。相对于黄宗智教授的反思及相关主张而言,真正的中国宪法学研究或许首先并不需要通过深入经验世界去提炼"新概括",因为中国宪法文本已经提供了众多的概念或关键词,诸如"革命""社会主义""民族""国体""政体""民主集中制"。所以,中国宪法学研究的当务之急恰恰是对这些概念或关键词的释义。如果将"阐释"方法对应于"宪制",将"解释"或"规范"方法对应于"宪律",那么,就应将"阐释"和"解释"方法加以综合、平衡地运用,从而立体化、结构化和体系化地对待中国宪法文本,精细化地对待中国宪法中的概念与规范。在阐释和解释中,当然可以回溯历史,也可放眼他国,但核心仍在中国宪法文本。

在构建中国宪法学自主知识体系的学术研究中,已经有越来越多的学者关注中国宪法文本。比如刘连泰教授就认为,中国宪法学自主知识体系应该在中国宪法文本的基础上构建。中国宪法文本创造性地型构了历史加同意的双重合法性逻辑,中国宪法学要在民主合法性知识资源之外,解释历史合法性,并融贯两种合法性解释。中国宪法文本中公民基本权利的功能是建构国家而不是防御国家,中国宪法学既要关注自由权,也要关注社会权;既要关注合宪性审查,也要关注其他宪法过程;既要关注公民基本权利,也要关注客观法秩序。中国宪法文本强调国家机构之间的权力分工,而不是分权,中国宪法学应该研究将国家任务作为国家机构设置的积极规范。[1]

认真对待中国宪法文本,乃是真正中国宪法学建构的起点,也是中国宪法学发展的道路。当然,在阐释和解释中国宪法文本的方法方面,学者可以有不同的选择。笔者选择了通过以关键词为方法阐释与解释中国宪法文本的特质、意涵或许只是一条可以尝试的学术路径而已。

---

[1] 刘连泰:《以文本为基础构建中国宪法学自主知识体系》,载《荆楚法学》2022年第5期。

后　记

在本书即将出版之际,我觉得有必要写上几句话,对自己和读者也算是个交代与说明。

关于书名,最初拟定的是"中国宪法的根基:关键词方法",所显示的是期望通过对中国宪法文本中重要关键词的阐释与解释,以达到对宪法文本的认知和理解之目的。后经编审建议改为"中国宪法解释学:以关键词为方法"。我接受了这一建议,可内心十分清楚,虽然冠之以"学",但并不意味着自己抱有不切实际的学术奢望。就像在金子蕴藏量惊人的矿地,尽管努力地开掘,所获得的也许是含金量极低的"废料"。在这一方面,我是自知和清醒的。

想写这样一本书,是我很久以来的愿望。支撑这一愿望的动力之一是想把包括"序言"和143个条文的现行宪法文本理解得准确些、丰富些。至于为什么对宪法文本如此重视,原因也很简单。在我的有限认知里,无论是日常生活中的问题,还是职业生活中的弊病,一个重要诱因是对既有规矩与规则的视而不见甚至逾越践踏。当然这一判断并没有否认规则本身可能存在的缺漏和矛盾,也没有否认完善和改进规则的必要性,但是我反对以完美无缺的方式看待规则的视角,更反对企图以"毕其功于一役"的方式打造乌托邦式规则世界的主张。可靠又可信的办法或许是通过实际行动践行规则,并在触手可及的经验世界中有的放矢地完善和改进既有规则。在这一意义上,我把对现行宪法文本的切实遵守和严谨适用视为宪法的生命与权威之源。但要依照宪法文本自身的逻辑和意义遵守和适用宪法,前提条件之一是清晰准确理解宪法文本。本书即是认知和理解中国宪法文本的一种尝试性努力之结果。当然,尽管我的态度和努力是真诚的,但一定存在着粗糙乃至错谬之处,所以,恳请读者批评指正。

在构思、完善和完成本书的过程中,我始终没能摆脱这样一种纠结,这样的思考究竟有什么意义?若是以这种方式累积宪法知识,其效果和作用究竟几何?这条路究竟能走向何处,一直是我的追问!更严重的是,有两个学术影像还时时地加剧着追问、纠结和怀疑。几年前,在上海交通大学主办的会议上,一位著名的宪法学者同一位著名的教育学者,在如何解释《宪法》第47条的内涵上展开了交锋。记得宪法学者拿出了随身携带的宪法文本,试图通过"解释"文本来支持自己的观点,但最终还是"不了了之"。对于学术讨论,这似乎是常态,但如果在真实的宪法事件中,"文本"的作用会如何呢?我说不清楚。越是不清楚,就越是紧张、怀疑和纠结。最近,在读一位哲学家的晚期作品。当看到学者用传统的帷幔充塞"心理本体"时,我不自量地比附自己,面对纠结和矛盾,需要用传统来做解药吗?目前,我也无法肯定地回答自己。

怎么办呢?据说,人生就是一连串的可能性,"此在"就是对可能性的敞开和面对,更彻底的则是把死亡都看作悬搁"此在"之上的一种特殊可能性。既然都可以在"此在"中直面死亡,那就努力地真实与真诚地面对宪法文本的各种可能性吧!

回到此在,面对本书,需要感谢当代中国出版社及高山先生。没有当代中国出版社及高山先生的接纳,本书恐无出版之可能。需要感谢温州大学对本书的慷慨资助。需要感谢温州大学法学院胡亚玲老师在项目和经费申请中提供的周到细致的支持。需要感谢温州大学法学院袁士杰博士的倾情帮助。

转眼,入职温州大学法学院已经一年了。这一年里,之所以能够专心致志地阅读和思考,一个重要原因是温州大学法学院提供了宁静的工作环境。在这种宁静的氛围里,无论是一个人发呆,还是几个人讨论乃至争论,都是那样的坦诚、纯粹、无惧。真诚感谢温州大学法学院的精心安排!

外面的雨,不紧不慢地下着;我的目光,则在深情北望……

一会儿,脚落在坚实熟悉的大地
传统的味道,哪怕是由今及古
让我觉得自然的自在
一会儿,头伸向价值之城
那种的牵引,哪怕是乌托邦
令我畅想,偶有落寞与失望
脚下的土,希望的城
复来复往,心绪统一了又分裂
分裂了,又去寻找弥合的药方
一具躯体,两种方向
不止是分裂,更是撕扯
最终,身心交战
不知如何面对终局
和死亡

韩秀义
2023 年 6 月
于温州大学明心阁